Vorwort

Es gibt einige gute und sehr gute Wörterbücher der Psychologie und Pädagogik. Die Artikel sind jedoch häufig sehr wissenschaftlich und weit ausholend abgefasst und für Schülerinnen und Schüler wenig unterrichtsnah.

In diesem Wort-Check werden die Grundbegriffe aus der Pädagogik und Psychologie dem Niveau einer beruflichen Oberstufe entsprechend behandelt. *Der aktuelle Stand der Wissenschaft wird unter didaktischem Blickwinkel für den Erstkontakt der Schülerinnen und Schüler mit wichtigen Fachbegriffen aufbereitet, ohne Ballast anzuhäufen.* Die Lernenden können sich komplizierte Sachverhalte selbst erschließen. Die fachsystematische Gliederung stellt die einzelnen Begriffe in einen inhaltlichen Kontext und macht somit Zusammenhänge klar. Das ausführliche alphabetische Register am Ende des Buches ermöglicht zugleich ein schnelles Auffinden des gesuchten Begriffes.

Als kompaktes Nachschlagewerk dient „Fachbegriffe Pädagogik und Psychologie" den Schülerinnen und Schülern in der Unterrichtsbegleitung zur Nachbereitung und Vertiefung des Gelernten sowie zur Vorbereitung auf Klausuren und Prüfungen. Wer Fachbegriffe beherrscht, kann Inhalte klarer erfassen und darstellen.

Autoren und Verlag hoffen, dass der Wort-Check beim Studieren und Lernen ein zuverlässiger Begleiter ist. Sehr hilfreich wäre, wenn die Nutzer uns mitteilen, welche Gewichtungen, Verbesserungen und Ergänzungen aus ihrer Sicht nötig sind. Bitte senden Sie Ihre Vorschläge an die Postanschrift oder E-Mail-Adresse des Verlages.

Wir danken schließlich allen Schülerinnen und Schülern, Referendarinnen und Referendaren, die durch konstruktive Mitarbeit im Unterricht zu dem Buch beigetragen haben.

Für das Team

Dr. Rainer Jaszus
Dr. Holger Küls

Inhaltsverzeichnis

Kategorie: **Pädagogik und Psychologie als Wissenschaften, wissenschaftliche Forschungsmethoden**

Psychologie	*Psychología*, griech. für Seelenkunde; *psyché*: ‚Hauch', ‚Seele', ‚Gemüt' und logie als Lehre bzw. Wissenschaft); Wissenschaft vom → Verhalten und Erleben; diese stehen in Wechselbeziehung zueinander: z. B. Angst (Erleben) äußert sich in Form von Weglaufen (Verhalten); Zittern (Verhalten) kann zu der Bewertung Angst (Erleben) führen.
Erleben	umfasst alle innerpsychischen Vorgänge – also Vorgänge, die sich im Organismus abspielen und im Gehirn wahrgenommen werden. Beispielsweise → Denken (S. 140), → Emotionen (S. 126), → Lernen, (S. 86), → Moral (S. 114), Träume, → Intelligenz (S. 141), → Wahrnehmung (S. 120) etc.
Verhalten	meint alle Vorgänge, die wir an Menschen beobachten und/oder messen können (z. B. Blutdruck, Körperwärme, Hirnströme, Handlungen etc.).
Entstehung von Erleben und Verhalten	Erleben und Verhalten entstehen durch das Zusammenspiel der Bestandteile Reiz, Situation, Organismus, und Individualität.
• Reiz	Impuls von außen oder innen, der auf den Organismus trifft und damit Prozesse in Gang setzt: Z. B. wir hören ein Summen und erkennen die Stimme oder spüren einen leichten Windhauch und ziehen eine Jacke über (Reiz von außen); eine verschüttete Erinnerung taucht auf, z. B. eine Zeile aus einem Kinderlied (Reiz von innen) und wir singen das Lied unserem Kind vor.
• Situation	Räumliche und soziale Umgebung, in der sich eine Person beim Auftreten eines Reizes befindet: Z. B. befinden wir uns gerade im Unterricht, als wir ein Summen hören und einen leichten Windhauch spüren oder wir uns an ein vergessen geglaubtes Einschlaflied aus Kindertagen erinnern.

- Organismus

Alle körperlichen Prozesse und Organe, die das Erleben und Verhalten ermöglichen und/oder beeinflussen: Sinnesorgane, um die äußeren und inneren Reize zu registrieren (Hören, Schmecken, Riechen, Fühlen, Schmerzempfindungen etc.), Gedächtnis und Ich-Bewusstsein, also die Vorstellung, dass wir *Wir* sind und so intelligent, flexibel und planend handeln. Muskeln, die es ermöglichen, auf Reize mit Bewegung zu reagieren (Verhalten) sowie Botenstoffe und Hormone wie z. B. Adrenalin, die das Erleben und Verhalten beeinflussen ebenso wie beispielsweise das männliche Sexualhormon Testosteron.

- Individualität

Alle spezifischen Gegebenheiten des einzelnen Menschen, die zu seinem individuellen Erleben und Verhalten beitragen. Damit sind z. B. individuelle Erfahrungen, individuelle Fähigkeiten, → Interessen (S. 130), → Einstellungen (S. 145), Charaktereigenschaften oder auch die individuellen körperlichen Bedingungen gemeint, die in der Summe den einzelnen Menschen als Individuum ausmachen.

Ziele der Psychologie

Die wissenschaftliche Psychologie möchte menschliches → Erleben und → Verhalten (S. 5) beschreiben, erklären, verstehen, vorhersagen und helfend zum Wohl des Menschen darauf einwirken.

Beschreiben

Erster Schritt: jegliches beobachtbare oder messbare Verhalten und dessen Erleben, das für die psychologische Forschung von Bedeutung ist, muss sorgfältig beschrieben werden: Z. B. was ist Gruppendruck? Woran wird er deutlich und erkennbar?

Erklären

Beim Erklären geht es darum, die Ursachen von z. B. Gruppendruck aufzuzeigen, also die Frage nach dem „warum“ zu klären.

Verstehen

Beim Verstehen gilt es herauszufinden, welchen Nutzen das betreffende Verhalten für die betreffenden Personen hat, also welchem Zweck das Verhalten dient. Z. B. welchen Nutzen hat es für Gruppenmitglieder, auf andere Gruppenmitglieder Druck auszuüben?

Vorhersagen

Mit Hilfe von aufgestellten Gesetzmäßigkeiten ist man in der Lage vorherzusagen, unter welchen Bedingungen ein entsprechendes Verhalten (z. B. Gruppendruck), das mit einem spezifischen Erleben einhergeht, gezeigt wird und wie sich die Situation wahrscheinlich weiterentwickeln wird.

Helfend einwirken

Psychologie möchte etwas zum Wohl der Menschen bewirken, sie möchte auf Erleben und Verhalten positiv einwirken, wenn es für den Einzelnen zur Last wird bzw. der Betreffende darunter leidet: Z. B. wenn Gruppendruck negative Folgen für den Einzelnen hat, etwa wenn ein Schüler gemobbt wird, weil er nicht den Vorstellungen der Gruppe entspricht.

Wissenschaftliche Psychologie

geht systematisch vor im Sinne eines planvollen Handelns, das mit klar definierten Begrifflichkeiten arbeitet. Es geht darum, allgemeingültige Gesetzmäßigkeiten zu erstellen. So sind die wissenschaftliche, psychologische Forschung und ihre Vorgehensweisen nachvollziehbar.

Ihre Aussagen müssen so formuliert sein, dass sie künftig überprüfbar und ggf. widerlegbar sind. Darüber hinaus leitet die Psychologie i. d. R. keine Gesetzmäßigkeiten aus der Untersuchung von Einzelfällen ab, sondern versucht durch die Untersuchung einer Vielzahl betroffener Fälle, zu allgemeingültigen Gesetzmäßigkeiten zu gelangen.

Vorgehen der Forschung

Gemäß den Zielen der Psychologie bedeutet dies:

1. Den Untersuchungsgegenstand beschreiben und präzise definieren.
2. Mittels geeigneter wissenschaftlicher Methoden den Untersuchungsgegenstand erforschen. Dafür ist ein nachvollziehbarer, d. h. sorgfältig dokumentierter Untersuchungsplan erforderlich: Welche Fragestellung will ich wie und wann erforschen? („Forschungsdesign").
3. Aus einer Vielzahl von betroffenen Einzelfällen und deren Beschreibung werden allgemeingültige Gesetzmäßigkeiten erstellt, mit Hilfe derer man in der Lage ist, die zu erforschenden psychologischen Fragestellungen (z. B. Computerspielsucht) zu erklären und vorherzusagen. Mit allge-

meingültig ist gemeint, dass die Ergebnisse Aussagekraft für die zu untersuchende Zielgruppe haben (z. B. jugendliche Computerspieler im Alter von 14–18 Jahren).

Alltagspsychologie

Eigentlich irreführender Begriff, weil Psychologie eine Wissenschaft ist und diese systematisch vorgeht und somit nicht auf das Alltagshandeln Bezug nimmt.
Auseinandersetzung mit Themen des Erlebens und Verhaltens auf der Basis von Alltagserfahrungen; unsystematisch, aufbauend auf die zufällige Betrachtung von Einzelfällen. Es wird z. B. zufällig beobachtet, wie ein kleiner Mann einen Porsche fährt. Aufbauend auf der unsystematischen Einzelbeobachtung wird auf das Erleben und Verhalten „kleiner" Männer geschlossen: „Kleine Männer fühlen sich minderwertig (→ Erleben (S. 5)) und müssen deshalb große Autos fahren (→ Verhalten (S. 5)), damit sie sich besser fühlen".
Erzeugt ggf. Sicherheit; Allerdings ist hier höchste Vorsicht geboten, da es sich um keine gesicherten Erkenntnisse handelt, sondern „Alltagstheorien" meist dem Niveau von → Vorurteilen (S. 123), Vorverurteilungen und sogar dem Tatbestand der → Diskriminierung (S. 154) zuzurechnen sind.

Teilgebiete der Psychologie

Ähnlich wie die Medizin gibt es nicht „die" Psychologie. Da das Erleben und Verhalten vielfältig ist, gibt es auch verschiedene Teilgebiete der Psychologie, die sich jeweils mit einem spezifischen Gegenstand des Erlebens und Verhaltens beschäftigen. Einige der zahlreichen Teilgebiete werden unterhalb kurz dargestellt.

Kognitionspsychologie

Die Kognitionspsychologie (Kognition = Denk- und Wahrnehmungsvorgänge) beschäftigt sich mit Themen wie Denken, Erinnern, Wahrnehmung und Sprache.

Lernpsychologie

Die Lernpsychologie untersucht verschiedene Formen und Ansätze wie wir lernen, d. h. was während des Lernprozesses passiert und wie wir Lernen beeinflussen können.

Motivationspsychologie	Die Motivationspsychologie untersucht, was unser Handeln antreibt, wie Motivation entsteht und wie wir Menschen und Menschengruppen motivieren können.
Sozialpsychologie	Die Sozialpsychologie fokussiert das menschliche Zusammenleben, d. h. wie wir Menschen uns wechselseitig beeinflussen und welche Auswirkungen dies auf uns hat. Beispielsweise zählen Themen wie Gruppendynamik, Gruppendruck, Sympathie oder unsere Einstellungen zu den Forschungsgebieten der Sozialpsychologie.
biologische Psychologie/ Neuropsychologie	Die biologische Psychologie erforscht die körperlichen Einflüsse auf das Erleben (S. 5) und → Verhalten (S. 5). Die Neuropsychologie ist eine spezielle Form der biologischen Psychologie, die sich speziell mit unserem Gehirn, dessen Aufbau und den Prozessen innerhalb unseres Gehirns beschäftigt und darauf aufbauend unser Erleben und Verhalten zu erklären versucht. Die Neuropsychologie ist eine gegenwärtig sehr einflussreiche Forschungsrichtung der Psychologie, die in allen Teilgebieten bis hin zur Entwicklung von künstlicher Intelligenz mitwirkt. Müssen ansonsten Rückschlüsse vom Verhalten auf das Erleben des Menschen gezogen werden, sind Neuropsychologen mittels bildgebender Verfahren dazu in der Lage, direkt das Gehirn bei Denk-, Erinnerungs- und emotionalen Arbeitsprozessen zu beobachten.
Persönlichkeitspsychologie	Die Persönlichkeitspsychologie stellt Fragen nach der Individualität des Menschen und der Herausbildung des Selbstkonzeptes in den Vordergrund.
Entwicklungspsychologie	Die Entwicklungspsychologie erforscht die Entwicklung des Verhaltens und Erlebens im Laufe des Lebens, d. h. wie sich Menschen in verschiedenen Bereichen und Phasen der Biografie verändern, z. B. das Denkvermögen eines Kindes im Vergleich zu einem Erwachsenen. Dabei unterscheidet sie in der Mehrzahl der Fälle zwischen den Bereichen kognitive Entwicklung, sozial-emotionale Entwicklung, motorischer Entwicklung und Persönlichkeitsentwicklung. Es gibt jedoch keine einheitliche Gliederung der verschiedenen Entwicklungsbereiche.

Pädagogische Psychologie — Die Pädagogische Psychologie untersucht Themen, die mit Lehr-, Lern- und Erziehungsprozessen in Bildungs- und Erziehungsinstitutionen (z. B. der Schule) zusammenhängen: Beispielsweise wie Unterricht optimiert werden kann, wie mit Störungen im Unterricht umzugehen ist, etc.

Klinische Psychologie — Die meisten Menschen stellen sich unter Psychologie die Klinische Psychologie vor. Dabei ist die klinische Psychologie nur eines von vielen Teilgebieten. Ihr Untersuchungsgegenstand des Erlebens und Verhaltens sind deutliche Abweichungen vom „normalen Verhalten", welche das Individuum und sein Umfeld belasten und damit den Tatbestand einer psychischen Störung oder psychischen Erkrankung erfüllen. Dabei versucht die Klinische Psychologie diese Verhaltensweisen zu beschreiben, zu erklären, zu verstehen, den weiteren Krankheitsverlauf vorherzusagen und helfend, z. B. mittels geeigneter Therapiemaßnahmen, auf das „abnorme" belastende Verhalten und Erleben (z. B. bei einer Depression) einzuwirken.

Psychologin, Psychologe — haben erfolgreich ein Psychologiestudium absolviert und sich nach dem allgemeinen Bachelorstudium im Rahmen des Masterstudiums auf spezifische Teilgebiete der Psychologie spezialisiert, wie z. B. → Klinische Psychologie, → Entwicklungspsychologie (S. 9). Ein grundlegend spezifisches Studium, z. B. Wirtschaftspsychologie, endet i. d. R. nach dem Bachelorstudium.

Psychiaterin, Psychiater — sind keine Psychologen, sondern Ärzte mit dem Fachgebiet Psychiatrie, die sich mit der Diagnose und Behandlung von Nervenleiden (psychischen Störungen und Erkrankungen) beschäftigen. Nur Psychiater dürfen zur Linderung und Behandlung psychischer Leiden Medikamente verschreiben.

Psychotherapeutin, Psychotherapeut — für Erwachsene sind studierte Psychologen oder Psychiater mit einer therapeutischen Zusatzausbildung. Sie sind berechtigt, dieses spezifische Therapieverfahren anzuwenden, aber grundsätzlich nicht für die Diagnose des vorliegenden Störungsbildes verantwortlich (es sei denn, es handelt sich um Psychiater mit therapeutischer Zusatzausbildung).

Bei Kinder- und Jugendpsychotherapeuten kann es sich auch um Absolventen eines Pädagogikstudiums handeln, welche im Anschluss daran eine Zusatzausbildung absolviert haben.

Schulen der Psychologie

Unterschiedliche Schulen, Richtungen oder Strömungen, die aufgrund spezifischer methodischer Herangehensweisen und ihrer Sicht vom Menschen die Psychologie geprägt haben. In unterschiedlichen Richtungen und Wechselwirkungen haben sie auch in der gegenwärtigen Psychologie nach wie vor ihre Bedeutung. Es handelt sich dabei um die Tiefenpsychologie, den → Behaviorismus (S. 78), den → Kognitivismus (S. 79) und die → Humanistische Psychologie (S. 79)

Pädagogik

Griech. *pais* Kind, *agein* führen; beschäftigt sich mit der Frage, wie durch geeignetes Handeln das biologische Lebewesen Mensch zum eigenständig handlungsfähigen gesellschaftlichen Lebewesen Mensch heranwachsen kann. Dieser Aspekt der „Menschwerdung" ist unweigerlich mit einem der zentralen Begriffe der Pädagogik, der „Erziehung", verknüpft. Zunehmend werden auch Aspekte der „Bewahrung des Menschseins" relevant, vor allem im Hinblick auf z. B. Sozialpädagogik, Sonderpädagogik, Erwachsenenbildung etc.
Ähnlich wie in der Psychologie, gibt es nicht die „Pädagogik", sondern wiederum verschiedene Teilgebiete der Pädagogik und verschiedene Schulen, d. h. Denk- und Forschungsansätze, innerhalb der Pädagogik.

Ziele der Pädagogik

Oberstes Ziel zeitgemäßen pädagogischen Handelns ist der eigenständig handlungsfähige und gemeinschaftsfähige Mensch (Autonomie, → Mündigkeit (S. 32)). Die Befähigung zu eigenständigem Tun erfolgt durch geeignete alters- und entwicklungsgerechte Hilfestellung und Unterstützung. Diesem Handeln liegt ein positives Menschenbild zugrunde, das den Menschen als eigenständig handlungsfähiges Individuum betrachtet.

Teilgebiete der Pädagogik

Die Pädagogik ist ein weitverzweigtes Forschungs- und Arbeitsfeld. Je nach Zielgruppe und Arbeitsfeld haben sich spezifische Teilgebiete der Pädagogik herausgebildet. Je nach Adressatenkreis und Alter der Adressaten werden dabei Aspekte der Erziehung, Bildung, Betreuung und Alltagshilfe ggf. in Verbindung mit einem geschützten Entwicklungsraum unterschiedlich gewichtet. Einige dieser Teilgebiete werden im Folgenden kurz dargestellt.

- **Früh- und Kleinkindpädagogik** beschäftigt sich mit der Bildung, Erziehung und Betreuung von Kindern im Alter von null bis sechs Jahren. Arbeitsfelder sind die Krippe, Kindertageseinrichtungen oder auch der Kinderhort. Im Rahmen der Professionalisierungsoffensive entstanden bundesweit zahlreiche Bachelor- und Masterstudiengänge im Bereich der frühkindlichen Bildung und neue Erkenntnisse zu frühkindlichen Kompetenzen wurden zu Tage gefördert.

- **Sonderpädagogik** erforscht Fragen der gesellschaftlichen Integration und → Inklusion (S. 74) in Zusammenhang mit der Verbesserung der Lebens-, Ausbildungs- und Arbeitssituation von behinderten, gefährdeten und beeinträchtigten Heranwachsenden. Teilbereiche stellen hierbei die Körperbehinderten-, Sprachbehinderten-, Geistigbehinderten-, Verhaltensbehinderten- sowie die Gehörlosen- und Blindenpädagogik dar.

- **Sozialpädagogik** thematisiert Fragen der außerschulischen Erziehung und Sozialisation vor allem von Heranwachsenden mit zum Teil besonderen gesellschaftlichen Bedarfslagen und Erfordernissen. Zum Bereich der Sozialpädagogik zählen beispielsweise Arbeitsfelder wie stationäre → Erziehungseinrichtungen (S. 31) für Kinder- und Jugendliche mit schwierigen persönlichen und/oder familiären Voraussetzungen oder die Arbeit mit jugendlichen Flüchtlingen aus Kriegsgebieten.

  Dabei bedeutet „sozial" von seiner ursprünglichen Bedeutung her „auf andere Menschen gerichtet". Die Sozialpädagogik entstand ursprünglich Mitte des 19. Jahrhunderts als Ansatz, um die Notlagen von Kindern, Jugendlichen und Familien in den Arbeiterelendsquartieren während der aufkommenden Industrialisierung zu lindern.

- Erwachsenenbildung — beschäftigt sich mit Fragen der Weiterbildung und der Gestaltung von Lehr- und Lernprozessen für Erwachsene. Betriebliche Weiterbildung oder Kurse an der Volkshochschule gehören beispielsweise zur Erwachsenenbildung. Sie wird auch als Andragogik in Abgrenzung zur Pädagogik bezeichnet und leitet sich vom griechischen Wort (*anér* = Mann) ab und soll zum Ausdruck bringen, dass die Zielgruppe nicht Kinder und Jugendliche, wie bei der klassischen Pädagogik, sind.
- Geragogik — Griech. *géron* = Greis; Bildung, Weiterbildung und die Arbeit mit älteren Menschen.
- Gesundheitspädagogik — Anwendungsbezogenes und vielschichtiges Praxis- und Forschungsgebiet, das sich mit Gesundheitsaufklärung durch die Bereitstellung gesundheitsrelevanter Informationen, mit Gesundheitserziehung durch die Herbeiführung von Verhaltensänderungen, mit Gesundheitsbildung zur Förderung gesundheitlicher Selbstbestimmung, mit Gesundheitsberatung und mit Gesundheitsförderung durch die Entwicklung ganzheitlicher Gesundheitsstrategien befasst.
- Medienpädagogik — beschäftigt sich mit dem Einsatz von Medien, mit der Anwendung und dem Gebrauch von Medien, und mit Fragen der Medienerziehung mit dem primären Ziel der Herstellung von Medienkompetenz. Darunter versteht man die Fähigkeit, die Funktion der verschiedenen Medien zu kennen und zu verstehen, sich kritisch und reflexiv mit Medien auseinandersetzen sowie Medienangebote zielgerichtet und angemessen nutzen zu können sowie Medien gestalterisch zum Ausdruck der eigenen Persönlichkeit, d. h. innovativ, kreativ und ästhetisch einzusetzen.

Schulen der Pädagogik

Die Pädagogik fächert sich in verschiedene Denktraditionen auf, die teilweise mit spezifischen methodischen Herangehensweisen verbunden sind.

Geisteswissenschaftliche Pädagogik — Bis in die 60er-Jahre des 20. Jahrhunderts vorherrschende Richtung der Pädagogik. Grundausrichtung: die „durchdenkende" geisteswissenschaftliche Herangehensweise von Wilhelm Dilthey.

Gemäß der Philosophie von Dilthey gilt es nicht menschliches Handeln zu erklären, sondern vielmehr zu verstehen. Deshalb geht es darum, die Erziehung bzw. erzieherische Vorstellungen in verschiedenen Epochen zu analysieren und zu verstehen und darauf aufbauend wertvolle Erkenntnisse für die heutige Erziehungswirklichkeit zu liefern. Sie geht davon aus, dass die pädagogische Praxis der Erziehung älter ist als die Theorien zur Erziehung und ihre eigene Wertigkeit besitzt. Daher gewichtet die geisteswissenschaftliche Pädagogik die Praxis höher als die Theorie. Dies wird als „Primat (Vormachtstellung) der Praxis vor der Theorie" bezeichnet.

Empirische Erziehungswissenschaft

Mitte der 60er-Jahre des 20. Jahrhunderts begann die Pädagogik sich mehr an sozialwissenschaftlichen Methoden auszurichten. Damit lag der Schwerpunkt auf der Aufdeckung erziehungsrelevanter Gesetzmäßigkeiten durch die Erforschung der Erziehungswirklichkeit. Die empirische Erziehungswissenschaft setzt auf das Analysieren relevanter Ursache- Wirkungszusammenhänge im Bereich von Erziehung.
Im Gegensatz zur geisteswissenschaftlichen Pädagogik stellt die empirische Erziehungswissenschaft allerdings keine „Vorschriften" für das Erziehen auf. Vielmehr stellt sie Gesetzmäßigkeiten bzw. Modelle zur Erklärung der Erziehungswirklichkeit zur Verfügung, die gemäß dem → Falsifikationsprinzip (S. 17) nach Popper, immer wieder kritisch auf den Prüfstand gestellt werden müssen.

Kritische Erziehungswissenschaft

Theodor W. Adorno war einer der wichtigsten Vertreter der kritischen Theorie. Die kritische Erziehungswissenschaft kristallisierte sich Mitte der 60er-Jahre ausgehend davon heraus.
Sie stellt keine Anleitungen zur Ausgestaltung der Erziehungspraxis zur Verfügung, sondern möchte ein Bewusstsein schaffen für die Interdependenz (wechselseitige Abhängigkeit und Beeinflussung) von Erziehung und Gesellschaft. Ein wichtiger Aspekt der kritischen Erziehungswissenschaft ist darum die Ideologiekritik. Gesellschaftliche Bedingungen haben Fehlentwicklungen in der Erziehungspraxis verursacht, wie z. B. die Erziehung

im Nationalsozialismus. Deshalb hat die kritische Erziehungswissenschaft auch die Veränderung und Verbesserung der gesellschaftlichen Bedingungen und damit der Erziehungspraxis im Sinn. Sie bezeichnet sich darum auch als „kritisch konstruktiv" und setzt vor allem auf die Bildungsaspekte Kritikfähigkeit, Aufklärung, Selbstbestimmung, Emanzipation und Vernunft.

Reformpädagogik

Sammelbegriff für zahlreiche Bewegungen seit Ende des 19. Jahrhunderts und geht in den Grundzügen von ROUSSEAUS „Pädagogik vom Kinde" aus. Drei wesentliche Gedanken sind in jedem reformpädagogischen Ansatz mehr oder weniger ausgeprägt:
- Das Recht des Kindes auf Persönlichkeit,
- Eigenaktives Handeln des Kindes,
- Förderung der Gemeinschaft der Kinder untereinander sowie mit den Erziehern und Lehrern.

Zu den bekanntesten und beständigsten reformpädagogischen Ansätzen zählen bis heute → Montessori (S. 65), → Waldorf (S. 66) und Pestalozzi.

Soziologie

Wichtige wissenschaftliche Disziplin der Sozialwissenschaften; möchte gemäß MAX WEBER, einem der bedeutendsten Soziologen, soziales, also auf Menschen gerichtetes Handeln, deutend verstehen und dadurch in seinen Wirkungen ursächlich erklären. Dabei geht es weniger um das Handeln von Einzelpersonen, sondern vor allem um Interaktionen in sozialen Gefügen.

Die Pädagogik bedient sich einiger Begriffe und Erkenntnisse der Soziologie, die für Erziehungs- und Bildungsprozesse von Bedeutung sind. In diesem Kontext wichtige Forschungsbereiche der Soziologie:
- die Erforschung der Familie und deren Funktion,
- das Thema der sozialen Ungleichheit,
- die Bedeutung von Gruppen für das menschliche Zusammenleben,
- die Entstehung von Macht- und Herrschaftsstrukturen,
- die Erklärung der Funktionsweise von Organisationen,
- die Herausbildung sozialer Systeme oder
- die Herausbildung von sozialen Schichten, sozialen Mileus in Gesellschaften in Verbindung mit Statusunterschieden.

Sozialisation	Prozess des Hineinwachsens in die Gesellschaft durch die Auseinandersetzung mit Umweltbedingungen sowie gesellschaftlichen Wert- und Verhaltensvorstellungen.
Enkulturation	Aneignung kultureller (d. h. vom Menschen geschaffener) Techniken wie z. B. Lesen, Schreiben, Rechnen, mit dem Computer umgehen etc.
Wissenschaft	Eine bestimmte Denk- und Vorgehensweise, deren Ziel es ist, auf einem systematischen und nachvollziehbaren Weg „wahre" Erkenntnisse über einen Untersuchungsgegenstand zu liefern.
wissenschaftlich	bezeichnet eine spezifische Art der Erkenntnisgewinnung, die klaren nachvollziehbaren Regeln folgt, logisch ist und deren Erkenntnisse überprüfbar sind und Gültigkeit für die untersuchte Zielgruppe haben.
wissenschaftliche Disziplinen	Verschiedene Blickwinkel und Ansätze der Forschung, die sich jeweils nur mit einem Teil des großen Ganzen beschäftigen. Sie können entweder nach Forschungsmethodik (z. B. Geistes- und Naturwissenschaft) oder nach Untersuchungsgegenstand (Medizin, Biologie, Theologie etc.) untergliedert werden.
• Naturwissenschaft	Erforschung von messbaren Realitäten bzw. Gegebenheiten in Form des systematischen Sammelns, Beschreibens, Auswertens und Deutens von Daten und Fakten. Ziel ist das Erstellen allgemeingültiger Gesetzmäßigkeiten gemäß dem → Falsifikationsprinzip (S. 17). Die Psychologie als Wissenschaft orientiert sich in ihrer Forschungsmethodik stark am naturwissenschaftlichen Vorbild.
• Geisteswissenschaft	Erkenntnisgewinn als Leistung des Geistes durch systematisches Durchdenken, Beschreiben, Verstehen und Interpretieren. Das primäre Ziel ist, den Sinn einer Sache zu erkennen und sie dadurch zu verstehen.
Forschungsmethode	Klar definierter Weg, wie im Forschungsprozess vorgegangen bzw. mit welchen Mitteln zu Erkenntnissen bzgl. einer Fragestellung gelangt wird.

Aufgaben der Wissenschaft	Eine Aufgabe liegt darin, neues Wissen zu schaffen und daraus allgemeingültige Gesetzmäßigkeiten im Sinne von Theorien abzuleiten. Gleichzeitig ist es aber auch Aufgabe der Wissenschaft, bestehende Theorien immer wieder kritisch auf den Prüfstand zu stellen und ggf., aufbauend auf neuen Erkenntnissen oder wissenschaftlichen Forschungsmethoden, zu widerlegen oder zu erweitern.
Theorie	Eine Verknüpfung von mehreren hypothetischen bzw. überprüften Ursache-Wirkungs-Zusammenhängen, so dass sich daraus ein schlüssiger allgemeingültiger Erklärungsansatz ergibt. Mittels geeigneter Theorien können nicht nur Untersuchungsgegenstände, wie z. B. die Entstehungsbedingungen eines psychischen Leidens, erklärt werden, sondern sie ermöglichen auch Vorhersagen, z. B. über die Weiterentwicklung oder die Auftretenswahrscheinlichkeit.
Hypothese	Wissenschaftliche Forschungsannahme im Sinne eines vermuteten Zusammenhangs zwischen zwei oder mehreren Elementen. Häufig sind Hypothesen als Aussagesätze in Form von „wenn…, dann" oder „je… desto…" formuliert.
Falsifikationsprinzip	Nach Karl Raimund Popper haben Theorien und wissenschaftlich bestätigte Hypothesen nur so lange Gültigkeit, bis sie entweder durch praktische Überprüfung oder durch neuere wissenschaftliche Erkenntnisse widerlegt oder erweitert werden. In der psychologischen Forschung werden deshalb wissenschaftliche Fragestellungen durch eine Forschungshypothese konkretisiert, die entweder durch die wissenschaftliche Untersuchung widerlegt (falsifiziert) oder (vorläufig) bestätigt wird (verifiziert).
• Falsifikation	Prozess des Verwerfens bzw. Erweiterns von Theorien und Hypothesen aufgrund kritischer Überprüfung oder Änderung der Wissensbestände.
• Verifizierung	Annahme bzw. Bestätigung einer Theorie oder einzelnen Hypothese durch eine wissenschaftliche Untersuchung oder eine kritische Überprüfung.

Aufbau einer wissenschaftlichen Untersuchung

Vorgehen wissenschaftlichen Forschens durch das systematische und wissenschaftlich begründete Überprüfen einer Forschungshypothese.

Wahl des Untersuchungsgegenstandes

Wahl eines Untersuchungsgegenstandes, der von Interesse ist und bisher nicht genügend erforscht wurde, z. B. Ursachen von Mobbing unter jugendlichen Schülern.

Definition der Begrifflichkeiten

Begriffsklärung und präzise Definition des zu betrachtenden Phänomens sowie Darstellung des bisherigen Forschungsstandes bezüglich des zu erforschenden Phänomens: Was haben andere Forscher bereits über das zu betrachtende Phänomen herausgefunden? Gibt es bereits ähnliche Untersuchungen? Einlesen in die Thematik (Literaturstudium).

Eingrenzung des Themas in Form einer konkreten Fragestellung

Wissenschaftliche Untersuchungen suchen gezielte Antworten auf eine Fragestellung, die zu Beginn definiert wird. Diese umreißt ein konkretes Thema und geht meist auf eine bestimmte Zielgruppe ein, z. B. wodurch entsteht Mobbing bei 12- bis 13-jährigen Schülern? Dazu wird im Vorfeld aufgrund der Diskussionslage eine konkrete Forschungshypothese formuliert, die durch die Untersuchung entweder widerlegt (falsifiziert) oder bestätigt (verifiziert) wird: Z. B. Schüler mit wenig Einfühlungsvermögen mobben mit höherer Wahrscheinlichkeit andere Schüler *oder* Schüler, die besonders durch eine Eigenschaft aus der Klasse hervorstechen, werden mit höherer Wahrscheinlichkeit gemobbt.

Wahl der Forschungsmethoden

Es ist zu entscheiden, mit welcher Forschungsmethode die gewünschten Daten gesammelt werden können. Prinzipiell stehen die geisteswissenschaftlichen Methoden → Hermeneutik (S. 21), → Dialektik (S. 22) und → Phänomenologie (S. 22) sowie die naturwissenschaftlichen Methoden → Test (S. 24), → Befragung (S. 23), → systematische Beobachtung (S. 22) und Experiment (S. 24) zur Verfügung.

Messbarmachung (Operationalisierung)	Die zu betrachtenden bzw. zu untersuchenden Inhalte sind je nach ausgewählter Forschungsmethode messbar zu machen, z. B.: durch die Erstellung/Verwendung eines Fragebogens in Form geeigneter Fragen, die das zu betrachtende Phänomen angemessen in seiner Komplexität erfassen, durch das Entwerfen/die Verwendung eines Tests, der das zu betrachtende Phänomen zuverlässig erfassen und anhand einer Bewertungsskala in dessen Ausprägung messen kann oder durch die Konzeption/Verwendung einer Versuchsanordnung in Form eines Experiments.
Ziehung der Stichprobe	Für eine sozialwissenschaftliche Untersuchung (Pädagogik oder Psychologie) nach naturwissenschaftlichem Vorbild sind freiwillige Untersuchungsteilnehmer erforderlich. Sie sollen möglichst die Population bzw. Zielgruppe abbilden, über die durch die Untersuchung eine Aussage getroffen werden soll, z. B. jugendliche Straftäter in Deutschland im Alter von 16–18 Jahren.
Stichprobe	Dazu ist meist eine *Stichprobe* zu ziehen, also eine Auswahl an Versuchsteilnehmern, die stellvertretend für die gesamte Population untersucht wird mit dem Ziel, anschließend allgemeingültige Aussagen über die gesamte Population treffen zu können.
repräsentativ	Diese muss *repräsentativ* sein, d. h. die Gesamtpopulation wird durch eine Auswahl an Untersuchungsteilnehmern angemessen abgebildet, sodass keine einseitigen Verzerrungen entstehen und sich die Stichprobe in allen Merkmalen, die für das zu untersuchende Verhalten bedeutsam sein könnten, proportional genauso zusammensetzt wie die Population als Ganzes.
Durchführung von Testläufen	erfolgt, um mögliche Messfehler ausfindig zu machen und diese im Vorfeld der Untersuchung möglichst vollständig auszuräumen: Z. B., dass Fragen nicht richtig verstanden werden oder dass im Verlauf der Untersuchung klar wird, dass das Verfahren nicht das misst, was es eigentlich messen soll.

Durchführung der Untersuchung und Auswertung der Daten	Nach der Durchführung der Untersuchung erfolgt anschließend die Darstellung, Beschreibung und Deutung der erhaltenen Daten: Ggf. wenn eine Hypothese formuliert wurde: Annahme bzw. Bestätigung (→ Verifikation S. 17) oder Verwerfung (→ Falsifikation S. 17) der Hypothese.
Diskussion der Ergebnisse und Resümee	Zum Abschluss: Diskussion der Ergebnisse vor dem Hintergrund des bisherigen Forschungsstandes (was bietet die Untersuchung an neuen Erkenntnissen?) und den Gütekriterien wissenschaftlichen Arbeitens (Qualität der Daten – Stärken und Schwächen der Untersuchung). Resümee und Ausblick (was wäre sinnvoll im Hinblick auf die weiterführende bzw. künftige Erforschung des zu betrachtenden Phänomens? Was konnte die vorliegende Untersuchung nicht leisten?).
Gütekriterien der Forschung	Mindestqualitätsmaßstäbe, die an eine wissenschaftliche Untersuchung angelegt werden. Ist bereits eines dieser Güterkriterien nachweislich nicht erfüllt, handelt es sich um keine wissenschaftliche Untersuchung, was zur Folge hat, dass die gewonnenen Erkenntnisse nicht als verlässliches „Wissen" und damit nicht als „wahr" bezeichnet werden können. Die Gütekriterien sind → Validität, → Objektivität und → Reliabilität.
• Validität	Ein Test, eine Umfrage, ein Experiment etc. ist valide, wenn das gemessen wird, was tatsächlich gemessen werden soll und nichts anderes. Z.B. möchte ein Forscher aus dem Bereich der Sozialpsychologie untersuchen, ob Menschen aus Nächstenliebe anderen Menschen helfen. Dazu entwirft er ein Experiment mit Liebespaaren, die sich gegenseitig, d.h. dem eigenen Partner, in Problemfällen helfen sollen. Dieser Versuchsaufbau, und damit auch die Ergebnisse, sind nicht valide, da das Experiment nicht die Bereitschaft aus Nächstenliebe zu handeln – also selbstlos anderen Menschen zu helfen – sondern die Bereitschaft aus Liebe zu handeln, misst.

- Reliabilität

Engl. *reliabel* = zuverlässig, verlässlich; Reliabel ist eine wissenschaftliche Erhebungsmethode (Test, Experiment, Befragung, Beobachtung) dann, wenn zu verschiedenen Messzeitpunkten mit demselben Instrument unter denselben Bedingungen vergleichbare Ergebnisse erzielt werden. D. h. wenn ein Messverfahren zuverlässig funktioniert und nicht in einem Durchlauf gut und im nächsten schlecht ist, die Messergebnisse also stark voneinander abweichen.

Dies gilt nicht für Meinungsumfragen, da es sich hierbei um einmalige Umfragen zu einem bestimmten Zeitpunkt handelt und diese darum nur für den Untersuchungszeitpunkt Gültigkeit haben, wie z. B. der Familienbericht der Bundesregierung für das Jahr 2016 oder Meinungsumfragen zur Bundestagswahl 2017.

- Objektivität

Die Durchführung, Auswertung und Interpretation sind unabhängig vom Wissenschaftler.

- Durchführungsobjektivität: Egal wer die wiss. Methode, z. B. ein Experiment, durchführt, kommt zu den gleichen Ergebnissen.
- Auswertungsobjektivität: Egal wer die wissenschaftliche Methode, z. B. einen Test, auswertet, kommt zu den gleichen Ergebnissen.
- Interpretationsobjektivität: Egal wer sich die Ergebnisse der wiss. Methode, z. B. eines Tests, ansieht, kommt zu den gleichen Schlussfolgerungen.

Geisteswissenschaftliche Forschungsmethoden

Spezifisches methodisches Vorgehen in den Geisteswissenschaften bzw. in der geisteswissenschaftlichen Ausrichtung der Pädagogik.

Hermeneutik

Vom griechischen Wort *hermeneuin* abgeleitet; bedeutet, den Sinn einer Aussage erklären und damit verstehen. Regelgeleitete Deutung von menschlichen Geistesschöpfungen wie z. B. Briefe, Texte, Tagebücher, Filme etc. mit dem Ziel, diese nachvollziehen bzw. ihren Zweck verstehen zu können.

Wichtige Methode der Geistes- und Sozialwissenschaften: Nach Friedrich Schleiermacher sind nicht nur die Zeichen zu entschlüsseln (z. B. Buchstaben = das grammatikalische Verstehen). Es geht vielmehr auch darum, sich in den Gemütszustand des Autors zu versetzen, um verstehen zu können, was dieser (z. B. mit einem Gedicht) sagen möchte. Wilhelm Dilthey geht davon aus, dass nicht nur der Gemütszustand des Autors, sondern auch ihn prägende Situationen und Lebenseinflüsse von Bedeutung sind. Bezogen z. B. auf die Werke Friedrich Schillers müssen wir uns in die damalige Epoche einarbeiten und Zusatzinformationen über das Leben von Schiller berücksichtigen. Hans Georg Gadamer bezieht auch die Gemütslage sowie die persönlichen und gesellschaftlichen Lebensbedingungen des Deutenden in den Verstehensprozess mit ein. Danach kann somit ein von Menschen geschaffenes Werk zu verschiedenen Zeiten unterschiedlich „verstanden" werden.

Phänomenologie

beinhaltet das griechische Wort *phos*, welches Licht bedeutet. Einer der Leitsprüche der Phänomenologie lautet: „Die Dinge von sich selbst her ins Licht stellen lassen". Objektive (d. h. frei von persönlichen Vorerfahrungen und Vorurteilen) Beschreibung von Phänomenen, um zu deren Kern, deren „Wesen" zu gelangen, dessen Inhalt auf jedwede Ausgestaltung des betreffenden Phänomens symbolischer und gegenständlicher Art zutrifft.

Dialektik

Gegenüberstellung von These (Behauptung) und Gegenthese, mit dem Ziel der Zusammenführung in Form einer Synthese (Schlussfolgerung aufgrund der Diskussion von These und Gegenthese). Dialektik ist eine Form der Erkenntnisgewinnung durch das Vorbringen von Für- und Gegenrede. Wird auch in der Rhetorik (Redekunst) angewandt.
Die geisteswissenschaftliche Methode der Dialektik strebt nach Erkenntnis. Sie eignet sich zur Darstellung sowie Erörterung von Problemen und spannungsreichen Sachverhalten.

Naturwissenschaftliche Forschungsmethoden

Spezifisches methodisches Vorgehen in den Naturwissenschaften; empirische Forschung.

systematische Beobachtung

Regelgeleitete bzw. gezielte Wahrnehmung und Dokumentation von ausgewählten Untersuchungsgegenständen. Dabei wird die Aufmerksamkeit auf bestimmte vordefinierte Aspekte des zu beobachtenden Gegenstandes gerichtet (z. B. mittels eines Beobachtungsbogens).

	Die beobachteten Merkmale sind objektiv beschreibend und nicht wertend festzuhalten, also nur das, was wir auch tatsächlich sehen. Nicht also subjektive Interpretationen dessen, was wir zu sehen glauben. Beobachtungen können sich auf natürliches Verhalten (das beobachtete Verhalten wird vom Beobachter nicht beeinflusst) oder auf gezielt herbeigeführte Situationen (der Beobachter führt gezielt die interessierenden Verhaltensweisen durch die Herstellung bestimmter Situation oder Aufgabenstellungen herbei) richten.
• verdeckte vs. offene Beobachtung	Der Vorgang des Beobachtens ist für die beobachteten Personen kaum wahrnehmbar und diskret also verdeckt, z. B. mittels Einwegspiegel oder versteckter Videokamera, sodass der Beobachtete nicht weiß, dass er beobachtet wird. Bei der offenen Beobachtung ist der Vorgang des Beobachtens für die beobachteten Personen jederzeit wahrnehmbar.
• teilnehmende vs. nichtteilnehmende Beobachtung	Der Beobachter ist aktiv oder passiv an der zu beobachtenden Situation/dem Geschehen beteiligt, d. h. er ist anwesend; bei der nichtteilnehmenden Beobachtung ist der Beobachter am Geschehen nicht beteiligt, d. h. er ist nur am Rand anwesend.
• unsystematische Beobachtung	Eine ungeplante Gelegenheitsbeobachtung ohne eine bestimmte Zielsetzung und ohne klar eingegrenzte Beobachtungsaspekte.
Befragung	Mündliche (Interview) oder schriftliche (Fragebogen) Befragung zu einem bestimmten Untersuchungsgegenstand. Dabei kann die Befragung qualitativer Art sein, d. h. dass es um die vertiefte Durchdringung von Einzelfällen geht, z. B. von Kindern mit ADHS (Aufmerksamkeits-Defizit-Hyperaktivitäts-Störung), ohne daraus Rückschlüsse auf alle Kinder mit ADHS zu ziehen. Qualitative Interviews beleuchten deren Lebensbiographie, um einzelne Fälle eindrücklich zu schildern. Handelt es sich um eine quantitative (mengenmäßige) Befragung, wird eine repräsentative Stichprobe gezogen (z. B. von Kindern mit ADHS in Deutschland) mit dem Ziel, allgemeingültige Aussagen über die Gesamtpopulation (alle Kinder mit ADHS in Deutschland) treffen zu können.

Test	Konfrontation ausgewählter Personen mit bestimmten standardisierten Aufgaben unter vorgegebenen und vergleichbaren Rahmenbedingungen (z. B. bezogen auf Bearbeitungszeit). Die Art und Weise der Erfüllung dieser Aufgaben sagt etwas darüber aus, ob und inwieweit das zu messende Merkmal (z. B. Selbstwertgefühl) ausgeprägt ist. Die Auswertung der Ergebnisse erfolgt anhand eines im Vorfeld definierten Bewertungsmaßstabes. Auch eine Klassenarbeit ist somit eine Art von Test. Ein weiteres Beispiel sind sogenannte → Intelligenztests (S. 143). Es gibt Leistungstests (z. B. Intelligenztest), Reife- und Entwicklungstests (z. B. Stand der Sprachentwicklung bei Kindern) und Persönlichkeitstests (Ausprägung von Persönlichkeitsmerkmalen).
Experiment	Gezielt herbeigeführte Situation bzw. ein vorgegebener Handlungsrahmen, dessen Bedingungen kontrolliert werden. Dabei wird die Auswirkung einer Einflussgröße (unabhängige Variable z. B. Verabreichung eines Medikaments) auf spezifische Verhaltensmerkmale der Versuchspersonen, die gemessen werden sollen (abhängige Variable z. B. Reaktionsgeschwindigkeit) untersucht und festgehalten. Das Experiment ist die einzige Forschungsmethode, bei der der Einfluss einer unabhängigen auf eine abhängige Variable gemessen werden kann. Somit können nur durch Experimente Ursache-Wirkungs-Zusammenhänge erforscht werden. Es wird meist mit Versuchsgruppen (Untersuchungsteilnehmer, die tatsächlich mit der Wirkgröße (unabhängige Variable) konfrontiert werden) und einer Kontrollgruppe gearbeitet (Versuchsteilnehmer, die denken, dass sie mit der Wirkgröße konfrontiert werden, in Wirklichkeit aber z. B. ein Placebo erhalten. Ein Placebo ist z. B. eine Salztablette mit keinerlei Wirkung, von der die Versuchsteilnehmer aber denken, dass es sich um ein wirkliches Medikament handelt).

Deskriptive Statistik beschäftigt sich mit der Darstellung und Zusammenfassung von Daten mittels Tabellen, Grafiken, Kreis- und Balkendiagrammen, Prozentwerten, Mittelwerten etc. Deskriptive Statistik dient dazu, die Verteilung der Werte einer Stichprobe/Untersuchung darzustellen.

grafische Darstellungsformen: Es gibt verschiedene grafische Formen, um die Verteilung von einzelnen Werten übersichtlich darstellen zu können.

- Tabellen: Tabellarische Darstellungsform, bei der die Daten aufgeteilt in die verschiedenen Antwortkategorien, z. B. in Form der tatsächlichen Anzahl und/oder der entsprechenden Prozentzahlen, aufgeführt werden. Diese Darstellungsform eignet sich vor allem, wenn zahlreiche Antwortkategorien vorliegen.
- Balken- oder Säulendiagramm: Anstatt einer Tabelle; eignet sich vor allem eher dann, wenn die Ergebnisse von zwei Gruppen oder zwei Messzeitpunkten einander gegenübergestellt werden sollen.

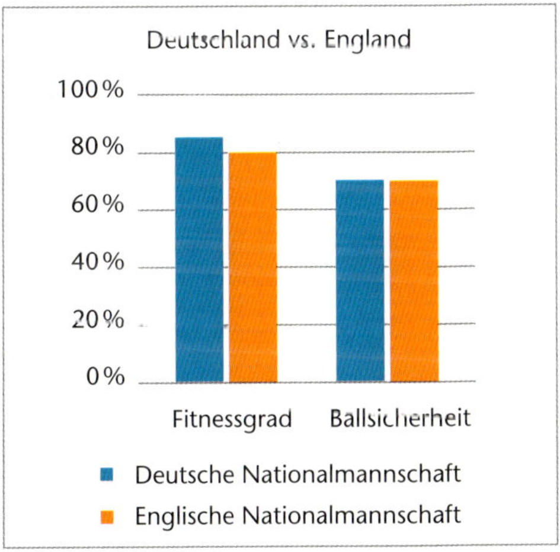

• Kreis- oder Tortendiagramm	Runde Diagrammform; eignet sich vor allem für prozentuale Verteilungen im Hinblick auf wenige Antwortkategorien, die übersichtlich dargestellt werden sollen.

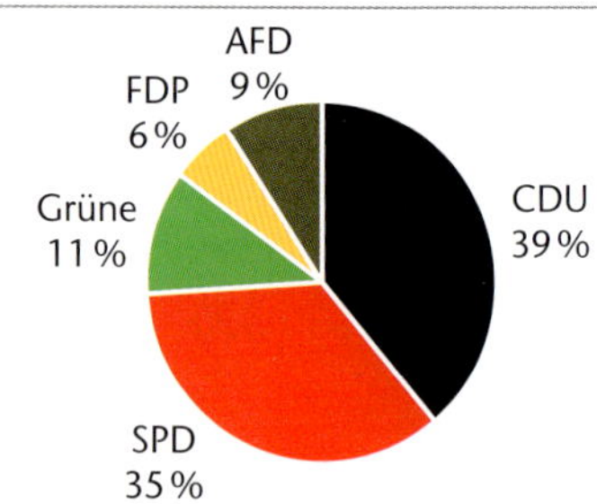

Maße der zentralen Tendenz	Neben der prozentualen und grafischen Darstellung in Form von Diagrammen, Tabellen und Grafiken werden in der deskriptiven Statistik die sogenannten Maße der zentralen Tendenz verwendet, um die Verteilung der Daten einer Stichprobe zu beschreiben.
• Modalwert	Der Modus oder Modalwert ist derjenige Wert einer Verteilung, der am häufigsten auftaucht.
• Median	Kennzeichnet die exakte Mitte einer Verteilung. Er halbiert die Stichprobenverteilung, d. h. er teilt die Anzahl der gültigen Werte in zwei gleich große Teile, z. B. 1 2 3 4 **5** 6 7 8 9 bei einer ungeraden Reihe von Werten. In Zahlen ausgedrückt bedeutet dies, dass 50 % aller Werte kleiner oder gleich und 50 % der Werte größer oder gleich dem Medianwert sind. Bei einer geraden Anzahl bzw. Zahlenreihe ist der Medianwert gleichzusetzen mit dem Durchschnittswert (Mittelwert) der beiden mittleren Zahlen.
• arithmetisches Mittel	Der sogenannte „Durchschnitt", definiert als die Summe aller erzielten Resultate dividiert durch die Anzahl der Teilnehmer. Dieser Wert führt häufig in die Irre, da wir davon ausgehen, dass der Durchschnitt aussagt, dass die meisten Werte sich rund um den Durchschnitt herum gruppieren. Dies ist allerdings nur dann so, wenn es keine extremen Ausreißer nach oben oder unten gibt. Stellen wir uns vor, in einem Dorf wohnen 20

Arbeitnehmer, von denen jeder ca. 3000 Euro brutto im Monat verdient. Am Rand des Dorfes wohnt jedoch ein Manager, der im Monat ca. 2,5 Millionen Euro verdient. So ergibt das 20 x 3000 Euro = 60000 Euro + 2 500 000 Euro = 2 560 000 Euro: 21 = 121905 Euro. Demnach läge der durchschnittliche Bruttomonatsverdienst in diesem Dorf bei ca. 120 000 Euro. In diesem Beispiel würde die Berechnung des arithmetischen Mittels keinen Sinn machen, da ein völlig falscher Eindruck über die tatsächliche Verteilung der Werte entstehen würde.

- Standardabweichung

Um zu beurteilen, ob es sich bei unserem arithmetischen Mittel um einen verlässlichen Wert handelt, der etwas über die tatsächliche Verteilung der Werte einer Stichprobe aussagt, brauchen wir die Standardabweichung. Die Standardabweichung gibt an, wie weit die einzelnen Werte im Durchschnitt vom Mittelwert abweichen.
Vorsichtig formuliert deutet eine geringe Standardabweichung darauf hin, dass das arithmetische Mittel ein guter repräsentativer Wert für die gesamte Verteilung ist. Ist die Standardabweichung jedoch hoch, ist dies ein Indiz dafür, dass das arithmetische Mittel wahrscheinlich weniger typisch für die gesamte Gruppe ist und zahlreiche Werte stark vom Mittelwert abweichen.

- Spannweite

Differenz zwischen dem höchsten und dem niedrigsten Wert in einer Verteilung. Nehmen an einer Untersuchung 80 Teilnehmer im Alter von 22 bis 65 Jahren teil, so beträgt die Spannweite bezüglich des Alters 43.

Inferenzstatistik

setzt sich mit Wahrscheinlichkeitsrechnungen auseinander. Sie stellt mittels entsprechender Verfahren fest, inwieweit Ergebnisse zufällig sein können bzw. wie hoch die Zufallswahrscheinlichkeit eines Ergebnisses ist.

- Korrelation

Statistisch messbarer Zusammenhang zwischen zwei oder mehreren Variablen. Dabei sagen Korrelationen lediglich etwas darüber aus, ob ein statistisch messbarer Zusammenhang zwischen zwei oder mehreren Variablen besteht, sie sagen aber nichts über Ursache und Wirkung aus. Dies kann nur in Form von Experimenten untersucht werden.

- Signifikanz
  Die statistische Signifikanz drückt die Wahrscheinlichkeit aus, mit dem ein Ergebnis auf Zufall zurückzuführen ist. Sie sagt allerdings nichts z.B. über die Stärke eines Zusammenhanges von zwei Merkmalen aus. Dabei haben sich in der Forschung zwei Signifikanzniveaus durchgesetzt. Nach dem Signifikanzniveau A ist ein Ergebnis mit 95%iger Wahrscheinlichkeit nicht auf Zufall zurückzuführen. Es besteht jedoch ein Restrisiko von 5%, dass das Ergebnis evtl. doch durch Zufall zustande kommt. Signifikanzniveau B verfolgt einen noch höheren Anspruch. Es definiert, dass ein Zusammenhang mit 99%iger Wahrscheinlichkeit nicht auf Zufall beruht. Hier besteht ein Restrisiko von 1%, dass der Zusammenhang zwischen zwei oder mehreren Merkmalen durch Zufall zustande kommt.

- Korrelations-koeffizient
  Die Stärke des Zusammenhangs wird durch den Korrelationskoeffizient „r" ausgedrückt. Die Stärke der Korrelation wird mit den Maßzahlen +1 bis –1 angegeben. Die perfekte positive Korrelation beträgt r = +1, die perfekte negative Korrelation beträgt r = –w1.

- positive Korrelation
  Zwei Merkmale (Nahrungsaufnahme und Gewichtszunahme) werden jeweils gemeinsam größer oder kleiner.

- negative Korrelation
  Ein umgekehrter Zusammenhang liegt vor: Die Punktzahl der einen Variablen steigt, während die Punktzahl der anderen Variablen sinkt: Je mehr ein Mensch trinkt, desto geringer sein Durstempfinden.

- Scheinkorrelation
  Statistisch gemessener Zusammenhang zwischen zwei Variablen, welcher nur deshalb auftritt, weil beide Variablen systematisch von einer dritten Variablen beeinflusst werden. Der Zusammenhang kann also auf Störfaktoren zurückgehen:
  Z.B. gibt es statistisch messbare Zusammenhänge zwischen Geschlecht und Gehalt. Vermutet werden könnte, dass es an der biologischen Beschaffenheit eines Menschen in Form des Geschlechts und hypothetisch vermuteten geschlechtsspezifischen Eigenschaften liegt, dass Männer für dieselbe Tätigkeit mit demselben zeitlichen Arbeitsaufwand mehr Geld verdienen als Frauen. Grund dafür ist aber nicht das Geschlecht, sondern die Drittvariable in Form der systematischen Benachteiligung von Frauen im Arbeitsleben, vor allem in höheren Positionen.

Kategorie: **Bildungs- und Erziehungsprozesse**

Anthropologie
Griech. *anthropos* = Mensch; *logos* = Lehre, Wissenschaft: die wissenschaftliche Auseinandersetzung mit dem Menschsein bzw. dem Menschen.

pädagogische Anthropologie
Teilgebiet der Anthropologie; erforscht wissenschaftlich den Menschen vor allem im Hinblick auf seine Erziehungsbedürftigkeit sowie Erziehungs- bzw. → Lernfähigkeit, Lernen (S. 86).

Erziehungsbedürftigkeit
Der Mensch bedarf der → Erziehung (S. 30) bzw. ist auf sie angewiesen, um sich entwickeln zu können und selbstständig lebensfähig zu werden. Dazu sind emotionale Zuwendung und gezielte Lernanregungen notwendig.

Erziehungsfähigkeit
Zugleich ist der Mensch erziehungsfähig, d.h. durch hohe Lernfähigkeit, Intelligenz und die Fähigkeit zu zielgerichteter → Interaktion (S. 160) ist die menschliche Persönlichkeit durch erzieherisches Handeln beeinflussbar; die Erziehbarkeit hat allerdings Grenzen.

pädagogischer Optimismus
beruht auf der → Milieutheorie (S. 103) der Erziehung. Erziehung vermag danach nahezu alles und bestimmt die Persönlichkeitsentwicklung grundlegend. Allmacht der Erziehung; extreme Position.

pädagogischer Pessimismus
beruht auf → Reifungstheorien (S. 103) der menschlichen → Entwicklung (S. 103). Allein die genetische Ausstattung und eine gewisse Versorgung mit den Dingen des alltäglichen Lebens wie ein Dach über den Kopf, Wärme, Kommunikation usw. bestimmen, was aus einem Menschen wird. Daraus ergibt sich nur ein sehr geringer Beitrag der Erziehung. Ohnmacht der Erziehung; extreme Position.

Erziehung als Faktor der Entwicklung
Pädagogischer Realismus; geht davon aus, dass (Erb-)Anlage und Umwelt (Erziehung) zusammenwirken. Daher gilt es, durch Erziehung ein Kind optimal zu fördern und dabei die Grenzen der Erziehbarkeit zu berücksichtigen.

Bild vom Kind

Prinzipielle Auffassungen darüber, was Menschsein bzw. Kindsein heißt, wie sich Menschen entwickeln können und sollen und was im Miteinander erlaubt, gut und richtig und was hingegen falsch, schlecht und verboten ist.

Das Kind ist gut und lernbereit

Nach → ROUSSEAU (S. 15) strebt jedes Kind von sich aus nach Erkenntnis und Wahrheit und ist grundsätzlich gut. Aufgabe von Erziehung kann es nur sein, die Umwelt so zu gestalten, dass sich das Gute in jedem Kind selbst entfalten und entwickeln kann (natürliche Erziehung).

Das Kind ist Akteur seiner Entwicklung

Anknüpfend an → PIAGET (S. 108) ist jedes Kind ein aktiver Wissenschaftlicher, das über Erfahrungen und die Auseinandersetzung mit der Umwelt eigenaktiv zu immer komplexeren Strukturen des Wissens und Denkens gelangt. Daher hat eine kindzentrierte Pädagogik die Aufgabe, die Eigenaktivität jedes Kindes anzuregen und zu fördern.

Das Kind sozialisiert sich

Sozialisationstheoretische Vorstellungen; HURRELMANN und andere gehen davon aus, dass sich Kinder in der eigenaktiven Auseinandersetzung mit den Anforderungen aus der Umwelt sozialisieren und sich damit ihre Persönlichkeit und ihre gesellschaftlichen Rollen ergeben; lebenslanger Prozess.

Erziehung

stellt einen Interaktionsprozess zwischen einem meist älteren Erziehenden (z. B. Eltern, Lehrerin) und einem Zu-Erziehendem (z. B. Kind, Schüler) dar, in dem der Erziehende bewusst Mittel und Maßnahmen → Erziehungsmittel (S. 34), z. B. Lob, Erläuterung, Aufmerksamkeit) lernorientiert einsetzt oder Umgebungsbedingungen (z. B. Spielplatz, Buch) lernförderlich arrangiert, um langfristig den Zu- Erziehenden in die Lage zu versetzen, sein Leben selbstverantwortlich zu führen.

Erziehung: absichtsvolles Handeln einer erziehenden Person mit dem Ziel, bei einem Kind bzw. Jugendlichen eine Verhaltensänderung hervorzurufen.

Direkte Erziehung:
direkte Einwirkungen auf das Verhalten des zu Erziehenden durch z. B. ausdrückliche und bewusste Aufforderungen, bewusst etwas zu zeigen, Erklärungen, Ermahnungen, Hinweise

Indirekte Erziehung:
Einwirkung auf das Verhalten des zu Erziehenden durch die Schaffung oder Gestaltung von Lernumgebungen bzw. durch Veränderung der Rahmenbedingungen z. B. durch die Gestaltung des Außengeländes einer Kita, die Veränderung einer Sitzordnung in einer Klasse, das zur Verfügung stellen von Material, durch erlebnispädagogische Aktionen

direkte Erziehung	Direkte Einwirkungen auf das Verhalten des Zu-Erziehenden durch z. B. ausdrückliche und bewusste Aufforderungen, absichtsvolles Zeigen auf Etwas, Erklärungen, Ermahnungen, Hinweise, → Erziehungsmittel (S. 34).
indirekte Erziehung	Indirekte Einwirkungen auf das Verhalten des Zu-Erziehenden durch die Schaffung oder Gestaltung von Lernumgebungen bzw. durch Veränderung der Rahmenbedingungen z. B. durch die Gestaltung des Außengeländes einer Kita, die Veränderung einer Sitzordnung in einer Klasse oder das Zur-Verfügung-Stellen von Material, durch erlebnispädagogische Aktionen.
institutioneller Rahmen	Erziehung findet immer in einem konkret gegebenen Rahmen statt; so bilden beispielsweise Familie oder Schule einen institutionellen Kontext, der jeweils eigenen Bedingungen und Regeln folgt.
Erziehungseinrichtungen	Erziehung findet in der Familie statt sowie in pädagogischen Einrichtungen wie Kindergarten, Jugendwohngruppen oder Schule.

- **historisch bedingt** – Erziehung bzw. Vorstellungen zur Erziehung unterliegen einem historischen Wandel beispielsweise bezogen auf Erziehungsziele (Gehorsam vs. Selbstbestimmung), -mittel (Schläge vs. Erklären) oder -stile (autoritär vs. demokratisch).

- **soziokulturell bedingt** – Erziehungsvorstellungen hängen vom soziokulturellen Milieu ab; (Herkunfts-)Kultur, soziale und wirtschaftliche Situation bestimmen Erziehungsstil und -haltung; Beispiel: islamische Einwandererfamilie vs. alleinerziehende Deutsche.

pädagogische Grundhaltungen – Carl Rogers identifiziert zentrale Haltungen, die Grundlage für gelingendes und positives Erzieherinnenverhalten darstellen → humanistische Psychologie (S. 79):

- **Wertschätzung/Akzeptanz** – Das Kind wird für das geschätzt, was es ist und so, wie es ist; keine Wertungen oder Verurteilungen des Kindes; positive emotionale Haltung, gekennzeichnet durch Achtung, Wärme und emotionales Engagement; das Verhalten des Kindes kann kritisiert werden.

- **Empathie** – Einfühlungsvermögen in die Wahrnehmung, Gedanken und Emotionen eines Kindes und Jugendlichen; einfühlendes Verstehen der Erlebniswelt.

- **Echtheit/Kongruenz** – Eine Grundhaltung, in der der Erziehende so ist, wie er/sie ist; keine Rolle spielen oder Erziehungstechnik einsetzen; das Verhalten des Erziehenden ist mit seinen Einstellungen und Gefühlen übereinstimmend.

Erziehungsziele

Eine durch erzieherisches Handeln angestrebte Verhaltensveränderung beim Kind oder Jugendlichen, die auf Lernen beruht; äußert sich in Form von Kenntnissen, Verhaltensweisen, Fähigkeiten oder Haltungen etc. Die konkreten Erziehungsziele stellen Teilschritte oder Teilziele bezogen auf den Weg zu allgemeineren Zielen dar. Daher leiten sich konkrete Ziele aus übergeordneten Erziehungszielen ab.

Mündigkeit – Wesentliches Erziehungsziel in einer demokratischen Gesellschaft; meint in der Tradition der Aufklärung die eigene Urteilsfähigkeit und die Pflicht bzw. Bereitschaft, von seinem Urteilsvermögen Gebrauch zu machen; Verantwortungs- und Handlungsfähigkeit.

Emanzipation

Ein Prozess mit einer politischen Dimension; ist darauf gerichtet, → Selbstbestimmung (S. 40) und → Mündigkeit durch Überwindung von individuellen und gesellschaftlichen Lebensumständen und Bedingungen zu erreichen, die die Autonomie (Selbstständigkeit) und Gleichberechtigung behindern oder unterdrücken. Erziehung in einer demokratischen und aufgeklärten Gesellschaft muss darauf gerichtet sein, Kinder und Jugendliche zu mündigen Menschen zu machen.

Kompetenz

Damit sind die Fähigkeiten und Fertigkeiten gemeint, in einem bestimmten Gebiet Probleme lösen zu können sowie die Bereitschaft, dies auch tun zu wollen. Besondere Bedeutung hat hierbei die Sozialkompetenz, d. h. die Fähigkeit beispielsweise zu kooperativem Handeln, zielführender Kommunikation, Einfühlung und Orientierung an Normen und Werten.

Operationalisierung

Ausdifferenzierung allgemeiner Erziehungsziele in beobachtbare Teilziele, z. B. das Ziel: „Grundschüler erwerben Wissen über Bäume" wird operationalisiert in „Grundschüler benennen verschiedene Laubbäume" oder noch differenzierter „Sie vergleichen Form, Größe, Farbe etc. der Blätter von Laubbäumen."

Begründung von Erziehungszielen

Erziehungsziele lassen sich auf der Grundlage gesellschaftlicher → Normen und → Werte (S. 34) begründen. Im Prinzip geht es in der Erziehung auch darum, junge Menschen dahin zu führen, die Normen und Werte einer Gesellschaft einzuhalten bzw. deren Erhalt zu unterstützen.

- **Normen**

  stellen Soll-Vorstellungen für das Verhalten dar, sie haben sich in einer Gesellschaft über einen längeren Zeitraum entwickelt. Verhaltenserwartungen, deren Erfüllung von allen gefordert wird (z. B. Du sollst das Leben deiner Mitmenschen schützen und bewahren. Oder: Du sollst als junger Mensch einer älteren Person im Bus deinen Sitzplatz anbieten).

- Werte

Werte stellen etwas aus sich heraus Wertvolles und damit Anstrebenswertes dar. Sie sind die Grundlage von Normen, die als Handlungsanweisungen darauf gerichtet sind, Werte zu schützen, zu verwirklichen, umzusetzen, ihre Durchsetzung zu unterstützen etc.; z. B. Selbstbestimmung, Freiheit, Gerechtigkeit.

- Wertepluralismus

In einer modernen demokratischen Gesellschaft gibt es mehrere Wertvorstellungen nebeneinander. Der Staat greift dabei nicht ein, sondern formuliert nur Grundwerte wie die Achtung von Menschenwürde, Gleichheit oder Freiheit, auf deren Basis die verschiedenen gesellschaftlichen Gruppen ihre eigenen Wertvorstellungen entwickeln und verfolgen können, wie z. B. die Kirchen oder Religionen, die Parteien etc.

- gesellschaftliche Instanzen

Die Bestimmung von Werten, Normen und Zielen für die Erziehung und die Durchsetzung von Erziehungszielen werden durch Personen bzw. Personengruppen beeinflusst, die in einem Staat bzw. einer Gesellschaft großen Einfluss auf die Erziehung und Erziehungsinstitutionen haben. Beispiele hierfür sind politische Parteien, die Kirchen oder aber Wirtschaftsinstanzen.

Erziehungsmittel

Ein Mittel oder eine Maßnahme, die vom Erziehenden bewusst eingesetzt wird, um das Verhalten eines Kindes oder Jugendlichen auf das beabsichtigte Erziehungsziel hin auszurichten und das Verhalten im gewünschten Sinne zu beeinflussen; Handlungsweisen wie → Lob und Belohnung, Ermahnung, Erklärungen.

pädagogische Problematik

Um Erziehungsziele zu erreichen, setzt der Erziehende → Erziehungsmittel ein. Damit wird suggeriert, dass es nur des richtigen Mittels oder der richtigen Maßnahme bedarf, um die gewünschten Ziele beim Kind bzw. Jugendlichen zu erreichen. Nach dieser Zweck-Mittel-Rationalität erhält Erziehung einen instrumentalistischen Anstrich, der dem allgemeinen Erziehungsziel der Mündigkeit widerspricht und zudem nicht realistisch ist. Erziehende müssen hier eine Balance finden

Untergliederung in Unterstützen, Gegenwirken und Behüten

Auf der Grundlage von FRIEDRICH D.E. SCHLEIERMACHER untergliedert ADREAS FLINTER Erziehungsmittel und -maßnahmen danach, ob sie dazu dienen,

- eine erwünschte Verhaltensweise oder Haltung zu unterstützen und zu verstärken (z. B. → Lob)
- einem Impuls entgegenzuwirken, ein unerwünschtes Verhalten zu verhindern oder es das nächste Mal zu unterbinden (z. B. Ermahnung, → Strafe)
- das Kind durch erzieherische Maßnahmen vor Einflüssen und Einwirkungen zu behüten, die es allein noch nicht erfolgreich bewältigen kann (z. B. Elterngespräch mit Lehrer).

Lob und Belohnung

Vom Erziehenden eingesetzte Konsequenzen, die für den zu Erziehenden angenehm sind oder als solches empfunden werden. Beim *Lob* handelt es sich um eine positiv wertende Äußerung über ein Verhalten, die deutlich macht, dass es erwünscht und sozial anerkannt ist.

Belohnungen sind materielle Dinge oder auch Erlaubnisse zu einem als positiv empfundenen Tun, die ebenfalls als angenehme Konsequenz auf ein erwünschtes Verhalten erfolgen.

Ziel: Das Kind oder den Jugendlichen zu veranlassen, das erwünschte Verhalten häufiger bzw. möglichst durchgehend zu zeigen.

Mögliche Problematik: Das Verhalten wird ggf. nur gezeigt, um die angenehme Konsequenz zu erhalten. Es ergibt sich dann keine dauerhafte Verhaltensänderung.

Strafe

ist eine unangenehme Verhaltenskonsequenz. Es wird z. B. etwas entzogen oder verboten. Die unangenehme Wirkung soll das gezeigte Verhalten als unerwünscht kennzeichnen und dessen Wiederholung unterbinden.

natürliche und logische Folge

Eine natürliche Folge tritt als unangenehme Konsequenz eines unerwünschten bzw. die Regeln überschreitenden Verhaltens ohne Eingriff des Erziehenden auf und soll dieses zukünftig verhindern. Z. B. das Kind kommt zu spät vom Spielen nach Hause und daher steht das Abendbrot nicht mehr auf dem Tisch. Das Kind muss sich selbst ein Brot machen.
Eine logische Folge wird vom Erziehenden herbeigeführt und steht in einem logisch-sachlichen Zusammenhang mit einem unerwünschten Verhalten. Es hat den Charakter einer Wiedergutmachung. Z. B. das Kind zerschießt mit dem Fußball eine Fensterscheibe und muss diese vom eigenen Taschengeld ersetzen.

Erziehungsstil

Erzieherische Grundhaltung, die sich in pädagogischen Verhaltensmustern widerspiegelt. Erziehungsstile werden bezogen auf das pädagogische Gelingen bzw. ihren erfolgreichen Einsatz im erzieherischen Handeln erforscht.

Erziehungsstiltypen nach LEWIN

Urvater der Erziehungsstilforschung ist der Psychologe KURT LEWIN. Er unterscheidet drei Typen von Erziehungs- bzw. Führungsstilen:
- den demokratischen oder sozial-integrativen,
- den autoritären oder autokratischen und
- den Laissez-faire Stil.

Grundlage seiner Forschung waren Feldexperimente mit Kinderfreizeitgruppen im Jugendclub.

- demokratisch bzw. sozial-integrativ

geht demokratisch bzw. partnerschaftlich vor, d. h., sie lässt die Kinder mitentscheiden und beteiligt sie an der Planung des Vorgehens. Sie unterstützt und ermutigt die Kinder und steht als Gesprächspartner – auch bei persönlichen Problemen – jederzeit zur Verfügung.

- autoritär bzw. autokratisch

Die Gruppenleitung steuert die Aktivitäten der Kinder durchgehend mit Befehlen und Kommandos. Die Kinder werden nicht vorweg über ihr zukünftiges Tun informiert. Sie lobt und tadelt auf das einzelne Kind bezogen, schreit aber nicht laut bzw. droht nicht. Grundsätzlich bleibt sie freundlich, aber distanziert.

- laissez-faire

Die Gruppenleitung verhält sich in weiten Teilen passiv. Sie stellt nur den Raum und die Materialien zur Verfügung und überlässt alles Weitere den Kindern. Dabei bleibt sie neutral bzw. freundlich und hilft nur auf ausdrückliche Nachfrage.

dimensionsorientiertes Erziehungsstilkonzept nach Tausch/Tausch

Anne-Marie Tausch und Reinhard Tausch haben nicht Haupttypen von Erziehungsstilen herangezogen, bei denen wiederkehrende Muster von Erziehungsweisen nach Ähnlichkeit und Unähnlichkeit zugeordnet werden. Sie haben Merkmale und deren Ausprägungen identifiziert, nach denen sich Erziehungsverhalten unterscheiden lässt. Davon ausgehend haben sie Dimensionen des Erziehungsverhaltens entwickelt.

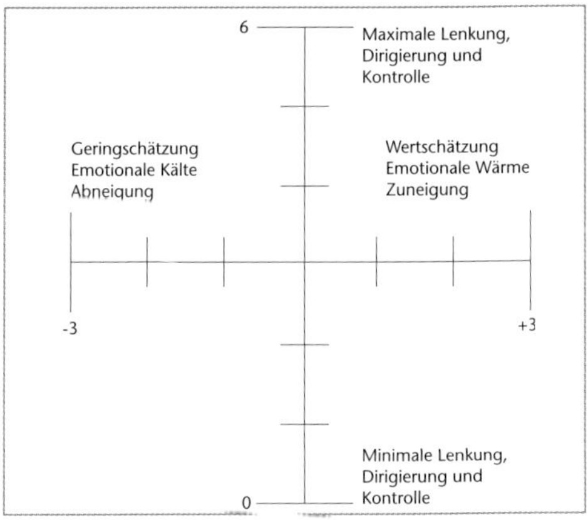

- die Dimension der Lenkung

Lenkung meint bezogen auf Erzieherverhalten Haltungen, Reaktionsweisen und Aktivitäten, die in ihrer maximalen Form durch Befehle, Aufforderungen und Verbote das Verhalten der Kinder und Jugendlichen fremdbestimmen und diese dirigiert bzw. kontrolliert, während sie in ihrer minimalen Ausprägung alles laufen lässt.

- die Dimension der emotionalen Wärme

Die Dimension der emotionalen Wärme hat eine positive Ausprägung im Sinne von Wertschätzung, hoher emotionaler Wärme und Zuneigung. Dann gibt es eine neutrale Position und eine negative Ausprägung mit emotionaler Kälte, Geringschätzung und Abneigung.

• weitere Dimensionen	Weitere Dimensionen des Erziehungsverhaltens sind: Einfühlung/Verstehen und Echtheit/Authentizität.
autoritativer Erziehungsstil	Moderner Erziehungsstil, der wissenschaftlich nachgewiesen die besten Effekte hat. Er ist durch gleichzeitige emotionale Wärme, angemessene Beaufsichtigung und Lenkung sowie Interesse an den Aktivitäten des Kindes gekennzeichnet. Hieraus erwachsen für das Kind günstige Bedingungen für ein positives Selbstwertgefühl, die Ausbildung prosozialer Verhaltensweisen und die Entwicklung angemessener Problemlösestrategien. Der pädagogische Psychologe Urs Fuhrer schreibt aus der Sicht des Kindes, dass diese – vor allem Halt und Geborgenheit in der Familie, – klare Regeln und eindeutige Grenzen, – gleichzeitig aber auch Freiräume und Freiheiten – und das Gefühl, geliebt zu werden und wichtig zu sein, brauchen. Erzieherischer Ansatz, der bezogen auf mehrere Dimensionen „vollen Einsatz" von Eltern und Erzieherinnen erwartet.
antiautoritäre Erziehung	Erziehungsideal in bestimmten Milieus der kritisch-akademischen und studentischen Bewegung in Deutschland Ende der 1960er und in den 1970er Jahren; Erziehung ohne Autorität, d. h. ohne jeden Zwang; Kinder sollen zu nichts gedrängt werden, sondern sich völlig frei selbst entscheiden und entfalten; als Gegenpol zur autoritären Erziehung, die als Gehorsamserziehung mit zur Herrschaft des Nationalsozialismus geführt hat. Die antiautoritäre Erziehung hat sich damals in Kinderläden und freien Schulen etabliert, aber nicht durchgehend und nachhaltig.
Sozialisation	Lebenslanger Prozess, in dem ein Mensch in eine Gesellschaft hineinwächst und in ihr handlungsfähig wird sowie sich in ihr weiterentwickelt. Dies geschieht über eine aktive Auseinandersetzung mit der Realität, wie sie vorgefunden wird → produktive Realitätsverarbeitung (S. 40).

primäre	Frühkindliche Sozialisation in der Familie, die vor allem auf → Modelllernen (S. 90) in Alltagssituationen und emotional geprägter Kommunikation beruhen; wesentliche Grundlagen für alle weiteren sozialen Lernprozesse wie Spracherwerb sowie Erwerb emotionaler und sozialer Fähigkeiten.
sekundäre	Sozialisationsprozesse in Kindheit und Jugend, die nun zunehmend mehr außerhalb der Familie stattfinden (Kita, Schule, Vereine, → Peers). Sie bauen auf primärer Sozialisation auf.
tertiäre	Lernprozesse im Sinne eines lebenslangen Lernens im Anschluss an Kindheit und frühe Jugend, die sich beispielsweise auf die Bewältigung von Entwicklungsherausforderungen wie Familiengründung, Einstieg in den Beruf und das Ausfüllen der Staatsbürgerrolle beziehen.
Erziehung als Teil der Sozialisation	Der Sozialisationsbegriff ist weit umfassender als der der Erziehung. Während Erziehung Maßnahmen und Handlungen einzelner Personen bezeichnet, die bewusst und zielorientiert auf die Persönlichkeitsentwicklung von Kindern und Jugendlichen Einfluss nehmen, meint Sozialisation eine allgemeine Beeinflussung. Somit ist Erziehung ein Teil der Sozialisation.
Sozialisationsinstanzen	Sozialisationsinstanzen sind Personen, gesellschaftliche Gruppen und Institutionen, aber auch technische Einrichtungen sowie kulturelle Faktoren, die auf das Hineinwachsen junger Menschen in die Gesellschaft Einfluss nehmen und zur produktiven Realitätsverarbeitung herausfordern.
• Familie	Gruppe von Personen (auch mehrere Generationen), die durch Verwandtschaft oder Heirat in emotionaler, sozialer und wirtschaftlicher Beziehung zueinanderstehen; u. a. gelten Regeneration (Nachwuchs) und Sozialisation (der Kinder) als wesentliche Funktion der Familie.
• Peers	Engl.: die Gleichaltrigen; Bildung von Freundschaftsbeziehungen oder Cliquen; Kontakte und Beziehungen auf Augenhöhe. Hier müssen Interessen, Konflikte, Freundschaften, gemeinsame Unternehmungen auf gleichberechtigter Ebene geregelt werden.

• Medien	Moderne → Medien (S. 75): zeitbezogene moderne Medientechniken, die der Information, Kommunikation und Unterhaltung dienen. Gegenwärtig stehen neben TV und Radio vor allem digitale Techniken im Vordergrund wie Blue-Ray, Internet, E-Mail, Facebook, YouTube, Twitter etc.
• produktive Realitätsverarbeitung	Ein von Hurrelmann geprägter Begriff; Sozialisation als produktive "lebenslange Aneignung und Auseinandersetzung" bezogen auf innere und äußere Realität; hierbei kommt es zu Anpassungsprozessen, aber auch zu Veränderungen der gesellschaftlichen Umwelt.
Bildung	Bildung ist ein Prozess, der auf die Entfaltung der Persönlichkeit eines konkreten Menschen zielt und ihn in die Lage versetzt, selbstbestimmt und eigenverantwortlich ihr bzw. sein Handeln in der Gesellschaft zu gestalten. Er steht in Deutschland in der Tradition von Wilhelm von Humboldt und anderen Gelehrten der Aufklärung und Klassik.
Bildung als Auseinandersetzungsprozess	Bildung geschieht in der Auseinandersetzung mit der Welt und soll hierbei zu Sachkompetenz, Kritik und Urteilsvermögen führen. Die Auseinandersetzung mit sich selbst zielt auf die individuelle Selbstkonstitution (Entwicklung und Gestaltung der eigenen Identität). Außerdem meint Bildung die Auseinandersetzung mit den anderen, den sozialen Verhältnissen und den gesellschaftlichen Zuständen.
Selbstbildung	Bildung ist ein Prozess, der in einem Menschen stattfindet. Er ist der Vorgang und das Resultat der Auseinandersetzung mit sich, anderen und der Welt. Darin formt sich intrapsychisch (innerhalb der Psyche) eine Persönlichkeit mit seiner Haltung, seinem Wissen und Können als Grundlage des Handelns in der Welt.
Persönlichkeitsentwicklung	Prozess der Entwicklung und Entfaltung der Individualität und des Selbsts (Selbstbild) eines jungen Menschen.
Selbstbestimmung	Ziel der Bildung; Selbstbestimmung ist ein philosophisch-geisteswissenschaftlicher Begriff, der vor allem innere und äußere Unabhängigkeit und Entscheidungsfreiheit umfasst. Andere Begriffe mit ähnlicher Bedeutung sind Selbstständigkeit und Autonomie.

lebenslanges Lernen	Bildung ist ein lebenslanger Prozess, der mit der Geburt beginnt und das gesamte Leben hindurchläuft. Auch Erwachsene verändern und erweitern ständig ihr Wissen und ihr Bild von der Wirklichkeit als Grundlage ihres selbstverantwortlichen Handelns.
informelle und formelle Bildung	Formelle Bildung findet üblicherweise in einer Bildungs- oder Ausbildungseinrichtung statt, ist strukturiert und führt zu einem Zertifikat (Zeugnis, Berufsabschluss etc.). Informelle Bildungsprozesse finden im Alltag etwa in der Freizeit, in der Familie oder am Arbeitsplatz statt. Sie läuft eigenaktiv und ist nicht strukturiert.
Didaktik	Griech. *didaskein* = lehren. Lehre der Gestaltung von Lehr- und Lernprozessen. → Bildungs- und Erziehungssysteme (S. 58).
Bildungssystem	Mit Bildungssystem werden alle Institutionen in einem Staat bezeichnet, die dem systematischen Erwerb von Bildung dienen: vor allem Kindertagesstätten, Schule, Berufliche Bildung, Hochschule, Fort- und Weiterbildung. → Erziehung- und Bildungssystem (S. 58).

Kategorie: **Handlungsfelder Sozialer Arbeit**

Soziale Arbeit ist ein Oberbegriff für das große Feld der → Sozialpädagogik und → Sozialarbeit, der in den letzten Jahren im Zusammenhang der stetig unklarer werdenden Grenzen zwischen diesen beiden Disziplinen entstand.
Richtet sich grundsätzlich an alle Personen, insbesondere aber an diejenigen, die sich in Problem- und Mangellagen befinden. Diesen bietet die soziale Arbeit konkrete Hilfen, sowohl materiell als auch immateriell, um vorliegende Problem- und Konfliktsituationen zu bewältigen bzw. zu bearbeiten. Darüber hinaus wirkt soziale Arbeit präventiv, indem sie Bedingungen hinterfragt, unter denen Notlagen entstehen und Möglichkeiten entwickelt, diesen vorzubeugen.

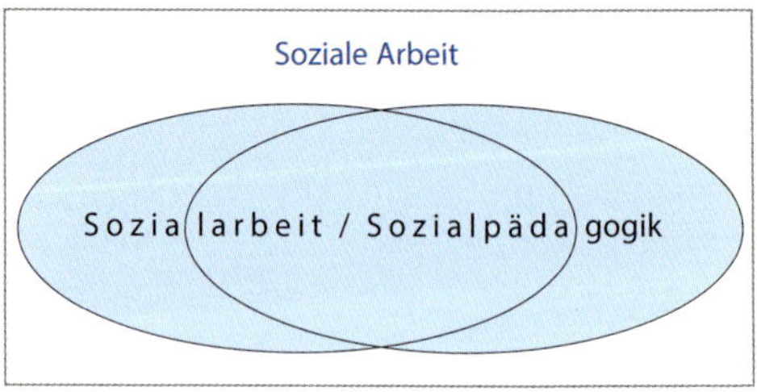

Sozialarbeit hat ihre Ursprünge in der mittelalterlichen und frühneuzeitlichen Armenfürsorge. Aus diesen Frühformen entwickelte sich das Berufsfeld der Sozialarbeit, das Menschen aller Altersgruppen in unterschiedlichen Notsituationen unterstützt (z. B. bei drohender Wohnungslosigkeit) und ihnen hilft, ihre Lebenslage zu verbessern bzw. bestehende Problemlagen zu mindern. Die Begriffe ‚Sozialarbeit' und ‚Soziale Arbeit' werden heute teilweise gleichbedeutend verwendet.

Sozialpädagogik

entwickelte sich aus dem mittelalterlich-frühneuzeitlichen Waisenwesen und richtete sich lange Zeit hauptsächlich an Kinder und Jugendliche. Ihr Ziel war es, Kinder und Jugendliche, die in ihrer familiären, schulischen oder beruflichen Situation als gefährdet eingestuft wurden, durch entsprechende Erziehungs- und Bildungsangebote zu unterstützen und zu begleiten.
Doch die Festlegung auf Kinder und Jugendliche erwies sich als zu eng, denn zahlreiche sozialpädagogische Angebote richteten sich auch an Eltern (z. B. Erziehungsberatung) und andere Erwachsene. Infolgedessen erweiterte sich der Gegenstands- und Adressatenbereich der Sozialpädagogik.

Handlungsfeld

ist ein Synonym zum Begriff ‚Arbeitsfeld' und bezeichnet einen bestimmten Tätigkeitsbereich innerhalb einer Fachdisziplin. In der Medizin beispielsweise gelten die Chirurgie, die Dermatologie oder die Radiologie als Handlungs- bzw. Arbeitsfelder.

Handlungsfelder Sozialer Arbeit

Von Handlungsfeldern Sozialer Arbeit spricht man, wenn in einem Arbeitsfeld unterstützende Leistungen und Angebote für bestimmte Personengruppen erbracht werden, die dem Einzelnen oder einer Gemeinschaft (z. B. Familien) bei der Lebensbewältigung Hilfestellung geben oder (präventive) Bildungsangebote durchgeführt werden, die zu einer kompetenten Lebensbewältigung beitragen.

Klassifikation

meint das Erstellen einer Systematik von Begriffen, Dingen, Sachverhalten, Erfahrungen etc. entlang bestimmter Merkmale und verfolgt das Ziel diese zu ordnen. Dabei entstehen bestimmte Kategorien (Klassen) und Unterkategorien (Unterklassen), wodurch hierarchische Bezüge abgebildet werden können.
Um die Vielzahl der Handlungsfelder Sozialer Arbeit zu ordnen, stehen verschiedene Wege der Klassifikation zur Wahl. Besonders häufig werden sie nach ihren Adressaten und/oder ihrer Lebensweltorientierung systematisiert.

- Klassifikation nach Adressat

ist die Ordnung der Arbeitsfelder sozialer Arbeit nach den Personengruppen, mit denen im jeweiligen Tätigkeitsfeld vorrangig gearbeitet wird. Klassisch werden dabei vier Personengruppen voneinander abgegrenzt: Kinder und Jugendliche (→Kinder- und Jugendhilfe, S. 46), Erwachsene (→ erwachsenenbezogene soziale Hilfen, S. 50), beeinträchtigte, kranke oder von Krankheit gefährdete Personen (→ soziale Arbeit im Gesundheitssystem, S. 52) sowie ältere Menschen (→ Altenarbeit, S. 51). So entstehen vier große Praxisfelder der sozialen Arbeit, die wiederum in zahlreiche Tätigkeits- und Arbeitsbereiche unterteilt werden können.

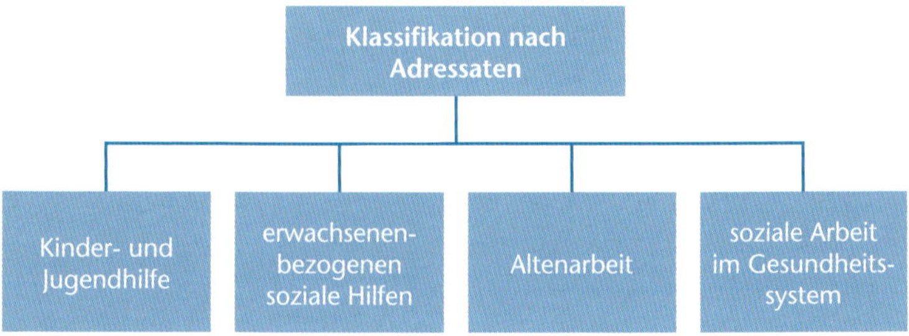

- Klassifikation nach Lebensweltorientierung

geht zurück auf das von dem Sozialpädagogen Hans Thiersch Ende der 70er Jahre entwickelte Konzept der „lebensweltorientierten Sozialen Arbeit". Der Begriff *Lebenswelt* ist dabei als Alltagswelt oder Alltagsbedingungen des Adressaten zu verstehen. Kerngedanke des Konzeptes ist es, vorhandene Ressourcen der Adressaten zu stärken und für die Bewältigung bestehender Problemlagen zu nutzen. Damit wendet sich dieser Ansatz gegen Bevormundung, Kontrolle, Defizitorientierung und schnelle Eingriffe.

Die Klassifikation der Handlungsfelder Sozialer Arbeit nach Lebensweltorientierung meint die Strukturierung der Arbeitsfelder nach der Stärke der Einmischung, die bestimmte Hilfen und Maßnahmen sozialer Arbeit in die Lebenswelt des jeweils Betroffenen haben. Die Systematisierung der Arbeitsfelder wird hier entlang der Intensität des Unterstützungsangebots vorgenommen. Dabei werden drei Kategorien unterschieden:

→ lebensweltergänzend,
→ lebensweltunterstützend und
→ lebensweltersetzend.

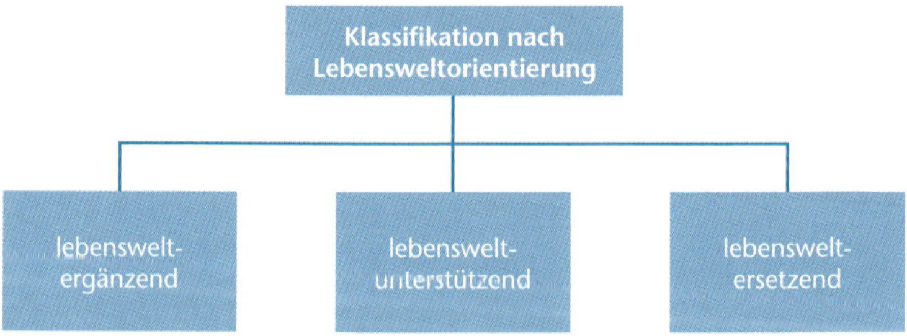

– lebenswelt-ergänzend: meint, dass das Angebot sozialer Arbeit den Alltag der jeweiligen Zielgruppe sinnvoll erweitert und ein zusätzliches Angebot innerhalb der Lebenswelt darstellt, z. B. ein Jugendtreff.

– lebensweltunter-stützend: bedeutet, dass das Angebot sozialer Arbeit die Adressaten in ihrer Lebenswelt gezielt unterstützt, um beispielsweise bestehende Problemlagen zu bearbeiten, z. B. die → Sozialpädagogische Familienhilfe (S. 49).

– lebenswelt-ersetzend: meint, dass das Angebot sozialer Arbeit nicht mehr in der ursprünglichen Lebenswelt der Adressaten stattfindet, sondern aufgrund des hohen Unterstützungsbedarfs in speziellen Einrichtungen, die außerhalb ihres Umfeldes liegen, z. B. in einem Heim.

SGB-Sozialgesetzbuch fasst die Regelungen des deutschen Sozialrechts zusammen und gliedert sich in insgesamt zwölf Bücher, die von I bis XII durchnummeriert sind. Die Kinder- und Jugendhilfe ist beispielsweise im SGB VIII verortet.

Kinder- und Jugendhilfe (KJH)

richtet sich mit ihrem Angebot bzw. ihren Leistungen an Kinder (unter 14 Jahre), Jugendliche (14 bis 18 Jahre), junge Volljährige (18 bis 27 Jahre) und deren Eltern sowie andere sorgeberechtigten Personen (z. B. Vormund).

Aufgaben der Kinder- und Jugendhilfe

Laut §1 des VIII. Sozialgesetzbuches ist die Aufgabe der Kinder- und Jugendhilfe, Kinder und Jugendliche in ihrer Entwicklung zu fördern und sie auf ihrem Weg zu eigenverantwortlichen und gemeinschaftsfähigen Persönlichkeiten zu unterstützen. Die Kinder- und Jugendhilfe soll den Abbau von Benachteiligungen und die Schaffung bzw. Erhaltung positiver Lebensbedingungen junger Menschen und ihrer Familien unterstützen, Erziehungsberechtigte in ihrem Erziehungshandeln fördern und Kinder und Jugendliche vor Gefahren für ihr Wohl schützen.

Leistungen

Um den → Aufgaben der Kinder- und Jugendhilfe (S. 46) gerecht zu werden, werden im SGB VIII entsprechende Angebote und Maßnahmen für Kinder, Jugendliche, Eltern und Personensorgeberechtigte zusammengefasst. Die dort aufgeführten Leistungen sind klassische Handlungsfelder sozialer Arbeit und lassen sich in vier Bereiche unterteilen:

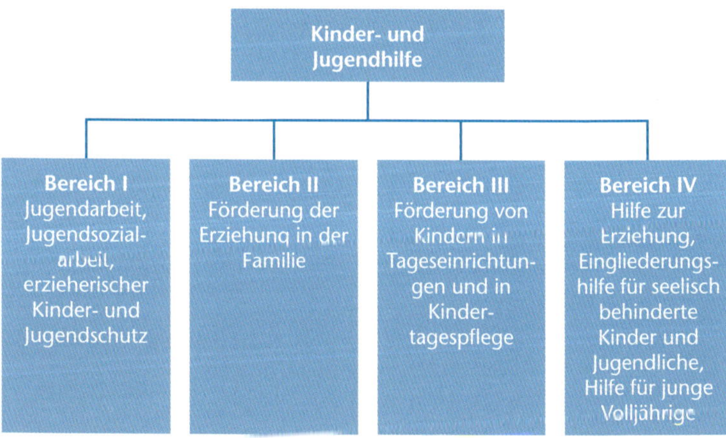

- Bereich I der KJH (Auswahl) umfasst Leistungen zur allgemeinen und speziellen Förderung junger Menschen sowie zu deren Schutz. Dazu zählen beispielsweise Angebote → Jugendarbeit und → Jugendsozialarbeit.
  - Jugendarbeit richtet sich an alle jungen Menschen von 6 bis circa 18 Jahren (ggf. auch offen für ältere) und bietet Angebote für Gruppen, die auf freiwilliger Basis wahrgenommen und mitgestaltet werden können. Die Angebote sind an den Interessen der jungen Menschen orientiert und sollen Gelegenheit bieten bestimmte Kompetenzen wie Konflikt- und Kommunikationsfähigkeit zu schulen oder Teilhabe und Mitbestimmung zu erleben. Beispiel: der wöchentlich stattfindende Mädchentreff im Jugendzentrum.
  - Jugendsozialarbeit richtet sich an Jugendliche, die sozial benachteiligt (z. B. durch ihre familiäre Situation) oder individuell beeinträchtigt sind (z. B. durch Drogenkonsum). Spezielle Angebote der Jugendsozialarbeit sollen die Zukunftschancen der Jugendlichen erhöhen und ihnen helfen ihre Problemlagen zu überwinden. Beispiel: die Jugendberufshilfe, die Jugendliche bei der Eingliederung in die Arbeitswelt begleitet.
- Bereich II der KJH (Auswahl) umfasst Leistungen für Erziehungsberechtigte und jungen Menschen, die dazu beitragen sollen, dass Eltern und andere Personensorgeberechtigte in ihrer Erziehungskompetenz gestärkt und in ihrem Erziehungshandeln unterstützt werden. Dazu zählen beispielsweise die Angebote → Familienberatung, → Familienbildung und → Familienerholung (S. 48).
  - Familienberatung bietet Erziehungsberechtigten Beratungsangebote zu verschiedenen Themen (z. B. zu allgemeinen Erziehungsfragen, Fragen zur Entwicklung oder aber bei Konflikten und Krisen innerhalb der Familie) und findet in der Regel in speziellen Beratungsstellen statt.
  - Familienbildung umfasst Bildungsangebote für Eltern, die gezielt bei der Bewältigung bestimmter erzieherischer Aufgaben unterstützen sollen. Beispiel: Elternkurse zum Thema „Gewaltfreie Erziehung".

– Familienerholung	sind mehrtägige Angebote, die außerhalb der Alltagswelt der Familien angesiedelt sind (z. B. Familienfreizeiten) und richtet sich insbesondere an Familien in schwierigen Situationen. Bei Bedarf schließt dieses Angebot eine erzieherische Betreuung der Kinder mit ein. Beispiel: ein Aufenthalt in einer Familienferienstätte an der Nordsee, um die einzelnen Familienmitglieder und die Beziehungen zwischen ihnen zu stärken.
• Bereich III der KJH (Auswahl)	umfasst Leistungen zur Förderung von Kindern in Tageseinrichtungen und in der Kindertagespflege. → Tageseinrichtungen für Kinder (S. 62) sind Institutionen, in denen Kinder sich einen Teil des Tages oder ganztägig aufhalten. Der Besuch einer Tageseinrichtung (z. B. Krippe, Kindergarten, Schülerhort) soll die Entwicklung des Kindes zu einer eigenverantwortlichen und gemeinschaftsfähigen Persönlichkeit fördern, die Erziehung und Bildung in der Familie unterstützen und ergänzen sowie den Eltern helfen, Erwerbstätigkeit und Kindererziehung besser miteinander vereinbaren zu können (vgl. §22a SGBVIII). Die Kindertagespflege wird von einer geeigneten Tagespflegeperson (z. B. Tagesmutter) in deren Haushalt oder im Haushalt der Eltern geleistet. Zu den Leistungen zur Förderung von Kindern in Tageseinrichtungen zählen beispielsweise die Angebote → Kindergrippe, → Kindergärten, → Hort, → Bildungshaus und → KiTa.
– Kinderkrippen	sind Einrichtungen für Kinder von 0 bis 3 Jahren.
– Kindergärten	sind Einrichtungen für Kinder von 3 Jahren bis zum Schuleintritt.
– Hort	sind Einrichtungen für Kinder im Grundschulalter, ggf. auch für Kinder der Unterstufe und werden vor und/oder nach der Schule besucht.
– Bildungshaus	ist eine Einrichtung, die mindestens zwei Formen von Tageseinrichtungen (z. B. Kindergarten und Hort) unter einem Dach vereint.
– KiTa (Kindertageseinrichtung)	ist die Sammelbezeichnung für die oben aufgeführten Tagesstätten

• Bereich IV der KJH (Auswahl)	umfasst Angebote und Leistungen, die eine sorgeberechtigte Person in Anspruch nehmen kann, wenn eine dem Wohl des Kindes oder des Jugendlichen entsprechende Erziehung nicht gewährleistet ist und die Hilfe für seine Entwicklung geeignet und notwendig ist (vgl. §27 SGB VIII). Die hierzu angebotenen Hilfen haben das gemeinsame Ziel eine Lebenssituation (wieder-)herzustellen, in der das Wohl des jungen Menschen dauerhaft gewährleistet ist. Hilfen zur Erziehung sind beispielsweise → soziale Gruppenarbeit, → sozialpädagogische Familienhilfe, → Erziehung in einer Tagesgruppe, → Heimerziehung oder → intensive sozialpädagogische Einzelbetreuung (S. 50).
– soziale Gruppenarbeit	ist ein Angebot für ältere Kinder und Jugendliche mit Entwicklungsschwierigkeiten und Verhaltensproblemen. Durch gemeinschaftliches soziales Lernen in der Gruppe sollen soziale Kompetenzen gefördert und sozial akzeptierte Verhaltensweisen eingeübt werden. Ziel ist das Überwinden bestehender Verhaltens- oder Entwicklungsschwierigkeiten. Beispiel: ein Anti-Aggressionstraining für gewalttätige Jugendliche.
– sozialpädagogische Familienhilfe	begleitet und unterstützt die ganze Familie. Ziel ist es die Erziehungskompetenz der Eltern zu stärken, bestehende Konflikten und Krisen zu lösen, im Kontakt mit Ämtern und Institutionen zu unterstützen und die familiäre Struktur allgemein zu verbessern. Die Familienhilfe findet im häuslichen Umfeld der Familie statt, in der Regel durch ein bis zwei wöchentliche Besuche durch eine entsprechende Fachkraft.
– Erziehung in einer Tagesgruppe	ist ein Angebot, welches den Verbleib eines jungen Menschen in seiner Familie sichern soll, indem dieser tagsüber in einer Tagesgruppe erzogen, betreut und gefördert wird. Im Fokus stehen dabei insbesondere das soziale Lernen in der Kleingruppe und die Begleitung bei schulischen Anforderungen. Gleichzeitig ist die Zusammenarbeit mit den Eltern ein wichtiger Arbeitsschwerpunkt, damit die familiäre Situation verbessert werden kann.

– Heimerziehung
bezeichnet eine Hilfe zur Erziehung, bei der Kinder und Jugendliche nicht mehr in ihren Familien leben. Sie leben über einen längeren Zeitraum in Einrichtungen oder sonstigen betreuten Wohnformen, um durch eine Verbindung von Alltagsleben und pädagogischen sowie therapeutischen Angeboten ihre Entwicklung zu fördern und das Kindeswohl zu sichern. Ziel dieser Hilfeform ist in erster Linie eine Rückkehr in die Familie zu erreichen. Ist dies nicht möglich, werden die betreuten Kinder und Jugendlichen entweder auf die Erziehung in einer anderen Familie vorbereitet oder auf eine eigenständige Lebensführung.

– intensive sozialpädagogische Einzelbetreuung
richtet sich an einzelne Jugendliche mit intensivem Unterstützungsbedarf bei der Lebensbewältigung. Ziel ist ihre soziale Eingliederung in die Gesellschaft und die Befähigung zu einer eigenverantwortlichen Lebensführung. Das Angebot ist auf längere Zeit angelegt und individuell auf die jeweilige Situation des Jugendlichen zugeschnitten.

Erwachsenenbezogene soziale Hilfen
richtet sich mit ihrem Angebot an erwachsene Menschen, die sich in Problem- und Mangellagen befinden oder davon bedroht sind. Ziel dieser Hilfen ist es, Menschen Teilhabe am gesellschaftlichen Leben zu ermöglichen, sie gesellschaftlich zu integrieren und so ein menschenwürdiges Leben zu sichern.
Entsprechend der Vielzahl an Problemlagen, in die Menschen geraten können, ist das Feld der erwachsenenbezogenen sozialen Hilfen sehr verzweigt. Die nachstehenden Beispiele geben einen Einblick:

Frauenhäuser
bieten Frauen und ihren Kindern, die aufgrund von häuslicher Gewalt, Misshandlungen oder Missbrauchsfällen nicht länger in ihrem häuslichen Umfeld leben können bzw. wollen, einen Wohn- und Schutzraum. Es handelt sich um Anlaufstellen, in denen über einen bestimmten Zeitraum gelebt werden kann. Ziel ist es, den Frauen und ihren Kindern beim Übergang in ein selbstständiges und selbstbestimmtes Leben Unterstützung anzubieten.

Wohnungslosenhilfe

unterstützt Menschen ohne Wohnraum und diejenigen, die bedroht sind, wohnungslos zu werden. Das Angebot der Wohnungslosenhilfe reicht von der Vermittlung neuen Wohnraums, dem Betreiben von Tagestätten, Wohnheimen und Kleiderkammern bis hin zur Durchführung von Beschäftigungsprojekten, die eine Wiedereingliederung in den Arbeitsmarkt anbahnen sollen.

Bewährungshilfe

richtet sich an Menschen, die aufgrund einer Straftat eine Bewährungsstrafe erhalten haben bzw. deren teilweise verbüßte Gefängnisstrafe vom Gericht zur Bewährung ausgesetzt wurde. Ihr Ziel ist es, den straffällig gewordenen Personen bei der Wiedereingliederung in die Gesellschaft unterstützend zur Seite zu stehen und neuerliche Straftaten abzuwenden. Eine weitere Aufgabe ist es sicherzustellen, dass die vom Gericht auferlegten Auflagen und Weisungen eingehalten werden.

Altenarbeit (auch Seniorenarbeit)

richtet sich mit ihrem Angebot und ihren Leistungen an ältere Menschen (ab ca. 60 Jahren) und schließt sowohl diejenigen Senioren ein, die von altersabhängigen Risiken wie Krankheit, Armut und Einschränkungen betroffen sind als auch diejenigen, die keine altersbedingten Einschränkungen haben. Sie wirkt folglich auch präventiv.

offene Altenarbeit

ist die Bezeichnung für Bildungs- und Kulturangebote, die primär auf die Förderung sozialer Kontakte und eine intakte Freizeitgestaltung im höheren Erwachsenenalter ausgerichtet sind. Neben Angeboten wie Ausflügen oder Seniorennachmittagen zählen auch Bildungsangebote (z. B. Vorträge) zum Angebotsrepertoire.

ambulante Altenarbeit

umfasst Angebote und Leistungen, die die Selbstständigkeit und Selbstbestimmung im höheren Erwachsenenalter sichern sollen. Dazu zählen Beratungs- und Vermittlungsangebote bei der Suche einer altersgerechten Wohnung oder Unterstützungsleistungen für die Bewerkstelligung alltäglicher Herausforderungen.

teilstationäre Angebote – sind Angebote für Menschen, die noch in ihren eigenen Wohnungen und Häusern leben, jedoch stunden- oder tageweise Einrichtungen, z. B. Altenwohnheime, besuchen. Dort erhalten die Senioren die Möglichkeit, an aktivierenden Freizeitangeboten teilzunehmen, mit Gleichaltrigen in Kontakt zu treten, therapeutische Maßnahmen wahrzunehmen aber auch an Beratungs- und Bildungsangeboten teilzuhaben.

stationäre Angebote – richten sich an Menschen, die nicht länger allein leben können oder wollen und aufgrund dessen in Seniorenheimen, Wohngruppen, Altersstiften oder ähnlichem untergebracht sind. Arbeitsschwerpunkte sozialer Arbeit sind hier die direkte Arbeit mit den älteren Menschen, die Zusammenarbeit mit ihren Angehörigen, die Weiterentwicklung der Institution und mitarbeiterorientierte Aufgaben (z. B. Teambildung).

Soziale Arbeit im Gesundheitssystem – richtet sich mit ihrem Angebot und ihren Leistungen an kranke oder von Krankheit bedrohte Personen sowie an deren Angehörige. Sie bietet außerdem Angebote für gefährdete Personengruppen und wirkt auf diese Weise präventiv. Entsprechend der Vielzahl an Krankheiten und gesundheitlichen Gefahren, die einen Menschen betreffen können, ist das Feld der sozialen Hilfen im Gesundheitssystem sehr verzweigt. Die nachstehenden Beispiele geben einen Einblick:

Aidsberatungsstelle – ist zum einen Anlaufstelle für HIV-Positive und -Erkrankte sowie deren Angehörige. In diesem Zusammenhang verfolgt sie das Ziel zu beraten, zu unterstützen (z. B. durch Gesprächsgruppen) und an weitere Angebote (z. B. Therapien) zu vermitteln. Zum anderen richtet sich das Angebot der Aidshilfe an die gesamte Bevölkerung, insbesondere an junge Erwachsene, um durch Aufklärungsarbeit die Zahl der Neuinfizierungen zu verringern.

Drogenberatung
ist eine Anlaufstelle für drogenabhängige Menschen, Suchtgefährdete und ihre Angehörigen. Primäres Ziel ist es, die Suchtkranken zu einer abstinenten Lebensweise zu motivieren und sie auf ihrem Weg in selbstständiges Leben zu unterstützen. Konsumierende und ihre Angehörigen erhalten hier grundlegende Informationen zum Konsum und seinen Gefahren. Gleichzeitig werden Schwerstabhängige unterstützt, indem ein Drogenkonsum mit möglichst geringem gesundheitlichem Risiko gesichert wird (z. B. durch die Ausgabe neuer Spritzen).

Sozialberatung im Krankenhaus
ist ein im Krankenhaus stattfindendes Beratungs- und Unterstützungsangebot, das Patienten angeboten wird, deren Erkrankung das bisher geführte Leben, beispielweise in beruflicher Hinsicht, nicht mehr zulässt bzw. maßgeblich verändert. Die Patienten erhalten Information über sozialrechtliche Leistungen oder Hilfe bei der Entwicklung neuer Lebens- und Arbeitsperspektiven.

Methoden der sozialen Arbeit

In der sozialen Arbeit werden drei grundlegende (Arbeits-)Methoden voneinander unterschieden: die
→ soziale Einzel(fall)hilfe,
→ soziale Gruppenarbeit (S. 54) und die → Gemeinwesenarbeit (S. 55).
Die Unterscheidung von drei Methoden führt dazu, dass häufig von einer Methodentrias (trias = Dreiheit) gesprochen wird.
Der Unterschied zwischen den Methoden liegt in der Anzahl der Personen, mit denen jeweils gearbeitet wird und in den dabei angestrebten Zielsetzungen.

Methode
ist ein Handlungsplan, ein Verfahren, das eingesetzt wird, um ein bestimmtes Ziel strukturiert zu erreichen.

soziale Einzel(fall)hilfe
arbeitet mit einzelnen Personen und verortet die vorliegenden Probleme im Individuum selbst. Durch die Stärkung des Einzelnen, z. B. durch Hilfe beim Erwerb sozialer Kompetenzen, bei der (Weiter-)Entwicklung der Persönlichkeit oder bei der Förderung der Selbsthilfekräfte, sollen Einstellungs- und Verhaltensänderungen erreicht werden, die das Individuum befähigen seine bestehenden Problemlagen zu bearbeiten.

• Dreischritt der Einzelfallhilfe	Die Einzelfallhilfe läuft in bestimmten Phasen ab. In der ersten Phase, *der Anamnese*, geht es zunächst um das Herstellen einer tragfähigen Beziehung zwischen dem Betreuer und seinem Klienten. Außerdem werden Informationen und Fakten gesammelt, die nicht nur Aufschluss über die bestehende Problemlage geben, sondern auch darüber wie sie entstanden sein könnte. In der zweiten Phase, *der sozialen Diagnose,* werden die vorliegenden Informationen zusammengefasst, strukturiert und geordnet, um zu einem Schluss, einer Diagnose, zu kommen. Auf der Grundlage der erstellten Diagnose erfolgt dann der dritte Schritt: *die Behandlung.* Je nach Fall handelt es sich hierbei um eine Betreuung, Beratung und/oder eine Therapie.
• Case-Management	gilt als Weiterentwicklung der klassischen Einzelfallhilfe. Der als Case Manager bezeichnete Sozialarbeiter tritt bei dieser Methode verstärkt als Koordinator auf; er organisiert, vernetzt, plant und strukturiert die notwendigen Hilfeleistungen für seinen Klienten. Damit tritt er ein Stück aus der therapeutischen Beziehungsarbeit heraus, ist jedoch weiterhin Ansprechpartner und verfolgt das Ziel, bestehende Problem- und Mangellagen für und mit seinem Klienten zu bearbeiten, indem für diesen ein optimales Netzwerk von Hilfen errichtet wird. Dabei ist es wichtig, dass dem Klienten nicht ein vollständiges Netzwerk präsentiert wird, sondern dass er in den Prozess der Entstehung aktiv eingebunden wird (→ Partizipation, S. 56), denn nur derart kann sichergestellt werden, dass der Hilfesuchende nach und nach dazu befähigt wird, sich selbst Hilfen zu organisieren (→ Hilfe zur Selbsthilfe, S. 55).
soziale Gruppenarbeit	arbeitet mit Gruppen von Personen, die sich in ähnlichen physischen, psychischen oder sozialen Problemlagen befinden. Die Teilnehmenden sollen durch gemeinsames Handeln und Erleben in der Gruppe befähigt werden, ihr gemeinsames Ziel, z. B. eine langfristige Abstinenz von Suchtmitteln, zu erreichen. Dazu werden die Kompetenzen des einzelnen Gruppenmitgliedes im Gruppenverband

gestärkt (z. B. durch Rollenspiele, Wahrnehmungsübungen), damit jeder Teilnehmer besser mit seinen bestehenden Problemlagen umgehen kann. Die Moderation und Leitung der einzelnen Gruppenprozesse übernimmt dabei ein fachlich versierter Gruppenleiter.

Gemeinwesenarbeit

richtet sich an ein Gemeinwesen, d. h. an ein räumlich eingegrenztes Gebiet und dessen Bewohner (z. B. Stadtteil, Wohnblock, Gemeinde). Ziel der Gemeinwesenarbeit ist es, durch professionelle Begleitung das Gemeinwesen (z. B. die Bewohner eines Stadtteils) dazu zu befähigen ihre Interessen zu vertreten und gemeinschaftlich Initiative zu ergreifen, um so die Bedingungen im jeweiligen Gemeinwesen zu verbessern.

Prinzipien sozialer Arbeit

sind handlungsleitende Grundsätze, die während und auch vor den einzelnen Hilfs- und Unterstützungsleistungen vom „professionell Helfenden" beachtet und auch absichtsvoll herbeigeführt werden. Je nach Alter und bestehender Problemsituation können sie unterschiedlich ins Gewicht fallen. Nachstehend handelt es sich um eine Auswahl von Leitsätzen Sozialer Arbeit:

Empowerment

meint die Orientierung an bestehenden Ressourcen, Fähigkeiten und Kompetenzen des Adressaten. Hier steht die Frage im Raum, über welche Potenziale der Einzelne (noch) verfügt (z. B. über einen intakten Freundeskreis), wie diese beibehalten und ausgebaut werden können, um zu einer Bewältigung bzw. Stabilisierung der bestehenden Probleme beizutragen. Gleichzeitig geht es darum, die vorhandenen Potenziale zur Weiterentwicklung der Persönlichkeit zu nutzen.

Hilfe zur Selbsthilfe

bezeichnet ein, durchaus widersprüchlich erscheinendes, Vorgehen innerhalb der Sozialen Arbeit, bei dem der Adressat durch bestimmte Hilfen dazu befähigt werden soll, seine Probleme selbst anzugehen. Sinn und Zweck ist es, durch konkrete Hilfsangebote Selbsthilfekompetenzen beim Adressaten zu steigern, die ihn nach und nach befähigen, seine Problemlagen selbstständig, auch ohne Impulse von Sozialarbeitern, Diplompädagogen etc., zu bewerkstelligen.

Partizipation	meint Beteiligung, Teilhabe, Teilnahme, Mitwirkung, Mitbestimmung und Mitsprache des Betroffenen bei ihn und seine Lebenswelt betreffenden Entscheidungen und Entwicklungen. Durch die Mitwirkung und Teilnahme soll erreicht werden, dass der Adressat sich als selbstbestimmt und selbstverantwortlich wahrnimmt. Er ist mitwirkender Teil des Ganzen. Das führt häufig dazu, dass Entscheidungen deutlich besser angenommen werden können (bspw. können gemeinsam in einer Kinderkonferenz entwickelte Regeln für ein gelingendes Zusammensein von Kindergartenkindern deutlich besser akzeptiert werden, als vorgegebene Regeln von den Erzieherinnen).
Prävention	Vorbeugende Maßnahmen, die die Auftretenswahrscheinlichkeit bestimmter Ereignisse (z. B. Unterbringung eines Kindes im Heim) minimieren sollen. Sie kommen zum einen innerhalb von Hilfeprozessen zum Einsatz, um eine weitere Verschlechterung der Situation zu verhindern. Zum anderen werden präventive Maßnahmen auch vorsorglich angeboten – ohne bestehende Problemlagen –, um so einem Entstehen generell vorzubeugen. Dazu zählen beispielsweise präventive Programme zum Thema Sucht, wie sie häufig an Schulen durchgeführt werden.
Strukturelle Organisation sozialer Arbeit	Soziale Arbeit wird in sozialen Einrichtungen (z. B. Kinderkrippen, Altenheimen, Beratungsstellen) und in ihrer aufsuchenden Form durch soziale Institutionen (z. B. Sozialpädagogische Familienhilfe, Streetwork) geleistet. Alle Einrichtungen sind durch bestimmte Rahmenbedingungen – auch als strukturelle Organisation – gekennzeichnet; auf einige wird nachstehend eingegangen.
Träger	sind Anbieter, die Einrichtungen (z. B. eine Drogenberatungsstelle oder eine Kinderkrippe), unterhalten, einrichten und betreiben. Sie erbringen die jeweiligen Leistungen und Angebote der Institution.
• öffentlicher Träger	sind Städte, Gemeinden, Landkreise, der Bund oder die Länder.
• freier Träger	sind Kirchen, Religionsgemeinschaften, Verbände der freien Wohlfahrtspflege (z. B. DRK, AWO, Caritas), Einzelpersonen oder Personengruppen (z. B. ein Elternverein).

Subsidiaritätsprinzip	ist ein im SGB festgeschriebenes Prinzip (§4 SGB VIII und § 5 SGB XII), das folgendes besagt: Wenn soziale Einrichtungen und ihre Leistungen von anerkannten freien Trägern betrieben und geleistet werden oder rechtzeitig geschaffen werden können, sollen öffentliche Träger von eigenen Maßnahmen absehen. Freie Träger haben folglich Vorrang vor öffentlichen Trägern. Sollte das Angebot in öffentlicher Trägerschaft jedoch kostengünstiger sein, ist dieses vorzuziehen.
Konzeption	ist der schriftlich fixierte Leitfaden einer Institution, der einen Überblick über die Strukturen und Ziele der Einrichtung gibt, Schwerpunkte benennt, Arbeitsmethoden verdeutlicht und gegebenenfalls auch Einblicke in die konkrete pädagogische Arbeit gewährt.
• Konzeptionsentwicklung	meint die Arbeit an und mit der Konzeption. Stetige gesellschaftliche, strukturelle, finanzielle und personelle Veränderungen erfordern eine beständige (Weiter-)Arbeit an einer Konzeption, um neben der Sicherung bestehender Standards auch neuen Entwicklungen Rechnung zu tragen.
Leitbild	ist die schriftlich fixierte Erklärung über das Selbstverständnis und die Grundprinzipien einer Institution. Sie ist in ihrem Umfang deutlich kürzer als die Konzeption und trägt in die Öffentlichkeit, wofür eine Institution steht (z. B. für Toleranz und die Beachtung gleicher Rechte von Frauen und Männern) und welche Zielsetzungen sie verfolgt (z. B. den Erwerb konstruktiver Problemlösefähigkeit).

Kategorie: **Erziehungs- und Bildungssystem**

Bildungssystem

Gefüge der öffentlichen Einrichtungen, in dem innerhalb eines Staates Bildung erworben wird. Es umfasst vor allem das Schul- und Hochschulsystem sowie das System der beruflichen Bildung. Hinzu kommt der Bereich der persönlichen Weiterbildung. Gerade dort verfügt das Bildungssystem auch über weite, nicht reglementierte Bereiche. Das Bildungssystem hat das Ziel, alle Mitglieder einer Gesellschaft in ihrem gesamten Leben durch Bildungsangebote und -möglichkeiten zu unterstützen.

DQR

Deutscher **Q**ualifikations**r**ahmen; bezieht sich auf den Europäischen Qualifikationsrahmen, der systematisch die Qualifikationen (Schul-, Berufs- und Hochschulausbildung) innerhalb der Bildungssysteme in den europäischen Staaten verschiedenen Niveaus zuordnet und somit vergleichbar macht. Basis sind die mit den Qualifikationen verbundenen Lernergebnisse. Die Lernergebnisse werden als Fachkompetenz (Wissen und Fertigkeiten) und Personale → Kompetenz (S. 33) (Sozialkompetenz und Selbstständigkeit) dargestellt.
2008 auf Beschluss des Europäischen Parlaments und Rats auf der Grundlage einer Empfehlung eingerichtet.

Bildung

Prozess, der auf die Entfaltung der Persönlichkeit eines konkreten Menschen zielt und sie bzw. ihn in die Lage versetzt, selbstbestimmt und eigenverantwortlich ihr bzw. sein Handeln in der Gesellschaft zu gestalten. Er steht in Deutschland in der Tradition von Wilhelm von Humboldt und anderen Gelehrten der Aufklärung und Klassik.

Selbstbildung	Bildung ist ein Prozess, der in einem Menschen stattfindet. Er ist der Vorgang und das Resultat der Auseinandersetzung mit sich, anderen und der Welt. Darin formt sich intrapsychisch (innerhalb der Psyche) eine Persönlichkeit mit seiner Haltung, seinem Wissen und Können als Grundlage des Handelns in der Welt.
Bildungsauftrag	Der Bildungsauftrag ist die Aufgabe aller staatlichen Institutionen im → Bildungssystem, für alle Mitglieder einer Gesellschaft geeignete Bildungsangebote und -möglichkeiten zur Verfügung zu stellen. Meist bezogen auf das Schul- und Hochschulsystem sowie das System der beruflichen Bildung und den Bereich der persönlichen Weiterbildung. Er gilt aber auch beispielsweise für die öffentlich-rechtlichen Medien oder Museen und andere Kultureinrichtungen.
Didaktik	Griech.: *didaskein* = lehren. Lehre der Gestaltung von Lehr- und Lernprozessen.
didaktische Modelle/ Ansätze	beschreiben relevante Faktoren und Bedingungen beispielsweise von Unterricht in der Schule; unterschiedliche Modelle sind nicht grundsätzlich verschieden, sondern haben einen jeweils eigenen Schwerpunkt.
• bildungstheoretisches Modell	stellt den „Bildungsgehalt" eines Themas in den Mittelpunkt, zentrale Fragen nach KLAFKI: Wofür ist das Thema exemplarisch, fundamental; was lernt das Kind für die Gegenwart, was für die Zukunft? Methodische Fragen sind zweitrangig, z. B.: Was muss sachlich diesem Thema vorausgegangen sein, welche Kinder lernen hier, welche Anschauungsmittel sind geeignet?
• lerntheoretisches Modell bzw. Berliner Modell	von HEIMANN/OTTO/SCHULZ entworfen; rückt das Lernen mehr in den Vordergrund. Die Autorengruppe unterscheidet zwischen Bedingungs- und Entscheidungsfeldern, prinzipiell sind (Lern-)Bedingungen, Ziele, Inhalte und Methoden gleichwertig und stehen in Wechselwirkung; dieses Modell hilft auch, Bildungsangebote im sozialpädagogischen Bereich vorzubereiten, durchzuführen und zu reflektieren.

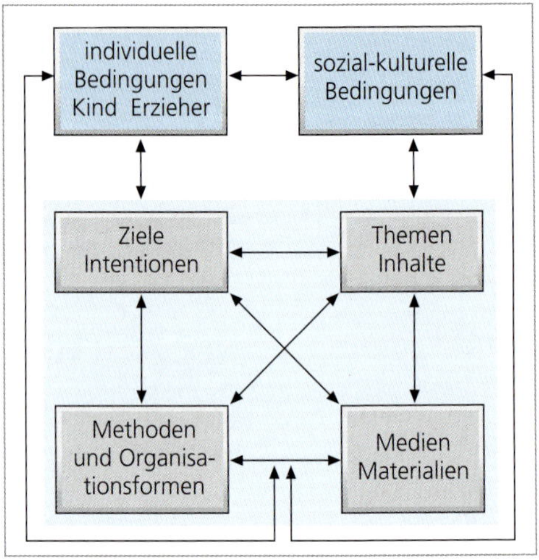

- kritisch-konstruktive Didaktik: In den 1980er und 1990er Jahren ebenfalls von Klafki entwickelter Ansatz, der die politische Dimension von Unterricht betont: Unterricht müsse über einzelne Themen hinaus den Erwerb von Selbstbestimmungs-, Mitbestimmungs- und Solidaritätskompetenzen ermöglichen, um neue gesellschaftliche Anforderungen erfüllen zu können, u.a. Umweltbelastungen, neue Medien, neue Ich-Du-Beziehungen; dieses Anliegen hat in Lehrplänen der Schulen Eingang gefunden, ist auch in den Bildungsplänen der Kindergärten erkennbar: z.B. Kinderkonferenz, Zielvereinbarungen mit den Kindern.

- sozial-konstruktivistische Didaktik: Lernen wird als sozial-konstruktiver Prozess verstanden; das Kind erwirbt Wissen, Fähigkeiten und Haltungen im Austausch mit anderen (sozial-konstruktiv) und durch subjektive und eigenaktive Verarbeitung von Informationen (individuell); hierzu braucht es Interaktionspartner, lebensechte Problemstellungen, die reale, komplexe Welt, eine vorbereitete Umgebung, Kooperation statt Konkurrenz, Reflexion der eigenen Lernerfahrungen Metakognition.

- Neurodidaktik

Modelle der Lern- und Bildungsforschung, die neurowissenschaftliche Erkenntnisse vor allem aus der modernen Hirnforschung für die Gestaltung von Lehr-Lernprozessen nutzbar machen wollen. Sehen in dem Wissen über im Gehirn ablaufende materielle Prozesse die notwendige Basis, um Lernumgebungen effizient und effektiv gestalten zu können. Die Zusammenarbeit mit der Pädagogik und Lernpsychologie steht noch in den Anfängen.

Lehr-, Bildungsplan, Curriculum

Staatlicherseits verbindliche Aufstellungen von Lehr- bzw. Lernzielen und -inhalten, im Bereich Schule wird von → Lehrplänen (S. 70) oder Kerncurricula gesprochen, im Elementarbereich von → Bildungsplänen (S. 64); ein Curriculum ist ein häufig verwendeter umfassenderer Begriff für solche Zusammenfassungen von Lehr- bzw. Lernzielen und -inhalten, der auch methodische Teile umfasst.

Lernziele/Kompetenzen

Ein Lernziel ist ein angestrebtes Ergebnis, das durch eine Lehr-Lern-Prozessgestaltung beim Kind bzw. Jugendlichen erreicht werden soll. Dieses besteht aus einem gewünschten und in der Vorstellung vorweggenommenen Verhalten (Wissen, Fertigkeit, Haltung, Handlungen). Aktuell werden Lernziele als Kompetenzen formuliert. Damit sind Fertigkeiten, Wissen, Haltungen gemeint, die als Fähigkeit die Bewältigung von Anforderungen ermöglichen. Sie sind komplex und enthalten auch methodische oder personale Kompetenzen wie Sozialkompetenz und Selbstständigkeit.

Kulturtechniken

sind durch Erziehung vermittelte grundlegende Fähigkeiten, die der Erhaltung der Kultur dienen. Insbesondere Kulturtechniken wie Schreiben, Lesen und Rechnen müssen beherrscht werden – heute gilt auch die Bedienung technischer Medien wie Fernseher und Computer mit ihrer weltweiten Vernetzung durch das Internet zu den Kulturtechniken.

Kulturhoheit der Länder

In Fragen der Kultur (Sprache, Medien, Bildung und da vor allem das Bildungssystem mit Schule und Hochschule) sind grundlegend die Bundesländer zuständig. Sie regeln über (Länder-)Gesetze und Verordnungen sowie über die Verwaltung, wie das Bildungssystem in Aufbau und Ablauf funktioniert. Dabei gibt es aber einen bundesweiten gemeinsamen Rahmen.

Kultusministerium, Schulbehörden

Das für die Schulen zuständige Ministerium ist die oberste Schulbehörde, die für die Ausführung der Gesetze im Bereich der Kultur und vor allem der Bildung zuständig ist; Unterstützung durch weitere Behörden wie Bezirksregierung, Landesschulbehörde und/oder Schulämter; Verantwortung für Erarbeitung von Bildungs- und Lehrplänen sowie Umsetzung der Bundesvorgaben.

Ständige Konferenz der Kultusminister der Länder – KMK

Verbund der für Kultusangelegenheiten zuständigen Länderministerien; Aufgaben: u. a. Sicherung von Qualitätsstandards in Schulen, Berufsbildung und Hochschulen; Absprachen der Bundesländer zur Vergleichbarkeit von Bildungsabschlüssen.
Der „Deutsche Bildungsserver" (WEB-Portal der KMK): veröffentlicht Lehrpläne und Rechtsnormen, stellt die Struktur des Bildungswesens und bildungspolitische Entwicklungen dar. www.kmk.org

Elementarbereich

Erste Stufe des deutschen Bildungssystems; umfasst mit der Kinderkrippe, dem Kindergarten, der Kindertagespflege sowie den Vorklassen an Grundschulen die Betreuungs- und Bildungsangebote für Kinder im Alter von wenigen Monaten bis zum Schuleintritt. Der Besuch ist nicht verpflichtend, erfolgt aber bei den 3- bis 6-Jährigen zunehmend vollständig. Die frühkindliche Bildung ist mittlerweile fester Bestandteil der Bildungsbiografie aller Mädchen und Jungen geworden und gilt als Voraussetzung für einen erfolgreichen Schulbesuch, hat aber bezogen auf die frühkindliche Entwicklung und Bildung auch einen Eigenwert.

Tageseinrichtungen für Kinder

oder Kindertageseinrichtung; pädagogische Einrichtung, in der Kinder ganztags oder einen Teil des Tages regelmäßig von pädagogischen Fachkräften Betreuung, Bildung(sanreize) und Erziehung erfahren; die Kinder sind verbindlich angemeldet, in freier oder öffentlicher Trägerschaft.

Krippe	Einrichtung für Kinder von 0 bis 3 Jahren, i.d.R. mehrere Fachkräfte (unterschiedliche Betreuungsschlüssel in Deutschland bezogen auf das Verhältnis von Kind und Fachkraft) für ca. 15 Mädchen und Jungen, die halb- oder seltener ganztags betreut werden; pädagogisch vor allem Beziehungsgestaltung, aber auch Bildungsangebote.
Kindergarten	Bildungseinrichtung für Mädchen und Jungen im Alter von 3 bis 6 Jahren, die altersübergreifend in Gruppen von ca. 25 Kindern betreut, erzogen und in ihren Bildungsprozessen unterstützt werden; → Bildungspläne (S. 64).
Hort	Tageseinrichtung für 6- bis 12-Jährige, meist nachmittags nach der Schule, Kinder können für bestimmte Wochentage angemeldet sein. Diese Einrichtungsart wird zunehmend von Angeboten der → Ganztagesbetreuung in der Schule abgelöst.
Ganztagsbetreuung in der Schule	Betreuung der Schülerinnen und Schüler auch über die Unterrichtszeit hinaus: gebundene Form: für alle Kinder der Schule; halboffene Form für einzelne Jahrgänge (Klassen); offene Form: für angemeldete Kinder aus allen Klassen. Aufgaben: Alltagsbegleitung: Mahlzeiten, Gesundheit, Bewegung, Spiel; Bildungsarbeit: z.B. Persönlichkeit stärken, Sexualpädagogik, interkulturelle Bildung, Freizeitpädagogik, Medienpädagogik; Erziehungspartnerschaft mit Lehrern und Eltern.
Familienzentrum	Will für Kinder, Eltern und Familien Anlaufpunkt sein für Betreuung, Unterstützung und Beratung; macht je nach Konzept mehrere Angebote unter einem Dach: neben Kinderbetreuung mit variabler Betreuungszeit etwa auch offene Gruppenarbeit mit Schulkindern, Eltern oder Senioren; auch Elternkurse und z.B. Sprechstunden des ASD (Allgemeiner Sozialer Dienst). Weitere Anliegen: Vernetzung mit anderen Institutionen der Gemeinde und gemeinsamer Entwurf von Zielperspektiven und Aktionen, z.B. zur Familien- und Generationenbegegnung. Geht zurück auf Early Excellence Center im angelsächsischen Raum.

Bildungsauftrag der Kita

Seit einigen Jahren auch in der Öffentlichkeit selbstverständlicher Auftrag der Kindertagesstätten; diese werden als Bildungseinrichtungen verstanden → Elementarbereich (S. 62); Gesetzliche Grundlage sind das Kinder- und Jugendhilfegesetz, das als Aufgabe der Tageseinrichtungen für Kinder „Erziehung, Bildung und Betreuung" ausweist (§22 Abschnitt 2 → SGB VIII (S. 45)) sowie die darauf aufbauenden Ländergesetze für Kitas sowie → Bildungspläne; danach geht es in Kindertagesstätten vor allem um die Vermittlung grundlegender Kompetenzen sowie die Entwicklung und Stärkung persönlicher Ressourcen, die das Kind motivieren und vorbereiten, künftige Lebens- und Lernaufgaben zu bewältigen.

Bildungspläne

Vorgaben auf Länderebene für die Erziehungs- und Bildungsarbeit in Kindertageseinrichtungen und in der Kindertagespflege.
Sie basieren auf dem → „Gemeinsamen Rahmen der Länder für die frühe Bildung in Kindertageseinrichtungen" von 2004. Qualitätsstandards für alle Einrichtungen aller Träger im jeweiligen Bundesland; häufiger Aufbau:
Im ersten Teil Erläuterungen des Bildungsauftrages, des Bildungsbegriffs und Standards zu Dokumentation, Reflexion und Zusammenarbeit mit Eltern, Schule und Fachdiensten.
Im zweiten Teil: Bildungsbereiche bzw. Entwicklungsfelder, mögliche Inhalte und zu fördernde Kompetenzen der Kinder; ältere Bildungspläne beziehen sich auf die Altersgruppe der 3–6-Jährigen, neuere erweitern das Alter der Zielgruppe: 0–6-Jährige bzw. 0–10-Jährige sowie verstärkte Betonung von Sprachförderung und Inklusion.

„Gemeinsamer Rahmen der Länder für die frühe Bildung in Kindertageseinrichtungen"

Grundlagenpapier der Kultus- und der Jugendministerkonferenz von 2004: Erster nationaler Konsens in der Bundesrepublik über Bildungsstandards in Kindertageseinrichtungen; Basis für Bildungspläne der Länder; enthält pädagogische Grundprinzipien, Bildungsziele, Mittel und Wege, um diese zu erreichen, Bildungsbereiche, Aufgaben der Erzieher, Gestaltung des Übergangs in die Schule. Als Bildungsbereiche sind festgelegt:

- Sprache, Schrift, Kommunikation
- Personale und soziale Entwicklung, Werteerziehung/religiöse Bildung
- Mathematik, Naturwissenschaft, (Informations-) Technik
- Musische Bildung/Umgang mit Medien
- Körper, Bewegung, Gesundheit
- Natur und kulturelle Umwelten

pädagogische Handlungskonzepte

Konzept bzw. Zusammenstellung richtungsweisender Grundsätze für pädagogisches Wahrnehmen, Denken, und Handeln:
Fußt i. d. R. auf einem bestimmten Bild vom Kind, einem spezifischen Bildungsbegriff, aus denen sich Ziele, Inhalte, Methoden und Materialien ergeben. Handlungskonzepte seit FRÖBEL (→ Fröbelpädagogik) nennen übereinstimmend den eigenständigen Bildungsauftrag der Kindertageseinrichtungen, den Zusammenhang von Bindung und Bildung, das → ganzheitliche Lernen und die Wechselwirkung von Spiel und Lernen.

- **Fröbelpädagogik**

Von FRIEDRICH FRÖBEL für 0- bis 6-Jährige entwickeltes Handlungskonzept; wesentliche Aspekte: Kinder von 0–6 Jahren benötigen eine eigene Pädagogik; das Spiel ist Urbedürfnis des Kindes und Motor seiner emotionalen, → motorischen (S. 106), sprachlichen, → kognitiven (S. 108) und sozialen Entwicklung, reichhaltige Materialiensammlung inklusive Fingerspielen und Spielliedern.
Gründung des ersten Kindergartens 1840; die Fröbelpädagogik wirkt bis in die Gegenwart.

- **Montessoripädagogik**

Von MARIA MONTESSORI in der ersten Hälfte des 20. Jahrhunderts für die Arbeit mit 3- bis 12-Jährigen entwickeltes Konzept; erster Montessorikindergarten 1907 in Rom. Bildungsbegriff: Das Kind treibt seine Entwicklung selbst voran, es brauche aber den entsprechenden Rahmen;
Grundsatz: Hilf mir, es selbst zu „tun" (anbieten, aber nicht vorschreiben). Spezifische Materialien für alle Bildungsbereiche, vor allem systematische Angebote zur Sinnesdifferenzierung, zum → motorischen (S. 106) und → kognitiven (S. 108) Lernen. Findet sich auch als Konzept für Grundschulen.

- Waldorfpädagogik — von Rudolph Steiner für die pädagogische Arbeit mit Schulkindern entwickelt, später erweitert für Kindergarten und Sonderpädagogik. Erster Waldorf-Kindergarten 1926 in Stuttgart;
  Grundsätze: Recht des Kindes, Entwicklungsfortschritte aus eigener Kraft zu vollziehen; der Erwachsene ist Vorbild in allem, er bietet Sicherheit, eine Nachahmungswelt (Puppenecke), Rhythmus im Tagesablauf und Wiederholung (z. B. mehrere Wochen dasselbe Märchen im gleichen Wortlaut), als besonders bildsam im Vorschulalter gelten die Natur, Spiel, musisches, handwerkliches und hauswirtschaftliches Tun; ganzheitliches Lernen mit allen Sinnen.
- Reggio-Pädagogik — Von Loris Mallaguzzi und pädagogischen Fachkräften von Kindertageseinrichtungen in der Region Reggio Emilia (Italien) ab 1960 entwickelt, Auszeichnung durch die UNESCO; Schwerpunkt u. a.:
  - Unterstützung selbstbestimmten Lernens der Kinder v. a. durch Projekte,
  - künstlerisch-kreativer Ausdruck von Empfindungen und Erkenntnissen; Leitspruch: „Hundert Sprachen hat das Kind";
  - Einbezug der Kinder (z. B. Projektgestaltung), Erzieher, Eltern; der Gemeinde → Sozialraumorientierung.
- Waldkindergarten — In den 1950er Jahren in Dänemark entwickelt; seit den 1990er Jahren sich auch in Deutschland weit verbreitend. Handlungskonzept für einen Kindergarten (oder eine Kigagruppe) ohne festes Gebäude an einem Fixpunkt im Wald; hier erfahren die Kinder die Natur aus erster Hand und gestalten ihr Spiel mit den im Wald vorhandenen Mitteln.
  Ziele: Persönlichkeitsentwicklung und -entfaltung in einem natürlichen Rahmen und Kompetenzerwerb im Umgang mit Natur, sensibel werden für ökologische Zusammenhänge.
- Situationsansatz — In der ersten Hälfte der 1970er Jahre von Wissenschaftlerinnen zusammen mit pädagogischen Fachkräften entwickelt, um Konzepte abzulösen, die zu sehr die Schulvorbereitung in den Vordergrund gestellt hatten; Pädagogik vom Kind aus: „Was kann das Kind"? und „Wie können wir seine Handlungsfähigkeit im gesellschaftlichen Umfeld stärken"?;

Erzieher im ständigen Diskurs mit Eltern und anderen Erwachsenen, um Schlüsselsituationen zu finden, die Kindern ein Verständnis der Welt ermöglichen.
Weitere Grundsätze: das Entfalten kindlicher Potenziale im Spiel, im kreativen Tun, in Projekten; geschlechtsbewusste Erziehung, Mitbestimmung sowie Integration von Kindern mit Behinderung. Der Situationsansatz wurde permanent weiterentwickelt, erlebte in den 1990er Jahren eine Reform (nationale Qualitätsinitiative) und mündete in die Bildungs- und Orientierungspläne der Bundesländer.

- offener Kindergarten

Ende der 1970er, Anfang der 1980er Jahre entwickelt, gibt dem handelnden, selbstbestimmten Lernen viel Raum mit strukturellen Konsequenzen: Auflösung der großen Gruppen zugunsten des Bezugserziehersystems (ca. 12 Kinder, eine Erzieherin), Umgestaltung der Gruppenräume zu Funktionsräumen, z. B. Atelier, Bau-, Werk-, Labor,- Bewegungs- und Ruheraum; Zuständigkeit einer Fachkraft für diese Funktionsräume; Mitbestimmung und eine offene Planung werden zu pädagogischen Selbstverständlichkeiten.

Elementardidaktik

→ Didaktik (S. 59) als Erforschung und Kunst des „Lehrens" und Lernens in der frühkindlichen Bildung, Betreuung und Erziehung; unter den besonderen Bedingungen des Lernens in der Entwicklungsphase der 3- bis 6-Jährigen bzw. der 0- bis 6-Jährigen zu sehen; deren Lernprozesse sind erfahrungsbasiert, spielerisch und ganzheitlich ausgerichtet und gehen von ihren subjektiv bedeutsamen Fragen und Interessen aus. Daraus ergibt sich eine Ausrichtung an Selbstbildung des Kindes und des interessengeleiteten Lernens sowie indirekter Erziehung, d. h. der Gestaltung einer lernanregenden Umgebung (Raumgestaltung, Materialien, Impulse).

Projekt

Wichtige Methode der Elementardidaktik; umfassendes, mit den Kindern thematisch abgestimmtes Vorhaben, meist über einen längeren Zeitraum; typisch sind u. a.:
→ Handlungsorientierung (S. 72), Orientierung an Fragen und Themen der Kinder, Mitverantwortung aller Beteiligten auch für die Organisation, Ein-

bezug von Experten von außen und offene Planung (ggf. mit Kurskorrektur). Beispiel: Im Bauch der Erde, ein Projekt aus der → Reggio-Pädagogik (S. 66); unterstützt eigenaktive Lern- und Bildungsprozesse von Kindern; die Lernprozesse beruhen auf lernförderliche Interaktionen der Kinder untereinander sowie mit den Erwachsenen und insofern auf sozialem Handeln.

Spiel/Spielen

Eine spontane, aktive, selbstbestimmte, zweckfreie, lustbetonte, phantasiegeleitete Tätigkeit. Haupttätigkeit und Lernform des Kindes vor Schuleintritt; wichtige Spielformen im Vorschulalter: Konstruktionsspiel (z. B. Bauecke), Funktionsspiel, Rollenspiel: selbst in eine Rolle schlüpfen oder eine Spielfigur führen; Spielszene gestalten, Umdeutung von Gegenständen, z. B. „Der Löffel wäre ein Mikrophon", sprachliche Überbrückung von Handlungssprüngen, z. B. „Du bist die Mutter und bekommst ein Kind" wird in der Elementardidaktik in Form des Freispiels diskutiert; Spielen als zweckfreie und lustbetonte Tätigkeit begleitet Menschen im gesamten Lebenslauf, nimmt aber nach der Kindheit in seiner Bedeutung für die Entwicklung ab.

Bildungsangebote

Angeleitete Aktivitäten; von der Erzieherin auf der Grundlage von Beobachtung in Abgleich mit dem Bildungsplan geplant, nimmt Interessen und Fragen der Kinder auf, z. B. ein Angebot im musischen Bildungsbereich oder eine Bilderbuchbetrachtung.

Schule

Meist öffentliche Institution, manchmal auch in privater Trägerschaft (z. B. Verein, Montessori-Schule), die unter staatlicher Aufsicht einen Bildungsauftrag verfolgt; Ort des Lehrens und Lernens im Sinne der Vermittlung von Wissen und Können durch Lehrer an Schüler, aber auch der Wertevermittlung und der Erziehung.

Man unterscheidet allgemeinbildende Schulen (z. B. Grundschule, Gymnasium) und berufsbildende Schulen (z. B. duale Ausbildung, Berufsvorbereitungsjahr, Berufsfachschule) sowie Förder- oder Sonderschulen (z. B. Schule für Kinder mit einer Sinnesbehinderung.

Schulsystem

Gegliederter Aufbau der einzelnen Schulformen und -stufen; führt bei erfolgreichem Durchlaufen zu spezifisch ausgewiesenen Abschlüssen (Schul- oder Berufsabschlüsse); Unterscheidung von allgemeinbildender und beruflicher Bildung; aufgrund der → Kulturhoheit der Länder (S. 62) vielfältiger Aufbau, wobei sich eine Gliederung von → Grundschule (S. 72), → Sekundarbereich I und II (S. 73) überall wiederfindet. Grundsätzlich sollen die Schulformen durchlässig sein, so dass ein späterer Wechsel etwa im Sekundarbereich I beispielsweise zwischen Realschule und Gymnasium möglich ist.

Erziehungsauftrag der Schule

Schulen sollen nicht nur Wissen und Können vermitteln, sondern auch Kinder und Jugendliche zu eigenverantwortlichen und selbstständigen Mitgliedern der Gesellschaft erziehen; daher formulieren Schulgesetze oft einen Auftrag zur → Erziehung (S. 30).

Schulgesetz

Aufgrund der → Kulturhoheit der Länder (S. 62) hat jedes Bundesland ein eigenes Schulgesetz, das die Aufnahme und den Besuch der angebotenen Schulformen regelt; zudem enthält es oft eine Darstellung der angebotenen Schulformen sowie Vorgaben zu Leistungsbeurteilungen, Schulverfassung (Schulleitung, Konferenzen etc.) und anderen Bedingungen des Schulbesuchs (z. B. Schulbücher).

Schuleingangsuntersuchung

Ärztliche Überprüfung der Schulfähigkeit (allgemeine Lernfähigkeit, körperliche Entwicklung, Sozialkompetenz, metakognitive Fähigkeiten wie z. B. Selbststeuerung und Planung des Arbeitens und Lernens) sowie Schulbereitschaft (Neu- und Wissbegier sowie Aktivitätsbereitschaft, Wunsch, in die Schule zu gehen und neue Erfahrungen und Erlebnisse anzustreben); wird meist im Rahmen eines Termins an einer Schule, in der Kindertagesstätte oder im Gesundheitsamt zu verschiedenen Zeitpunkten vor der Einschulung (je nach Bundesland) von Ärzten des Gesundheitsamtes durchgeführt.

Schulleistungsstudien
In ihnen werden die Kenntnisse oder Kompetenzen von Schülerinnen und Schülern gemessen, um die Leistungsfähigkeit der Schulen sowie die Bedeutung von außerschulischen Bedingungen zu beurteilen (z. B. Geschlecht, soziale und ethnische Herkunft); häufig dient dies zu internationalen Vergleichen, wie bei PISA (Programm zur internationalen Schülerbewertung) oder Iglu (Internationale Grundschul-Lese-Untersuchung).

Schulpädagogik

Teildisziplin der Erziehungswissenschaft bzw. → Pädagogik (S. 11); befasst sich mit Unterricht, Ausbildung von Lehrpersonen und → Didaktik (S. 59); erforscht Lernen, Bildung und Erziehung im Kontext von Schule und Schulsystem.

Lehrplan
Vom jeweiligen Bundesland für die verschiedenen Fächer oder Lernbereiche der einzelnen Schulformen vorgegebene Zusammenfassung der Lehrinhalte und Lehrziele; enthält manchmal auch Art und Anzahl der Lernerfolgskontrollen (z. B. mündliche oder schriftliche Prüfungen) und Grundlagenliteratur (Lehrbuchliste) sowie vermehrt in neueren Lehrplänen auch → Kompetenzen (S. 33) (z. B. Methoden-, Sach- und Fachkompetenz oder Fachkompetenz und Personale Kompetenz); andere Bezeichnungen: Rahmenpläne, Rahmenrichtlinien, Bildungspläne etc.

Kerncurriculum
Ein auf wesentliche Inhalte und Themenbereiche zurückgeführtes Curriculum auf der Grundlage der Bildungsstandards der → KMK (S. 62); bezogen auf Unterrichtsfächer; umfasst fachspezifische sowie prozessbezogene (z. B. Problemlösungswege finden) Kompetenzen, die von den Schülerinnen und Schülern zu erwarten sind.

Kompetenzen
Lat.: *competentia* = Zusammentreffen, Zuständigkeit, auch Sachverstand, Fähigkeiten haben. Kompetenzen werden erworben und bilden in der neueren Schulpädagogik die Lernzielkategorie ab. Sie umfassen Wissen und Fähigkeiten sowie auch Bereitschaften, fach- oder berufsbezogene sowie allgemeine Probleme und Aufgaben lösen zu können.

Sozialformen
Didaktischer Fachbegriff für die Regelung der Arbeits- und Lernprozesse im Unterricht; spiegelt sich häufig in der Sitzordnung wieder.

• Einzelarbeit	ist gekennzeichnet durch individuelle und eigenständige Auseinandersetzung mit einem Lerninhalt, Anwendung beim Üben, Anwenden und Festigen eines Lernstoffs.
• Partnerarbeit	ist eine Sozialform, bei der zwei Schüler eine Aufgabenstellung innerhalb eines Lernprozesses selbstständig und kooperativ bewältigen.
• Gruppenarbeit	ist eine Sozialform, in der Schülerinnen und Schüler in Gruppen zwischen drei und sechs Mitgliedern eigenverantwortlich, arbeitsteilig und kooperativ eine Aufgabenstellung bearbeiten; häufig werden die Arbeitsergebnisse so aufbereitet, dass sie nach Beendigung der Arbeitsphase vor der gesamten Klasse präsentiert werden.
• Klassenunterricht	Neben den dargestellten Sozialformen gibt es den Klassenunterricht, d. h. das Lernen in der Großgruppe (Klasse); häufig in der Form des Frontalunterrichts, in der die Lehrkraft von vorn das Unterrichtsgeschehen bestimmt, die Sitzordnung kann hierbei zwischen Kreis-, Hufeisen- oder Blockform variieren und strukturiert entsprechend die Kommunikation bzw. Interaktion im Unterricht.
Methodik	befasst sich wissenschaftlich und praktisch mit den Unterrichtsmethoden unter Einbezug der Medien; Methoden sind Vorgehensweisen und -formen im Unterricht, bei denen Umgebungsfaktoren unter Einschluss der Lehrkraft möglichst so gestaltet und ausgerichtet werden, dass die Ziele des Unterrichts erreicht und die Inhalte gelernt werden z. B. Unterrichtsprinzipien wie → offener Unterricht oder Unterrichtstechniken wie Aufgaben- und Fragestellungen im Unterrichtsgespräch.
• offener Unterricht	Unterrichtsprinzip; geht oft von einer Problemstellung aus; jede Schülerin und jeder Schüler kann dann frei wählen, wie, wo und wann und in welcher Sozialform an selbstgewählten Lösungswegen und zugehörigen Inhalten auf methodisch individuellem Weg gearbeitet wird; möglichst hohe Mitbestimmung und Mitverantwortung jedes Schülers.

- Handlungsorientierung

Ganzheitlich beanspruchender, schüleraktiver Unterricht, in dem die zwischen der Lehrerin/dem Lehrer und den Schülerinnen und Schülern vereinbarten Handlungsprodukte z. B. Plakat erstellen, szenische Darstellung) die Organisation des Unterrichtsprozesses prägen. Selbstbestimmtes Lernen, häufig in kooperativen Sozialformen. In der beruflichen Bildung wird das Handlungsprodukt bezogen auf eine berufliche Problemstellung als Ausgangspunkt ausgewählt.

Reformpädagogische Ansätze

Verschiedene Ansätze zur Reform von Schule, Unterricht und allgemeiner Erziehung, die Ende des 19. und zu Beginn des 20. Jahrhunderts entstanden und bis in die Gegenwart hineinwirken; oft eine Pädagogik vom Kinde her mit hohen Anteilen an selbstbestimmtem und handlungsorientiertem Lernen, das übliche schulische Strukturen außer Acht lässt (z. B. Wissensvermittlung im Klassenraum im Schulstundentakt); Beispiele: → Montessoripädagogik (S. 65) und → Waldorfpädagogik (S. 66).

Primarbereich

Grundschule; Eintritt mit Einsetzen der Schulpflicht; die Grundschule umfasst die Klassenstufen 1 bis 4 (in einigen Bundesländern die Klassenstufen 1 bis 6) und von fast allen Schülerinnen und Schülern gemeinsam besucht. Am Ende der Grundschulzeit wird auf Basis von Schulnoten (und ggf. weiteren Kriterien wie Lern- und Arbeitsverhalten) in vielen Ländern eine Schullaufbahnempfehlung für die Sekundarstufe ausgesprochen. Es geht um den Erwerb der → Kulturtechniken (S. 61) und von Basiskompetenzen zur Gestaltung des weiteren Bildungs- und Entwicklungsverlaufs.

Sekundarbereich

Weiterführende Schulen; schließen an Grundschulen des Primarbereiches an; in Deutschland aufgrund der → Kulturhoheit der Länder (S. 62) sehr differenziertes System an Schulformen, die auf Berufsausbildung und Studium vorbereiten. In Deutschland zweigeteilt:

Sekundarbereich I

Erste Stufe des Sekundarbereichs, die von nahezu allen Kindern und Jugendlichen besucht wird; fächert sich in Deutschland in verschiedene Schulformen auf, an denen nach unterschiedlichen Lehrplänen unterrichtet wird. In der Hauptschule, der Realschule und dem Gymnasium ist der Unterricht grundsätzlich auf einen bestimmten Abschluss bezogen. Es gibt auch Schularten mit zwei (z. B. Oberschule mit Haupt- und Realschulbildungsgang) oder mit drei Bildungsgängen (kooperative oder additive Gesamtschule). An integrierten Gesamtschulen besuchen die Schülerinnen und Schüler keinen bestimmten Bildungsgang, können aber verschiedene Abschlüsse machen. Am Ende der Sekundarstufe I kann in allen Schulformen ein allgemeinbildender Schulabschluss erworben werden als Grundlage für den Besuch unterschiedlicher weiterführender Bildungseinrichtungen in Sekundarbereich II.

Sekundarbereich II

umfasst allgemeinbildende und berufliche Vollzeitschulen sowie die Berufsausbildung im dualen System; in der Allgemeinbildung führt die gymnasiale Oberstufe zur allgemeinen Hochschulreife bzw. zum Abitur. Berufliche Vollzeitschulen können neben einer beruflichen Orientierung zu allgemeinbildenden Abschlüssen wie der Fachhochschulreife führen (z. B. Fachoberschule Technik) oder zu Berufsabschlüssen, die ebenfalls von allgemeinbildenden Abschlüssen ergänzt werden (Berufsfachschule mit Berufsabschluss und erweiterten Sekundarabschluss I: staatliche geprüfte sozialpädagogische/r Assistent/in oder staatlich geprüfte biologisch-technische/r Assistent/in). An berufsbildenden Schulen existieren eine Reihe verschiedener beruflicher Oberschultypen (Fachoberschule, Berufliche Oberschule, Berufliches bzw. Fachgymnasium). Mitunter bieten sie auch berufliche → Weiterbildung (S. 75) an Fachschulen an.

Duale Berufsausbildung

Der Hauptschulabschluss qualifiziert vor allem zur Aufnahme einer dualen Berufsausbildung. Diese läuft im Rahmen einer Lehrstelle in einen Betrieb sowie an einer Berufsschule. Beide Lernorte haben eigene Lehr- bzw. Ausbildungspläne und bereiten auf einen technisch-gewerblichen, kaufmännischen oder Gesundheitsberuf vor. Auch Absolvent-/innen anderer Bildungsgänge durchlaufen duale Ausbildungen. Findet ein Jugendlicher keine Lehrstelle – und das gilt zum Beispiel für einen größeren Anteil der Schulabgänger mit Hauptschulabschluss – so müssen die Jugendlichen, zumal sie noch schulpflichtig sind, eine berufsvorbereitende Maßnahme, in der Regel an einer berufsbildenden Schule, absolvieren.

Förderschule

Beschulung von Schülerinnen und Schüler mit sonderpädagogischem Förderbedarf außerhalb des allgemeinen Schulsystems; je nach Bundesland gibt es unterschiedliche Typen von Förderschulen (z. B. Förderschulen für Gehörlose, Blinde, Sprachbehinderte, Lernbehinderte), die auch Sonderschulen, Förderzentren oder Schulen für Behinderte genannt werden. Grundsätzlich kann eine Förderschule zu den gleichen Schulabschlüssen führen wie die Regelschulen, häufig werden aber keine Abschlüsse erreicht, so verlassen mehr als drei Viertel aller Förderschülerinnen und Förderschüler die Schule ohne einen Hauptschulabschluss.

Mit der Ratifizierung der UN-Konvention über die Rechte von Menschen mit Behinderungen 2009 gibt es Bemühungen um ein „inklusives" Bildungssystem, in dem Kinder mit und ohne Behinderungen grundsätzlich gemeinsam an allgemeinen Schulen unterrichtet werden sollen.

Inklusion

inclusio (lat.) = einbeziehen; im weiteren Sinne Menschen jeglicher körperlicher und geistiger Fähigkeiten, sozialer und kultureller Herkunft und religiöser, politischer, sexueller Orientierung, im engeren Sinne das Einbeziehen der Menschen mit Behinderung; das Menschenrecht auf gesellschaftliche Teilhabe soll für alle Menschen von Anfang an verwirklicht werden; Voraussetzung zur Inklusion ist eine offene, respektvolle und solidarische Grundhaltung. Die Verantwortung liegt bei allen öffentlichen

Stellen, Institutionen und Betrieben und ist Bildungsauftrag aller Bildungseinrichtungen z. B. strukturelle, mentale und materielle Barrieren abzubauen, die die Teilhabe am gesellschaftlichen Leben erschweren.
Inklusionspädagogik ist eine Querschnittsaufgabe aller Bildungseinrichtungen und fördert die Fähigkeiten des Einzelnen, Inklusion bestmöglich zu entwickeln und zu realisieren.

Übergänge/Transition

Ereignisse, die bedeutsame Veränderungen mit sich bringen; normative bzw. regelmäßige Übergänge bestehen häufig im Wechsel der Erziehungs- und Bildungsinstitutionen, z. B. Übergang von der Krippe in den Kindergarten oder von der Kita in die Schule; es gibt auch individuelle Übergänge, z. B. aufgrund von Trennung und Scheidung oder schwerwiegenden Erkrankungen.

Tertiärer Bereich/ Weiterbildung

umfasst Universitäten, Fachhochschulen und andere Hochschularten, die zu einem akademischen Abschluss führen sowie Einrichtungen der beruflichen (Weiter-)Bildung wie Berufsakademien in Form dualer Studiengänge mit wissenschaftsbezogener und zugleich praxisorientierter berufliche Bildung oder Fachschulen oder Qualifizierungen zum Meister und Industriemeister. Sie setzen eine abgeschlossene Berufsausbildung als auch Berufserfahrung voraus. Hinzu kommen Schulen des Gesundheitswesens, die die Ausbildung für nichtakademische Gesundheitsdienstberufe vermitteln (z. B. Gesundheits- und Krankenpfleger/-innen, Hebammen, Masseure). Mit diesen beruflichen Weiterbildungsabschlüssen wird zudem die Hochschulzugangsberechtigung erlangt.

Medien

Hilfsmittel zur indirekten (d. h. nicht von Angesicht zu Angesicht) Vermittlung von Kommunikationsbotschaften; werden zum einen in Bildungsinstitutionen als Hilfsmittel eingesetzt (z. B. Film im Unterricht, Lernbüro in der beruflichen Ausbildung) und zum anderen vor allem in Form der öffentlich-rechtlichen Massenmedien (z. B. Fernsehen, Websites in öffentlich-rechtlicher Trägerschaft) auch als Einrichtungen gesehen, die einen öffentlichen Bildungsauftrag haben.

Medienerziehung/ -pädagogik	→ S. 168
Massenmedien	richten Inhalte an die Öffentlichkeit und haben insofern keine begrenzte Empfängerschaft. Teilweise einseitige Botschaften, da kein Austausch mit Empfänger angedacht ist (z. B. Fernsehen, Internet), was sich aber bei modernen sozialen Medien verändert (Facebook, Twitter etc.).
Unterrichtsmedien	werden bei der Gestaltung von Lehr-Lernprozessen als Kommunikationshilfsmittel eingesetzt, z. B. Schulbuch, Filmabspielgeräte.
Erziehungssystem	Ein eigenständiges Erziehungssystem existiert in Deutschland nicht; sie ist die originäre Aufgabe der Eltern; Bildungsinstitutionen wie Schulen und Kitas haben aber ebenfalls einen → Erziehungsauftrag (S. 69); daneben gibt es im Rahmen der → Kinder- und Jugendhilfe (S. 46) eine staatliche Aufgabe zur Unterstützung der Eltern bzw. Sorgeberechtigten in Erziehungsfragen.
Erziehung	stellt einen Interaktionsprozess zwischen einem meist älteren Erziehenden (z. B. Eltern, Lehrerin) und einem Zu-Erziehendem (z. B. Kind, Schüler) dar, in dem der Erziehende bewusst Mittel und Maßnahmen → Erziehungsmittel (S. 34), (z. B. Lob, Erläuterung, Aufmerksamkeit) lernorientiert einsetzt oder Umgebungsbedingungen (z. B. Spielplatz, Buch) lernförderlich arrangiert, um langfristig den Zu- Erziehenden in die Lage zu versetzen, sein Leben selbstverantwortlich zu führen.
Erziehungsinstitutionen bzw. -einrichtungen	(Pädagogische) Institutionen, in denen Erziehung bzw. Erziehungsarbeit im Vordergrund steht; veralteter bzw. wenig gebräuchlicher Begriff, da Erziehung in aller Regel in Verbindung mit Bildung gesehen wird; Erziehung als Interaktion verfolgt das Ziel, Lern- und Bildungsprozesse von Kindern und Jugendlichen anzustoßen und zu unterstützen.

- Familie — Eine wesentliche Funktion der Familie ist die Erziehung der Kinder; die Aufgabe der Eltern zur Erziehung ist grundgesetzlich geschützt und stellt ein natürliches Recht dar (Artikel 6); es darf nur durch Gesetz und aufgrund von Gerichtsentscheidungen beschnitten werden. Ziel ist die Förderung der Entwicklung von Kindern und Jugendlichen zu eigenverantwortlichen und gemeinschaftsfähigen Persönlichkeiten.
- sozialpädagogische Einrichtungen — Im Rahmen der Sozialpädagogik bzw. → Kinder- und Jugendhilfe (S. 46) stattfindende Erziehung bzw. Unterstützung der Eltern oder Sorgeberechtigten z. B. → Tagesgruppe (S. 49) oder → Heim (S. 50).
- Erziehungsauftrag der Schule — Schulen haben neben einem Bildungsauftrag auch einen Erziehungsauftrag, der oftmals in den Schulgesetzen der Länder verankert ist; er ist darauf gerichtet, Kinder und Jugendliche in ihrer Entwicklung zu fördern und zu einer eigenverantwortlichen und gemeinschaftsfähigen Persönlichkeit zu erziehen.

Hilfen zur Erziehung — Angebote und Leistungen, die eine sorgeberechtigte Person in Anspruch nehmen kann, wenn eine dem Wohl des Kindes oder des Jugendlichen entsprechende Erziehung nicht gewährleistet ist und die Hilfe für seine Entwicklung geeignet und notwendig ist (vgl. § 27 → SGB VIII (S. 45)).

Kategorie: **Schulen der Psychologie**

Schulen der Psychologie

Unterschiedliche Schulen, Richtungen oder Strömungen, die aufgrund spezifischer methodischer Herangehensweisen und ihrer Sicht vom Menschen die Psychologie geprägt haben. In unterschiedlichen Richtungen und Wechselwirkungen haben sie auch in der gegenwärtigen Psychologie nach wie vor ihre Bedeutung.

Tiefenpsychologie

stützt sich im Wesentlichen auf die Annahme, dass Menschen Gefühle, Gedanken und Erinnerungen besitzen, die nicht ins Bewusstsein gelangen. Diese greifen aber aus dem Unbewussten unerkannt in das bewusste Erleben und Verhalten ein. Dadurch können sich psychische Störungen entwickeln. Bedeutende Vertreter und tiefenpsychologische Richtungen sind SIGMUND FREUD und die Psychoanalyse, ALFRED ADLER mit der Individualpsychologie sowie die analytische Psychologie von CARL GUSTAV JUNG.
Der Schlüssel zur Erkenntnis: Bewusstwerdung des Unbewussten.

Behaviorismus

Psychologische Richtung, die das Verhalten bzw. Verhaltensänderungen von Menschen (und Tieren) mit streng wissenschaftlichen Methoden zu untersuchen und zu erklären versucht; wurde ab den 50er Jahren bis in die 70er Jahre hinein zur vorherrschenden Lehrmeinung; das Lernen und die Erforschung seiner Prinzipien stehen im Mittelpunkt psychologischer Forschung und alles Nachdenken über das menschliche Verhalten wurde in diesen Zusammenhang eingeordnet; geht vor allem zurück auf die Forschungen von IWAN PETROWITSCH PAWLOW, JOHN B. WATSON und BURRHUS F. SKINNER.
Schlüssel der Erkenntnis: Erforschung des objektiv beobachtbaren Verhaltens; Verhaltensmodifikation durch Reiz-Reaktions-Lernen.

Kognitivismus	löste Mitte der 60er Jahre den → Behaviorismus (S. 78) ab; „kognitive Wende"; begreift → Verhalten und Erleben (S. 5) neben anderen Einflüssen von Kognitionen, also geistigen Leistungen wie Denken, Erinnern, Interpretation; Kognitivismus beruht auf vielfältigen Forschungsansätzen einer Reihe unterschiedlicher Psychologen; u. a. gehört ALBERT BANDURA mit dazu. Schlüssel der Erkenntnis: Verstehen des kognitiven Systems und seiner wechselseitigen Beziehungen.
Humanistische Psychologie	In den 60er Jahren begründet; stellt das Wachstumspotenzial des Individuums und dessen Förderung in den Mittelpunkt; sieht die Selbstkompetenz jedes Menschen und die Bedeutung von Anerkennung und Akzeptanz; positives Menschenbild; vor allem in anwendungs- und kommunikationsorientierten Zusammenhängen der wissenschaftlichen Psychologie wie Pädagogik und Psychotherapie prägend; wichtige Impulse durch folgende Vertreter: das Konzept der Selbstverwirklichung nach ABRAHAM MASLOW, Gestalt-Therapie nach FRITZ PEARLS, klientenzentrierte Psychotherapie nach CARL R. ROGERS und der themenzentrierten Interaktion von RUTH COHN.
Neuropsychologie/ Gehirnforschung	Gegenwärtig sehr einflussreiche Forschungsrichtung der Psychologie, die in allen Teilgebieten bis hin zur Entwicklung von künstlicher Intelligenz mitwirkt. Müssen ansonsten Rückschlüsse vom Verhalten auf das Erleben des Menschen gezogen werden, kann die Neuropsychologie mittels bildgebender Verfahren der radiologischen Medizintechnik direkt das Gehirn bei Denk-, Erinnerungs- und emotionalen Arbeitsprozessen beobachten. Daher erhält sie wichtige Impulse von der Gehirnforschung.
Psychoanalyse	Grundlegende und bedeutendste Richtung der → Tiefenpsychologie; von SIGMUND FREUD begründet, führte sie zu neuen psychologischen Erkenntnissen, die die Psychologie und die Psychotherapie stark geprägt haben und immer noch beeinflussen.
Psychoanalytische Trieblehre	beschreibt den Trieb als grundlegendes Motiv für menschliches Verhalten und Erleben.

Trieb

Nach Freud psychophysische Kraft des Seelenlebens, die aus biologischen Quellen des Organismus stammt und mit diesen Quellen eng verknüpft ist. Er wird seelisch als Drang erlebt.

- **Triebquelle**

  Quelle der Triebenergie; immer wiederkehrender organisch bedingter Reizungszustand, der auf Befriedigung drängt.

- **Triebziel**

  Ziel, das zur Aufhebung eines organisch bedingten Reizungszustandes führt; Befriedigung eines Triebbedürfnisses z. B. Nahrung zu sich nehmen, sexuelle Befriedigung.

- **Triebobjekt**

  Nicht festgelegtes Mittel, an dem oder durch welches ein immer wiederkehrender organisch bedingter Reizungszustand aufgehoben wird, z. B. die mütterliche Brust, ein Nahrungsmittel, ein geliebter Mensch.

- **Triebenergie**

  ist angeboren; Grundlage jeglichen menschlichen Erlebens und Verhaltens; trägt das Potenzial der Erzeugung von Triebspannung in sich, die im menschlichen System bzw. Organismus Unlust erzeugt.

- **Triebabfuhr**

  ist ein notwendiger Prozess zur Vermeidung von Unlust. Mit dem Erreichen des Triebziels löst sich die Triebenergie erst einmal und es wird ihr auch das Potenzial der Erzeugung von Triebspannung entzogen. So entsteht im menschlichen System Lust.

Haupttriebe

→ Eros und → Thanatos. Motivieren in ihrem Mit- und Gegeneinander die Vielfalt des menschlichen Verhaltes und Erlebens.

- **Eros**

  Lebenstrieb, zielt auf Arterhaltung, Selbsterhaltung, Überleben, Weiterleben, Fortpflanzung ab. Seine psychische Energie wird Libido genannt.

- **Sexualtrieb und Partialtriebe der Sexualität**

  wichtigster Triebanteil des Eros. Entstammt aus drei verschiedenen Triebquellen (= erogene Zonen):
  - Mundschleimhäute (= oraler Bereich),
  - Afterregion (= analer Bereich),
  - Genitalregion (= phallischer (Penis und Klitoris) und genitaler Bereich).

  Entsprechend der erogenen Zonen wird der Sexualtrieb deshalb in den oralen, analen, phallischen und genitalen Partialtrieb unterteilt.

• Thanatos	Todestrieb, zielt auf Auflösung des menschlichen Lebens und äußert sich in Aggression, Hass, Abstoßung oder Vernichtung von Personen und/oder Gegenständen. Seine psychische Energie wird Destrudo genannt.
• Sexualität	nach Freud ein psychophysisches Bedürfnis nach Lustgewinn und dessen Ausleben ausgehend von Stimulierungen (auch in der Phantasie) der erogenen Zonen; beginnt schon im Kindesalter und ist nicht auf den körperlichen Geschlechtsakt Erwachsener beschränkt.
Psychoanalytisches Phasenmodell	beschreibt und erklärt die Entwicklung von Persönlichkeitseigenschaften sowie „gesunder" bzw. „ungesunder" (psychisch auffälliger) Triebabfuhrstrategien in Abhängigkeit von Art und Umfang der Befriedigung bzw. der Frustration der Partialtriebe der Sexualität.
Phasen der psychosexuellen Entwicklung	gesetzmäßig aufeinander folgende und zu durchlaufende Phasen, in denen die Reizung der jeweiligen erogenen Zonen (orale, anale, phallische und genitale) zu einem bestimmten Befriedigungsverhalten sowie zu spezifischen Triebwünschen führen.
• orale Phase	Art und Umfang der Befriedigung bzw. der Frustration des oralen Partialtriebes über Saugen, Schlucken, Kauen (= Befriedigungsverhalten) sowie des abzuleitenden Triebwunsches der Einverleibung, führen zur Entwicklung von Persönlichkeitseigenschaften wie z. B. Gier oder/und Bescheidenheit.
• anale Phase	Befriedigung bzw. Frustration des analen Partialtriebes über Ausscheiden und Zurückhalten (= Befriedigungsverhalten) sowie des abzuleitenden Triebwunsches des Gebens und Fest- bzw. Behaltens, führen zur Entwicklung von Persönlichkeitseigenschaften wie z. B. Geiz oder/und Großzügigkeit.
• phallisch Phase	Art und Umfang der Befriedigung bzw. der Frustration des phallischen Partialtriebes über das Erkunden des Penis bzw. der Klitoris (= Befriedigungsverhalten) sowie des abzuleitenden Triebwunsches des Zeigens und Betrachtens, führen zur Entwicklung eines starken bzw. schwachen Selbstwertgefühls.

• Latenzperiode	Ruhephase der psychosexuellen Entwicklung.
• genitale Phase	Organisation bzw. Verschmelzung der bisherigen Partialtriebe unter dem „Primat der Genitalien“ zur gesunden (Erwachsenen-)Sexualität.
Strategien der Triebbefriedigung	Maßnahmen bzw. Verhaltensweisen zur → Triebabfuhr, d.h. zum Abbau von Triebspannung, Vermeidung von Unlust und Erzeugung von Lust. Nach Freud in erster Linie auf → Sexualtrieb (S. 80) bezogen.
• Aufschub der Triebabfuhr	Situativ bedingt kann die Triebabfuhr auf einen anderen Zeitpunkt oder ein anderes Objekt verschoben werden, wenn die Realitätsbedingungen die direkte Triebbefriedigung verhindern.
• direkte Triebabfuhr	Triebabfuhr über die Befriedigung des Sexualtriebes bzw. der Partialtriebe der Sexualität.
• Sublimierung	Triebabfuhr über nicht sexualisierte Bereiche z. B. über Lernen, künstlerisch-ästhetisches Schaffen.
• Fixierung	Triebabfuhr über das Festhalten an einer Phase der psychosozialen Entwicklung des Sexualtriebes z. B. Verbleib in oraler Phase, wenn ein Erstklässler noch am Daumen nuckelt.
• Regression	Triebabfuhr über den Rückzug auf eine frühere, bereits durchlaufene, Phase der psychosexuellen Entwicklung des Sexualtriebes, z. B. ein zehnjähriges Kind nässt oder kotet ein und fällt damit in die anale Phase zurück.
Psychoanalytische Persönlichkeitstheorie	umfasst das → *Schichten-* und das → *Instanzenmodell,* die in der Theoriebildung von Freud aufeinander folgen.
Schichtenmodell	Nach Freud ist das menschliche Erleben in qualitativ unterschiedliche Schichten bzw. Systeme unterteilt: in einen bewussten, unbewussten und vorbewussten Teil (Eisbergmodell).

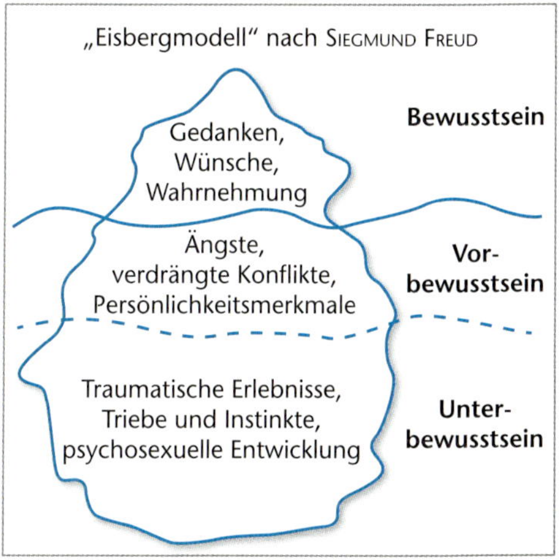

• Unterbewusstsein	Psychische Schicht bzw. psychisches System, welches unbewusste, d. h. bewusstseinsunfähige seelische Regungen beinhaltet.
• Vorbewusstsein	Psychische Schicht bzw. psychisches System, welches vorbewusste, d. h. grundsätzlich bewusstseinsfähige seelische Regungen beinhaltet.
• Bewusstsein	nimmt vorbewusste seelische Regungen wahr und macht sie dadurch bewusst.
Verdrängung	Primärer Abwehrmechanismus; innerpsychischer und unbewusster Prozess, der verhindert, dass eine unbewusste seelische Regung in das Vorbewusstsein wechselt bzw. eine vorbewusste seelische Regung wird in das Unterbewusstsein verschoben; Schutz vor psychischer Überforderung.
Instanzenmodell	Beschreibt und erklärt, wie drei unterschiedliche, jedoch voneinander abhängige psychische Instanzen durch ihr Zusammenwirken über das konkrete menschliche Verhalten und Erleben entscheiden und es dadurch steuern.
• ES	Angeboren; umfasst alle → Triebe (S. 80) (inkl. Triebenergie); strebt nach unmittelbarer → Triebabfuhr (= Lustprinzip) (S. 80).

• ICH	Entsteht in Interaktion mit der Umwelt; beinhaltet kognitive Prozesse wie Wahrnehmung, Denken, Gedächtnis, Handlungskontrolle und -regulation; strebt nach der Wahrung des psychischen Gleichgewichts, indem die Anforderungen der Instanzen mit der Realität in Einklang gebracht werden (= Realitätsprinzip).
• Über-ICH	Abspaltung des ICHs; entsteht in Interaktion mit der Umwelt, speziell durch Erziehung und Sozialisation; beinhaltet kognitive Prozesse und das Gewissen, Moralvorstellungen, Werte und Normen; strebt nach gesellschaftlicher Anpassung durch Werte-, Normen- und Moralkonformität (= Moralitätsprinzip).
Dynamik der Instanzen	Bezeichnung für das Zusammenwirken der Instanzen, welches durch die Vermeidung bzw. Lösung von Konflikten zwischen den Anforderungen des → ES, des → Über-ICHs und der Realität durch das → ICH geprägt ist, um das menschliche psychische Gleichgewicht zu wahren.
• ICH-Schwäche	bezeichnet ein → ICH, welches sich als unfähig erweist das psychische Gleichgewicht zu wahren. Dabei kann es dem ES, dem Über-ICH und/oder den Anforderungen der Realität unterlegen sein (= Formen der ICH-Schwäche). Ein schwaches ICH greift verstärkt nach Abwehrmechanismen, um Konflikte zwischen den Instanzen und/oder der Realität zu beseitigen, kann diese aber dadurch nicht lösen.
• ICH-Angst	bezeichnet einen Zustand, in den das → ICH verfällt, wenn ein schwer bzw. nicht zu lösender Konflikt zwischen den Instanzen und/oder den Anforderungen der Realität droht. Hat Signalfunktion.
Abwehrmechanismen	Psychische Prozesse, die das → ICH in Gang setzt, um den Menschen vor seelischen Regungen zu bewahren (nicht realisierbare Anforderungen der Instanzen und/oder der Realität), die das psychische Gleichgewicht stören könnten, indem diese Prozesse versuchen, die Bewusstwerdung dieser Regungen zu verhindern.
• Widerstand	Etwas im Verhalten und Erleben nicht zulassen; z. B. etwas vergessen oder als nichtssagend abtun.

• Projektion	Eigenes, nicht akzeptables Erleben und Verhalten wird einer anderen Person zugeschrieben und dort ggf. bekämpft; z. B. eigene homoerotische Bedürfnisse führen dazu, andere als „Schwule" zu bezeichnen und ggf. gegen sie vorzugehen.
• Rationalisierung	Vorliegende, aber nicht akzeptable Gründe für ein Verhalten werden durch akzeptable Gründe ersetzt; z. B. sozial engagiertes Verhalten wird aus nichtakzeptablen Schuldgefühlen gezeigt, aber als Folge christlicher Nächstenliebe dargestellt.
Psychoanalytische Therapie	Behandlung von psychischen Störungen über das Aufdecken und Lösen verdrängter, infantiler Konflikte zwischen den Instanzen und/oder der Realität.
Therapeutischer Dreischritt	Erinnern, Wiederholen, Durcharbeiten als Vorgehen in der psychoanalytischen Therapie. Verdrängte seelische Inhalte werden über das bewusste Erleben (= Erinnern) und Verhalten (= Wiederholen) aufgedeckt und vom Therapeuten in einen Gesamtkontext gestellt und gedeutet (= Durcharbeiten).
Therapeutische Methoden der Psychoanalyse	Methoden zur Umsetzung des → therapeutischen Dreischritts.
• freies Assoziieren	Methode des Erinnerns; verdrängte seelische Inhalte werden über das bewusste Erleben aufgedeckt, indem der Klient aufgefordert wird, sich ganz seinen Gedanken hinzugeben und möglichst alles uneingeschränkt auszusprechen.
• Übertragung und Gegenübertragung	Methode des Wiederholens; verdrängte seelische Inhalte, hier infantile Beziehungsmuster, werden über die aktuellen Beziehungsmuster zwischen Klient und Therapeut aufgedeckt, d. h. der Klient verhält sich gleich oder ähnlich dem Therapeuten gegenüber wie gegenüber einer ursprünglichen Bezugsperson (= Übertragung). In Reaktion verhält sich der Therapeut dem Klienten gegenüber gleich oder ähnlich wie die ursprüngliche Bezugsperson (= Gegenübertragung).
• Deutung	Methode des Durcharbeitens; Mittel des Therapeuten, fehlende Anteile und Zusammenhänge eines verdrängten infantilen Konflikts aufzudecken und diese aufgrund seines Fachwissens in einen für den Klienten neuen Verstehenszusammenhang zu bringen.

Lerntheorien

Richtungen der Psychologie, die das Lernen bzw. seine Erforschung in den Mittelpunkt stellen und damit → Verhalten und Erleben (S. 5) erklären wollen; dazu gehören vor allem der → Behaviorismus (S. 78), die sozial-kognitive Lerntheorie sowie das Lernen durch Einsicht.

Lernen

Die Psychologie definiert Lernen als dauerhafte Veränderung des → Verhaltens und Erlebens (S. 5) auf der Grundlage von Erfahrungen → Lernen (S. 86)

Konditionierung

meint einen Vorgang, bei dem eine bestimmte (Verhaltens-)Reaktion aufgrund eines bestimmten → Reizes (S. 5) herbeigeführt oder/und stabilisiert wird. Das Verhalten kommt aufgrund bestimmter Bedingungen (Bedingung = lat. *conditio*) zustande.

Klassisches Konditionieren

Auf PAWLOW zurückgehendes Prinzip der → Konditionierung (S. 86); dabei führt die zeitliche und räumliche Kopplung eines neutralen Reizes (z. B. Glocke) mit einem unkonditionierten Reiz (unbedingter Auslöser einer unbedingten Reaktion, z. B. Fleisch führt bei Hund reflexartig zu Speichelfluss) zu einer konditionierten Reaktion: Glocke führt zu Speichelfluss; (weiteres Beispiel: Kopplung eines neutralen Reizes (z. B. eine Maus) mit einem unkonditionierten Reiz (z. B. ein ängstlicher Schrei der Mutter oder plötzlicher Donner erzeugt Furcht beim Kleinkind) führt zu einer konditionierten Reaktion: eine Maus erzeugt Furcht); → Prinzipien; wird auch als Signallernen bezeichnet (neutraler Reiz wird zu Signalreiz) oder Bedingungslernen.

Prinzipien

Entscheidend für den Lernvorgang ist, auf welche Weise die reflexhafte Reiz-Reaktions-Kette mit einem bis dahin neutralen Reiz gemeinsam auftritt. PAWLOW und andere Forscher nach ihm haben herausgefunden, dass

1. zum einen die Darbietung des neutralen und des unkonditionierten Reizes zeitlich und räumlich mehrfach zusammenfallen müssen und der neutrale Stimulus dabei einen zuverlässigen Vorhersagewert haben muss.

2. zum anderen der neutrale Reiz möglichst auffällig sein muss und bezogen auf den unkonditionierten Reiz einen Hinweiswert hat (Signalreiz). Ist zum Beispiel ein Schreckgeräusch schon mit einem Glockenton verbunden, bringt ein weiterer neutraler Reiz wie ein Lichtsignal keinen Hinweis mehr – der Konditionierungsvorgang lässt sich nicht darauf ausweiten.

Allgemeines Schema

Allgemeines Schema des klassischen Konditionierens

1. Vor dem Konditionierungsprozess:
neutraler Reiz (NS) ⟶ neutrale Reaktion (NR)

2. Konditionierungsvoraussetzung:
unkonditionierter Reiz (UCS) ⟶ unkonditionierte Reaktion (UCR)

3. Konditionierungsprozess:
unkonditionierter Reiz (UCS) ⟶ unkonditionierte Reaktion (UCR)
+ neutraler Reiz (NS)

4. Ergebnis des Konditionierungsvorgangs:
konditionierter Reiz (CS) ⟶ konditionierte Reaktion (CR)

Löschung

Konditionierter Reiz (z. B. Glocke) wird nicht mehr gekoppelt mit dem unkonditionierten Reiz (z. B. Fleisch) der Lernvorgang löst sich wieder auf; z. B. Speichelfluss tritt immer seltener angesichts des konditionierten Reizes, z. B. Glocke, auf.

Reizdiskriminierung und -generalisierung

Reizdiskriminierung: der Konditionierungsvorgang tritt immer präziser bei dem konditionierten Reiz (z. B. Ton mit bestimmter Frequenz) und nicht bei ähnlichen Reizen auf;
Reizgeneralisierung: Nicht allein der konditionierte Reiz „Maus" löst die konditionierte Reaktion „Angst" aus, sondern weitet sich auf ähnliche Reize (z. B. Kaninchen, Meerschweinchen, Spielzeugplüschhase) aus.

Operantes Konditionieren

Von Skinner erforschte und formulierte Lerntheorie; ausschlaggebend sind die Effekte, die ein Verhalten auf die Umwelt hat. Je nachdem, ob dieses positiv oder negativ auf den Urheber des Verhaltens zurückwirkt, ergeben sich Lernprozesse. Mit operant wird ein Verhalten bezeichnet, das auf die Umwelt wirkt, d. h. in ihr operiert. Bei positiven Folgen oder Auswirkungen tritt das Verhalten in der Folge häufiger auf (es ist dann konditioniert).

experimentelles Vorgehen

Skinner hat in der Tradition des → Behaviorismus (S. 78) streng empirisch gearbeitet und seine Erkenntnisse vor allem aus Tierexperimenten gewonnen.

Skinner-Box

Äußerst reizarmer Käfig für ein Versuchstier in den Forschungen Skinners u. a., der meist glatte Wände hat und vollständig leer ist; darin kann das Tier unter standardisierten Bedingungen ein neuartiges Verhalten erlernen (operantes Konditionieren); ein kleiner Hebel (zum Beispiel für Ratten) oder eine kleine Pickscheibe (zum Beispiel für Tauben) wird mit einem Ausgabeschacht für Futter oder mit einer Vorrichtung, die den Käfigboden unter leichten Strom setzt, verbunden; es wird genau registriert, wann das Tier das erste Mal zufällig den Hebel oder die Scheibe betätigt und wie lange es dauert, bis es dies gezielt tut als Reaktion auf die damit erhaltene Futterpille.

Black Box

Innere Vorgänge in der Psyche, die nicht bekannt, beobachtbar und erfassbar sind und daher in der Psychologie und ihrer Forschung ausgeblendet werden.

Verstärkung

Zentrales Prinzip des → operanten Konditionierens; Verstärkung stellt einen Prozess dar, durch den sich die Auftretenswahrscheinlichkeit eines Verhaltens durch eine regelmäßig auf das Verhalten folgende Konsequenz erhöht, die als positiv empfunden wird.

- Verstärker

sind Reize, die als Konsequenz eines Verhaltens auftreten und dessen Auftretenswahrscheinlichkeit erhöhen; z. B. Lob, ein Bonbon, Anerkennung.

- positive Verstärkung

meint, dass durch eine „Belohnung", d. h. durch einen als angenehm empfundenen Reiz, als Konsequenz ein Verhalten häufiger auftritt.

- **negative Verstärkung**: meint dagegen, dass ein Verhalten häufiger auftritt, weil dadurch ein als unangenehm empfundener Reiz reduziert wird.

- **Verstärkungspläne**: Zeitlich organisierte Vorgehensweise zur Konditionierung eines Verhaltens;
kontinuierliche Verstärkung: nach jedem Auftreten des erwünschten Verhaltens wird verstärkt,
intermittierende (unterbrochene) Verstärkung: nur manchmal erfolgt eine Verstärkung;
eine kontinuierliche Verstärkung führt schneller zum Aufbau einer Verhaltensweise, intermittierende hingegen zu einem stabileren Lernprozess.

- **Löschung beim operanten Konditionieren**: Folgt auf ein Verhalten kein Verstärker, wird es zukünftig immer seltener gezeigt bzw. unterbleibt vollständig.

Bestrafung: Bestrafung bedeutet im Rahmen des → operanten Konditionierens (S. 88) die Vermittlung eines unangenehmen bzw. die Wegnahme eines angenehmen Reizes mit der Konsequenz, dass das vorweg gezeigte Verhalten seltener oder gar nicht mehr gezeigt wird. Erforschung des Lernprozesses im Fokus in Abgrenzung von → Strafe (S. 35) als → Erziehungsmittel (S. 34).

Kritik am Behaviorismus: Kritisch wird oft anmerkt, dass der → Behaviorismus (S. 78) in seinen Forschungen kognitive Prozesse vollständig ausblendet. Diese sind weniger fassbar als beobachtbares Verhalten als Reaktion auf Umweltreize, aber sie sind doch als innere Vorgänge wie Wahrnehmen, Denken, Urteilen und Bewerten unabdingbar, wenn man menschliches Verhalten verstehen will.
Damit hängt zusammen, dass sich die behavioristische Forschung aufgrund dessen eher mit einfachen Lernvorgängen befasst hat. Komplexere Entwicklungsverläufe und individuelle Lernbiografien werden nicht erfasst.
Ein dritter Kritikpunkt ergibt sich aus ethischer Sicht: Konditionierungsvorgänge haben eine deutliche Nähe zu Manipulation und Dressur, wenn sie etwa für erzieherische Bestrebungen genutzt werden.
Fragen der Selbstbestimmung und Mündigkeit werden ignoriert, als „Philosophie" und wissenschaftlich nicht greifbar identifiziert.

Sozial-kognitive Lerntheorie

hat sich aus dem → Behaviorismus (S. 78) entwickelt; vor allem die Dimension der kognitiven Vorgänge wurde mit in den Fokus der Forschungsansätze dieser Lerntheorie gestellt. Ihr bekanntester und bedeutendster Vertreter, Albert Bandura, hat sich bei seinen lernpsychologischen Untersuchungen mit den mentalen Prozessen der Informationsaufnahme und -verarbeitung, mit aktiven Zielsetzungen, Beurteilungen und kognitiv gesteuerten Verhaltensanpassungen beschäftigt; empirische Ausrichtung der psychologischen Erforschung von Lernprozessen; häufig Experimente mit Menschen (Forschung unter Laborbedingungen, aber auch in der realen Lebenswelt).

Modelllernen

Modelle (z. B. wichtige Bezugspersonen, berühmte und/oder erfolgreiche Menschen) mit deren Verhalten dienen als Vorbild; ihr Verhalten wird beobachtet, innerlich repräsentiert und in geeigneter Situation nachgeahmt; spielt vor allem beim Erwerb komplexer Verhaltensmuster in sozialen Kontexten eine wesentliche Rolle (z. B. wie verhalte ich mich auf einem Ball).

Phasen und Prozesse nach der sozialkognitiven Lerntheorie (Bandura)

Lernen beruht auf Informationsverarbeitung; ein Modell und sein Verhalten wird im Rahmen von → Aufmerksamkeitsprozessen wahrgenommen, kognitiv verarbeitet und in der → Ausführungsphase auf die gegenwärtige Situation hin angepasst reproduziert und ggf. wiederholt und ins eigene Verhaltensrepertoire übernommen.

- **Aneignungsphase**

Aufmerksamkeitsprozesse: Beim Beobachtungslernen richtet sich die Aufmerksamkeit des Lernenden auf eine bestimmte Person, deren Verhalten aus spezifischen Gründen relevant für ihn ist; Modellcharakter haben positive, erfolgreiche, attraktive, mächtige, beliebte und respektierte Personen, die Ähnlichkeit mit dem Lernenden haben oder/und auffällig sind; ihr Verhalten muss grundsätzlich nachahmbar sein;
Behaltensprozesse: gedankliche Bearbeitung des mental repräsentierten Modells bzw. dessen Verhaltens; mentales Durchspielen des Verhaltens inklusive Überlegungen zur Realisierung und Anpassung an eigene Belange sowie zu seiner Beurteilung.

- Ausführungsphase

Reproduktionsprozesse: motorische Ausführung und Einübung des mental vorliegenden Verhaltensvorbildes auf der Basis der Analyse der Situation sowie der eigenen Fähigkeit und moralischer Aspekte etc.; *Motivationale Prozesse*: motivierende Erwartungen und verstärkende Wirkungen führen zu einer vermehrten Ausführung bzw. Wiederholung des durch Beobachtung erworbenen Verhaltens.

Phasen und Prozesse nach der sozialkognitiven Lerntheorie (Bandura)

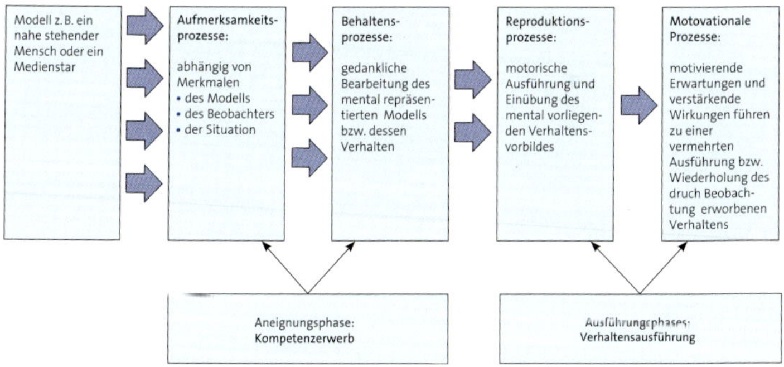

Das „Rocky-Experiment"

Bekanntes Experiment von Bandura zum → Modelllernen und damit verbundener Verstärkungsprozesse bezogen auf Gewalt und Aggression; aggressives Verhalten gegenüber einer Puppe wurde bei einem Modell (dem Kind „Rocky") entweder gelobt, getadelt oder neutral behandelt; Kinder, die das beobachtet hatten, sind im Anschluss allein umso aggressiver mit einer Modellpuppe umgegangen, je positiver das Feedback gegenüber „Rocky" in der Modellsituation war.

Selbstregulation und Selbstwirksamkeit

Nach Bandura wichtige Konzepte, die das Handeln und Lernen kennzeichnen und mitbestimmen; Selbstregulierung: die Fähigkeit, sich selbst zu motivieren, indem man sich persönliche Ziele setzt und diese zu erreichen versucht, indem sie ihr fortlaufendes Verhalten bewerten und bezogen auf die Zielerreichung anpassen; Selbstwirksamkeit: Erfahrung und innere Überzeugung, dass man in einer bestimmten Situation angemessene Verhaltensresultate erzielen kann.

Lernen durch Einsicht Lernprozesse auf der Grundlage der Kombination von bereits Erlerntem; eine Problemlösung entsteht und wird gelernt durch eine gedankliche Abfolge von Verhaltensschritten, die zur Lösung führt: Einsicht auf der Basis vorstellenden Denkens. Die Lösung einer bestimmten Aufgabenstellung wird erkannt; neue Regeln entstehen durch Anwendung und Kombination schon bekannter Regeln (z. B. die

Experimente mit Schimpansen: Die Erforschung des Lernens durch Einsicht beruht auf Experimenten von Wolfgang Köhler zwischen 1894 und 1920 auf Teneriffa; die Schimpansen haben Probleme durch kombinatorisches Lernen gelöst, z. B. Benutzung eines Astes, um an eine Banane zu gelangen, indem dies von einer anderen erfolgreichen Situation übertragen wird, ohne über Versuch und Irrtum zu gehen.

Psychotherapie auf der Grundlage von Lerntheorien Therapieansätze, die das Zustandekommen psychischer Auffälligkeiten und Störungen als Lernen und Konditionierung verstehen, das durch gezielte Erfahrungen und Lernprozesse rückgängig gemacht oder verändert werden kann.

Psychische Störung auf lerntheoretischer Basis: Psychische Störungen bzw. fehlangepasstes Verhalten und Erleben sind nach lerntheoretischer Überzeugung häufig durch Erfahrungen bzw. Lernprozesse erworben.

Verhaltenstherapie: Verhaltenstherapie stellt eine Therapieform dar, die das durch Lernen zustande kommende problematische Verhalten in den Mittelpunkt stellt und dieses durch therapeutisch begleitete Lernprozesse in Form therapeutisch begleiteter Verhaltensänderungen korrigieren will; beruht auf Konditionierungstheorien.

- systematische Desensibilisierung: Psychotherapeutisches Verfahren der Verhaltenstherapie auf der Grundlage von Konditionierungstheorien; der Angst auslösende Reiz soll in seiner (unrealistischen) Bedrohlichkeit entschärft werden, um unangemessene Reaktionen zu verlernen; angestoßen durch eine behutsame und begleitete Annäherung an den angstauslösenden Gegenstand bzw. die furchteinflößende Situation.

Regeln für den Aufbau eines zweidimensionalen Puzzles sind bekannt und fließen beim dreidimensionalen Aufbau ein).

- Gegenkonditionierung

Gegenkonditionierung meint ein therapeutisches Verfahren, das darauf gerichtet ist, auf der Grundlage lerntheoretischer Prinzipien ein fehlangepasstes durch ein angemesseneres Verhalten zu ersetzen; beruht auf Verstärkungslernen; eine neue Reaktion wird konditioniert, die die fehlangepasste Reaktion ersetzt.

soziales Lernen

Bandura hat Untersuchungen zum sozialen Lernen in therapeutischer Anwendung durchgeführt und zeigen können, dass die Beobachtung des furchtlosen Umgangs mit einem angstbesetzten Objekt bei Kindern der Therapie von Ängsten dient. Er fand dabei heraus, dass Beobachtungen im realen Leben einer Beobachtung im Film überlegen ist, dass die langsame Annäherung des Modells an den Angstreiz positiv ist, ein positiver Rahmen etwa in Form einer Party förderlich ist und dass Modelllernen mit Begleitung und unmittelbarer eigener Erprobung am effektivsten ist; vor allem zeigt eine Psychotherapie des sozialen Lernens gute Effekte, wenn es um das Training sozialer Fertigkeiten geht, beispielsweise um besser Kontakt aufnehmen und angemessen sozial interagieren zu können.

Humanistische Psychologie

In den fünfziger und sechziger Jahren in den USA entstanden als „Dritte Kraft" neben Psychoanalyse und Behaviorismus; gegen Ende der 1950er Jahre gründeten Carl Rogers, Virginia Satir und Abraham Maslow die American Association for Humanistic Psychology als Vorreiterin dieser Bewegung; war erst auf die USA beschränkt, ist dann in den sechziger Jahren nach Deutschland und Europa gekommen.

Menschenbild

Vor dem Hintergrund der Erkenntnisse aus Existenzialismus und Phänomenologie (philosophische Richtungen Anfang des 20. Jahrhunderts) wurden Prinzipien der humanistischen Psychologie aufgestellt:

1. Der Mensch ist mehr als die Summe seiner Bestandteile.
2. Menschliche Existenz vollzieht sich in menschlichen Zusammenhängen. (Ich-Du-Beziehungen)

3. Menschen leben bewusst.
4. Der Mensch ist in seinem Wesen „gut".
5. Der Mensch ist fähig und gleichzeitig gezwungen, zu wählen und zu entscheiden.
6. Der Mensch lebt auf ein Ziel oder auf Werte hin, ihm wohnt die Tendenz zur Selbstverwirklichung inne.

Auf dieser Basis wurden die Gedankengebäude der humanistischen Psychologie begründet.

Anwendungsorientierung

Typisch für die Humanistische Psychologie ist die Anwendungsorientierung; sie hat Psychotherapie und Beratung, Pädagogik, Kommunikationspsychologie, Organisationsentwicklung u.v.m. stark geprägt und hat auch in der Gegenwart noch eine große Bedeutung.

Gestalttherapie

Fritz Perls begründete die Gestalttherapie, dabei wurde der Begriff → „Gestalt" in seiner Bedeutung als „sinnhaftes Ganzes" verstanden. Wesentlich für die Gestalttherapie ist das Verständnis des Umganges mit der sozialen Umwelt – dem Kontakt.

Geist und Körper/Organismus einer Person sollen zur Ganzheit zusammengeführt werden; aufgestaute Gefühle im Sinne gehemmter Erregung sollen wahrgenommen, geäußert und unerledigte Aspekte vergangener Konflikte erkannt und aufgearbeitet werden: z. B. Technik des leeren Stuhles, der eine Person oder Situation darstellt, mit dem starke Emotionen verbunden sind, die noch gehemmt werden, nun aber ausagiert werden im Gespräch mit der Person oder über die Situation.

Gestalt

Die Wahrnehmungspsychologie zeigt, dass Sinnesimpulse aus der Umwelt in unserem Gehirn immer zu sinnvollen Ganzheiten (= Gestalten) zusammengefügt werden, d. h. fehlende Informationen werden „sinnvoll" ergänzt; auch bei inneren Prozessen wie Erinnerungen, sozialen Wahrnehmungen oder der Kommunikation; Zweck: Beschleunigung der Entscheidungsfindung und Handlungsfähigkeit; andererseits kann das Hinzufügen von nicht Vorhandenem bzw. nur in der Erinnerungen Vorhandenem oder Neukonstruiertem zu Fehldeutungen führen, da vermeintlich „objektiv Wahrgenommenes" in der Realität gar nicht vorhanden ist.

Selbst	besteht aus: Ich, Es, Persönlichkeit; das Ich steuert den Realitätszugriff über bewusstes Verhalten, wie reagieren Menschen in bestimmten Situationen und nach welchen Ideen und Gedanken handeln sie; aus dem Es kommen Bedürfnisse, Regungen und Gefühle unseres Organismus, die das Erleben und Verhalten beeinflussen; die Persönlichkeit entsteht durch Erlebnisse und Erfahrungen, die der Organismus in der Vergangenheit gemacht hat (gleichsam viele kleine Pinselstriche und Kleckse ergeben ein Gesamtbild, die Persönlichkeit).
Kontakt	Zentraler Begriff der → Gestalttherapie; bezeichnet jeglichen Austauschprozess des Organismus über die Sinne mit der Umwelt; vollzieht sich im Sinne von Erfahrung an der Grenze zwischen dem Organismus und seiner Umwelt, z. B. an der Hautoberfläche oder auch durch Bewegung des Körpers in der Umwelt (Motorik). Vier Phasen: Vorkontakt, Kontaktanbahnung, Kontaktvollzug und Nachkontakt.
Kontaktunterbrechung	In jeder Phase können spezifische Störungen entstehen, sogenannte „Kontaktunterbrechungen"; sie können negativen wie positiven Charakter haben (Ausdruck von Wachstum des Individuums); Formen der Kontaktunterbrechung sind: Konfluenz, Introjektion, Projektion, Retroflexion und Egotismus. Beispiel: Konfluenz: Organismus und Umwelt gehen während des Kontaktvollzuges ineinander über (positiv bzw. konstruktiv: in Momenten der „Ekstase oder extremer Konzentration", z. B. wenn sich ein Mensch völlig mit einer Gruppe identifiziert oder beim Lesen eines Buches die Außenwelt aus dem Bewusstsein verschwindet; negativ bzw. neurotisch: keine Differenzierung zwischen Verschmelzungssituationen und solchen, in denen es notwendig ist, sich klar gegen die Umwelt abzugrenzen; pathologisch konfluente (verschmelzende) Beziehungen zeichnen sich nach Perls z. B. dadurch aus, dass die Beteiligten immer von „Wir" sprechen.

Klientzentrierter Ansatz nach Rogers (Personzentrierter Ansatz)

Carl Ransom Rogers begründete auf der Basis der humanistischen Psychologie den „personzentrierten Ansatz“, der sowohl in der Therapie als auch in der Beratung Niederschlag gefunden hat, aber auch die Pädagogik beeinflusst hat. Wesentlich ist das spezifische Verständnis über die Entwicklung des → Selbst. Von besonderer Bedeutsamkeit sind dabei → Selbstkonzept und → (S. 97) Selbstbild.
Im Mittelpunkt von Rogers theoretischem Interesse stand immer die Therapie, d. h. die Möglichkeit der Veränderung der menschlichen Persönlichkeit im therapeutischen Prozess;
der „personzentrierte Ansatz“ wird als Seinsweise verstanden, nicht als Technik oder Methode.

Organismus und Selbstaktualisierung

Jeder lebende Organismus ist mit einer „Aktualisierungstendenz“ ausgestattet. Damit meint Rogers, dass der Organismus die grundlegende Fähigkeit hat, Erfahrungen, Eindrücke und Reize zu bewerten, – positiv, wenn es die Aktualisierungstendenz unterstützt bzw. negativ, wenn es ihr zuwiderläuft.
Aktualisierungstendenz ist gekennzeichnet durch ein Streben nach Zielen wie Gesundheit, Bedürfnisbefriedigung sowie körperliches und seelisches Wachstum usw.

Selbst

Der Mensch ist sich seines subjektiven Bildes der Realität bewusst und bestätigt oder verwirft dieses im Abgleich mit der Realität.
Das „Selbst“ prüft also stets die Wahrnehmungen auf Korrektheit und Sinnhaftigkeit. Diese Fähigkeit entwickelt sich erst im Laufe des Lebens eines Menschen und formt sich zunehmend aus. Der Mensch *hat* kein Selbst, vielmehr *ist* er das Selbst!

Selbstkonzept

Nach Rogers besteht das Selbstkonzept aus einem organisierten, strukturierten und überdauernden Komplex aus Annahmen und Überzeugungen über uns selbst; im Sinne der humanistischen Psychologie das, „was uns als Person ausmacht“. Zwei Faktoren beeinflussen in besonderem Maße unser Selbstkonzept:

1. Erfahrungen in der Kindheit
2. Die Bewertung und Einschätzung durch andere Menschen (insbesondere der Eltern).

Ein positives Selbstkonzept führt zu Selbstwertgefühl.

- Selbstbild — beinhaltet zudem (→ Selbstkonzept) Erfahrungen, Gefühle, Bedürfnisse, Erfolge wie auch Misserfolge. Vieles aus dem Selbstbild ist vage, nicht greifbar und entsteht eher als Gefühl.
- Ideal-Selbst — Das Ideal-Selbst beschreibt, wie man gerne wäre. Es beinhaltet Ziele und Wünsche im Leben. Das Ideal-Selbst verändert sich im Laufe der Entwicklung.
- Wertschätzung — Rogers ging davon aus, dass es für den Menschen wesentlich sei, von anderen Menschen positiv und ohne Bedingungen wertgeschätzt zu werden. Es geht darum, geschätzt und respektiert, mit Zuneigung behandelt und geliebt zu werden. Positive Wertschätzung entsteht durch die Bewertung der eigenen Person durch andere Menschen im sozialen Umgang.
- Kongruenz/Inkongruenz — Kongruenz bezeichnet die weitgehende Übereinstimmung von → Selbst (S. 95), wie es vom Individuum wahrgenommen wird und dem konkreten organismischen Erleben (Konsistenz) und/oder zwischen dem erlebten Selbstbild und dem Ideal-Selbst. Bei fehlender Übereinstimmung liegt eine Inkongruenz vor.

TZI – themenzentrierte Interaktion nach Cohn

Eher pädagogischer Ansatz nach Ruth Cohn (1912–2010). Es geht um das Leiten und Kooperieren in Gruppen und Teams in Bildungseinrichtungen, Betrieben, sozialen Einrichtungen, Gruppentherapie, Organisations- und Teamentwicklung etc.; beruht auf der Weiterentwicklung und Abgrenzung von der Psychoanalyse auf der Basis der Grundsätze der → Humanistischen Psychologie (S. 79).

Das Vier-Faktoren-Modell der TZI

Nach dem Verständnis der TZI sind es vier verschiedene Faktoren, die die Prozesse und Interaktionen in allen sozialen Situationen bestimmen.

1. Die zu bearbeitende Sache, der Inhalt, die Aufgabe oder der Lernstoff – Ruth Cohn nennt dies das ES
2. Jede einzelne Person der Gruppe mit ihrer Lebensgeschichte und ihren individuellen Anliegen, Gefühlen, Wünschen, Ängsten und Kompetenzen – das ICH

3. Die Beziehungen und Interaktionen zwischen allen Beteiligten – das WIR
4. Die Rahmenbedingungen, das Umfeld, (z. B. Zeit, Ort sowie historische, soziale und infrastrukturelle Gegebenheiten) innerhalb dessen die Menschen leben und agieren – der GLOBE, also den Globus.

Hauptpostulate

auch existentielle Daseinspostulate, die zum Gelingen von Zusammenarbeit und sozialem Miteinander von Menschen unabdingbar sind, wenn dieses gelingen soll → „Sei Deine eigene Chairperson!" und → „Störungen und Betroffenheiten haben Vorrang"; ergeben sich aus den Axiomen:
1. Der Mensch ist autonom und zugleich von anderen abhängig (interdependent)
2. Allem Lebendigen gebührt Wertschätzung und Respekt
3. Der Mensch lebt im Spannungsfeld von Freiheit und Bedingtheit.

- „Sei Deine eigene Chairperson!"

Für sich selbst und zugleich der eigenen individuellen Welt gegenüber verantwortlich sein; sich der Gedanken, Gefühle und Körperaktionen bewusst werden; gleichzeitig sich bewusst sein, was die unmittelbare Umwelt erwartet.

- „Störungen und Betroffenheiten haben Vorrang!"

Störungen wie Unaufmerksamkeit (z. B. Dazwischenreden, Geräusche machen, mit dem Nachbarn reden usw.) oder schlechte Luft oder Sympathie für bzw. Antipathie gegen ein Gruppenmitglied müssen wahrgenommen und akzeptiert werden, da sie immer mehr Platz einnehmen und dann ggf. das Gesamtgeschehen steuern; werden Störungen nicht thematisiert, ist die rationale Arbeit am Inhalt oder an der Aufgabe kaum möglich oder tritt völlig in den Hintergrund.

Hilfsregeln der TZI

„10 Gebote der TZI"; abgeleitet aus Hauptpostulaten; unterstützen diese und sind leicht verständlich und gut umzusetzen. Z. B.
– Vertritt dich selbst in deinen Aussagen; sprich per „Ich" und nicht per „Wir" oder per „Man" oder

- wenn du eine Frage stellst, sage, warum du fragst und was deine Frage für dich bedeutet. Sage dich selbst aus und vermeide das Interview oder
- Sei authentisch und selektiv in deinen Kommunikationen. Mache dir bewusst, was du denkst und fühlst und wähle, was du sagst und tust.

Das Konzept der Selbstverwirklichung nach MASLOW

ABRAHAM MASLOW entwickelte die Theorie der menschlichen Bedürfnisse und damit zugleich einen Ansatz der Persönlichkeitsentwicklung. Er postuliert darin, dass jeder Mensch eine Reihe von Bedürfnissen hat. Die ersten vier Bedürfnisse nennt er → Defizitbedürfnisse, das letzte, die Selbstverwirklichung, → Wachstumsbedürfnis.

Jeder Mensch, so MASLOW, hat die Tendenz der Selbstverwirklichung und des persönlichen Wachstums in sich angelegt. Jedoch kann sich ein Mensch nur dann selbst verwirklichen, wenn alle Defizitbedürfnisse gestillt sind. Selbstverwirklichung ist also ein Prozess, der sich über das gesamte Leben hinzieht und auch nicht von allen Menschen erreicht wird.

Bedürfnishierarchie

→ Bedürfnispyramide (S. 134); nach MASLOW gibt es Kategorien von Bedürfnissen, die unterschiedliche Bedeutung für die Sicherstellung des Überlebens haben; sie stehen miteinander in Beziehung, d. h. erst wenn grundlegendere Bedürfnisse befriedigt sind, können andere wirksam werden.

Defizitbedürfnisse

Bedürfnisse, deren motivierende Wirkung durch das Fehlen eines Objektes oder Umstandes erzeugt wird; MASLOW sieht hier → physiologische Bedürfnisse, Sicherheitsbedürfnisse, Zugehörigkeits- und Liebesbedürfnisse sowie Wertschätzungs- und Geltungsbedürfnisse.

Wachstumsbedürfnisse

Bedürfnis nach → Selbstverwirklichung (need for self-actualization). Wachstumsmotive können bereits ab der Ebene Zugehörigkeits- und Liebesbedürfnisse gefunden werden. Z. B. egoistische Variante von Liebesbedürfnis als Bedürfnis nach Sexualität versus einer Liebe zu einem anderen Menschen um seiner selbst willen und damit auf eine nicht besitzergreifende und bedingungslose Art und Weise; letztere führt immer mehr in die Ebene der Selbstverwirklichung.

Selbstverwirklichung	Drang jedes Individuums, sein Potenzial möglichst umfassend zu verwirklichen; setzt eine Befriedigung der → Defizitbedürfnisse (S. 99) voraus; kreative Selbstaktualisierung.
Das Bild vom sich selbstverwirklichenden Menschen	Von MASLOW als selbstverwirklichend bezeichnete Menschen wurden durchgehend als kreativ beschrieben. Kreativ meint nicht künstlerisch begabt, sondern vielmehr gilt, dass diese Menschen Alltägliches auf eine „neue, bisher noch nicht gedachte Weise" bewältigten. MASLOW benennt eine Reihe von Aspekten der Kognitionen dieser Menschen, u. a. ein höheres Maß an Selbstakzeptanz und eine bessere Realitätswahrnehmung.
Psychotherapie auf der Grundlage der humanistischen Psychologie	Vor allem der → klientzentrierte Ansatz (S. 96) nach ROGERS und die → Gestalttherapie (S. 94) gaben der Psychotherapie wichtige Impulse und führten zu eigenständigen Konzepten; Grundlage ist die Fähigkeit jedes Menschen, sein Potenzial zu nutzen, um sich selbst zu verwirklichen und weiterzuentwickeln; führen Lebensverläufe oder -situationen dazu, dass dieses Potenzial verschüttet ist, ist es die Aufgabe des Therapeuten, dem Klienten zu helfen, wieder Zugang dazu zu erhalten; Hilfe zur Selbsthilfe.
psychische Störungen	Psychische Störungen entstehen nach Meinung der Anhänger der Humanistischen Psychologie, wenn Umwelteinflüsse die Selbstentfaltung blockieren; entsprechend ist Therapie darauf ausgerichtet, dem Klienten zur Selbstaktualisierung und -verwirklichung zu verhelfen.
• psychische Störung nach ROGERS	ROGERS geht davon aus, dass alle psychischen Probleme des Individuums aus einer Schwäche des → Selbst (S. 95) resultieren. Sie beruht auf → Inkongruenz (S. 97).

- Neurose in der Gestalttherapie

entsteht bei einer nicht konstruktiven Auseinandersetzung mit einer Unterbrechung des Kontaktprozesses (→ Kontakt (S. 95)); grundsätzlich wird davon ausgegangen, dass hierbei der Erhalt von Kontrolle im Vordergrund steht, der sich meist in Form einer "gehemmten Erregung" äußert, z. B. wird Zorn, Trauer, sexuelle Erregung durch eine gegenläufige „Kontraktion“ wie z. B. Zähnezusammenbeißen, Fäusteballen oder andere körperliche oder geistige Aktivitäten gestoppt; bei Wiederho lung wird die Kontaktaufnahme an der jeweiligen Stelle im Kontaktprozess gestört und die alte Situation bleibt unerledigt. Die Energien, die für das Lösen der neuen Situation erforderlich wären, sind durch Aufrechterhaltung der absichtlichen Unterdrückung der nicht zugelassenen Erregungen gebunden; damit wird die Unterdrückung zur Gewohnheit und zum Bestandteil des Organismus, was zur Blockade des Wachstums führt.

Gesprächspsychotherapie

Therapiekonzept des person- bzw. → klientzentrierten Ansatzes nach Rogers (S. 96); es handelt sich dabei um keine Methode oder Technik, sondern die Haltung steht im Vordergrund; aufgrund der Selbstaktualisierungstendenz (Organismus und Aktualisierung) geht es darum, dem Klienten zu helfen, sein eigenes Potenzial zu realisieren. Der personenzentrierte Therapeut wird versuchen, eine aufrichtige Beziehung zu seinem Gegenüber aufzubauen – von Mensch zu Mensch auf gleicher Augenhöhe. Durch eine Haltung auf der Basis von unbedingter → Wertschätzung (S. 97), → Empathie (S. 102) und → Echtheit (S. 32) und einer entsprechenden Herangehensweise kann der Betroffene selbst – und nur er selbst – seine Probleme lösen. Diese Herangehensweise ist „personzentriert“.

- Wertschätzung

verstanden als unbedingte Wertschätzung; das Gegenüber wird für das geschätzt, was es ist und so wie es ist – in seinem jeweiligen So-Sein ohne Vorurteil und Wertung. Auf das Verhalten kann aber kritisch reagiert werden, indem durchaus dessen Problematik gespiegelt wird. Dabei wird das Gegenüber aber nicht dafür verurteilt.

- **Empathie** bedeutet, dass jemand in einer Therapie oder einem Gespräch die innere Welt des anderen so verspüren kann, als wäre es seine eigene. Einfühlendes Verstehen oder Empathie ist somit ein intensives Bemühen um den anderen. Nach ROGERS kann Veränderung mit Wahrscheinlichkeit eintreten, wenn der Therapeut das Erleben erfasst, das in der inneren Welt des Klienten abläuft und wenn er es sieht und fühlt wie der Klient, ohne aber die Eigenständigkeit einer Identität in diesem Prozess des Einfühlens zu verlieren.

- **Kongruenz/ Echtheit** Echtheit des Verhaltens beim Therapeuten. Einfühlendes Verstehen z. B. ist in therapeutischen Gesprächen nur dann hilfreich und fördert die persönliche Entwicklung des Klienten, wenn es nicht als „Technik“ praktiziert wird, sondern wenn es Ausdruck der „Haltung“ des Therapeuten ist; dieser darf keine Rolle spielen, sondern kann und soll so sein, wie er tatsächlich ist.

Kategorie: **Entwicklung**

Phylogenese	Griech. *phyle* = Gattung, Stamm. Stammesgeschichtliche Entwicklung aller Lebewesen.
Ontogenese	Griech. *ov*, das Seiende. Entwicklung eines Individuums, von der befruchteten Eizelle bis zum Tod.
pränatal	Vor der Geburt.
perinatal	Um die Geburt herum, ca. 29. Schwangerschaftswoche bis zum 7. Lebenstag.
postnatal	Nach der Geburt.
Entwicklung	Veränderungen im psychischen, geistigen, sozialen und körperlichen Bereich, die als Prozess auf das Lebensalter bezogen werden können.
Entwicklungsfaktoren	
endogene	Anlagen (Erblichkeit).
exogene	Umwelteinflüsse (z. B. durch Familie, Kindergarten und Schule).
autogene	Aktive Selbststeuerung; bedeutet, wie aktiv (kreativ, neugierig usw.) sich ein Kind „von sich selbst aus" mit der Umwelt auseinandersetzt.
Entwicklungstheorien	beschreiben und erklären Entwicklung aus der jeweiligen Sichtweise ihrer Vertreter.
Reifungstheorien	Entwicklungen werden fast ausschließlich auf endogene (innere) Reifungsprozesse zurückgeführt. Ein früher Vertreter dieser Theorie war ROUSSEAU.
Milieutheorien	Entwicklungen werden primär auf exogene (äußere) Einflüsse (durch Eltern, Erzieher usw.) zurückgeführt. Danach wirken sich Umweltanregungen entscheidend auf die Entwicklung des Kindes aus. Ein früher Vertreter war LOCKE. Nach ihm ist das Kind eine „*Tabula rasa*", ein unbeschriebenes Blatt, auf das die Außenwelt ihre Inhalte schreibt.

Konstruktivistische Theorien

gehen davon aus, dass die uns umgebene Lebenswirklichkeit nicht einfach gegeben, sondern sozial konstruiert ist. Im aktiven Austausch mit anderen Menschen (sozial-konstruktiv) und durch eigenaktive Verarbeitung von Informationen (individuell) konstruieren wir unsere (Sichtweise der) Welt. Demnach gibt es keine objektive Realität die unabhängig vom Betrachter ist. Jeder Mensch, jedes Kind konstruiert seine subjektive Wirklichkeit aufgrund seiner Erfahrungen.

Der Konstruktivismus sieht daher das Kind als sich entwickelndes Individuum an, das aktiv und selbstgesteuert die Umwelt sich denkend einverleibt. Es verarbeitet, je nach Enwicklungsstand, die Angebote der Umgebung. Es sind also die persönlichen Erkenntnis- und Handlungsmöglichkeiten, die festlegen, wie die Umwelt begriffen und verstanden wird.

Interaktionistische Theorien

Kind und Umwelt stehen durch Interaktion und Kommunikation in ständiger Wechselwirkung mit der Umwelt. In z. B. pädagogisch gestalteten → Settings wird ein Kind nicht nur angeregt, sondern es erkundet, verarbeitet und versteht zunehmend erlebte Wirklichkeiten und gestaltet sie aktiv mit.

Anlage-Umwelt-Problem

bezeichnet die kontrovers geführte Diskussion, ob die Anlagen bzw. die Umwelt überwiegend oder gar ausschließlich die insbesondere intellektuellen Fähigkeiten eines Menschen bestimmen.

ökologische Umwelten

Umweltbereiche, in denen ein Kind mit besonderer Regelmäßigkeit anzutreffen ist, z. B. Wohnung, Kindergarten, Spielplatz. Diese Umweltbereiche repräsentieren Verhaltensmuster, die dem jeweiligen Milieu entsprechen.

Settings

Engl. Anordnung, hier; Umgebungsbedingungen; beispielsweise ist der Kindergarten (mit den Gruppenräumen, der Außenspielfläche, den Gruppen, den Erzieherinnen, den Vorpraktikanten usw.) ein Ort, an dem das Kind spezifische Verhaltensmuster erwirbt und anwendet.
Settings sind erlebte Wirklichkeiten in ökologischen Umwelten.

Reifung	Verhaltensänderungen, die durch Gene gesteuert sind und die durch Lernen nicht zu beeinflussen sind.
Funktionsreifung	Voraussetzungen, um z. B. sprechen lernen zu können, muss die Reifung der Sprechorgane erfolgt sein.
sensible Phase, Entwicklungsfenster	Entwicklungsabschnitte, in denen auf Grund der hohen Aufnahmefähigkeit des Gehirns Fertigkeiten bzw. Fähigkeiten besonders gut und rasch erlernt werden, z. B. der explosionsartig anwachsende Wortschatz im dritten Lebensjahr.
Entwicklungspsychologie	beschreibt und erklärt den gesamten Entwicklungsverlauf, die Veränderungen in verschiedenen Entwicklungsbereichen und deren pädagogische Einflussnahme.
Methoden der Entwicklungspsychologie	
psychologische Querschnittsuntersuchung	Vergleich von Untersuchungsergebnissen verschiedener Altersgruppen zu einem Zeitpunkt.
Längsschnittuntersuchungen	Dieselben Personen werden über Jahre (Zwillinge z. T. über Jahrzehnte) zu verschiedenen Zeiten, z. B. jedes Jahr, nach denselben Testverfahren untersucht. Die individuelle Entwicklung kann bei diesem Verfahren besonders gut verfolgt werden.
Entwicklungstests	messen das Entwicklungsniveau und machen Aussagen über Entwicklungsbeschleunigungen bzw. Entwicklungsverzögerungen eines Kindes in allen Entwicklungsbereichen oder in Teilbereichen.
Entwicklungsniveau	Derzeitiger Entwicklungsstand.
Akzeleration	Entwicklungsbeschleunigung, früh einsetzende Entwicklung.
Retardation	Entwicklungsverzögerung in einem oder mehreren Bereichen, z. B. aufgrund von Fehlernährung, Krankheit, psychischen Belastungen.
Entwicklungsstörung	Ein Entwicklungsstand, der in mehreren Bereichen nicht dem statistisch ermittelten Durchschnitt der Gleichaltrigen entspricht, trotz Beachtung eines Toleranzbereiches.

Motorik
Gesamtheit aller Bewegungsabläufe und Bewegungsarten: Reflexe, Grob- und Feinmotorik sowie die Qualität der Bewegung mit Bewegungsfluss, Zielgerichtetheit und Kraftdosierung.

Reflex
Physiologisch: unwillkürlich-automatische Reaktion auf einen äußeren oder inneren Reiz. Reflexe sind angeboren, z. B. der Such- und Saugreflex des Neugeborenen. Reflexe können auch durch Signale erlernt werden → klassische Konditionierung (S. 86).

Motorische Entwicklung
Auf das Lebensalter bezogene Veränderung der Steuerungs- und Funktionsprozesse von Haltung und Bewegung.

Grobmotorik
Bewegung von Kopf, Armen, Rücken, Becken, Beinen und deren Koordination.

Feinmotorik
Bewegung der Gesichtsmuskeln, der Zunge, Kiefer, Hände, Finger und Zehen.

Psychomotorik
Zusammenwirken von motorischen und psychischen Handlungen oder Erlebnissen.

Sensumotorik
Steuerung und Kontrolle von Bewegungen auf Grund von Sinnesrückmeldungen (→ Verhaltensschemata, S. 108).

Körperschema
Vorstellung des Einzelnen von der Größe seines Körpers, der Lage und der Ausmaße seiner Gliedmaßen.

Psychosexuelle Entwicklung
→ Phasen der psychosexuellen Entwicklung (S. 81)

Entwicklung der Emotionen
→ (S. 126)

Sprachentwicklung
gehört zu den wesentlichen Entwicklungsaufgaben im Kleinkind- und Vorschulalter.

Stufen der Sprachentwicklung
Die Entwicklung verläuft sehr individuell. Altersangaben sind Durchschnittswerte.

vorsprachlich
Von der Geburt bis etwa zum 12. Lebensmonat; der Säugling ist lern- und interaktionsbereit und sucht Kontakt mit der Umwelt durch Schreien, Ausdrucksgeschrei, Lallen, Lallmonologe, Echolalie (zirkuläre Selbstnachahmung der eigenen produzierten Laute).

sprachlich
Die eigentliche Sprachentwicklung liegt zwischen dem ersten und fünften Lebensjahr. Sie verläuft ungefähr in den folgenden Abschnitten:

1,6 Jahre	Zunächst steht ein Wort für die Bedeutung eines ganzen Satzes. Hier wendet das Kind das Prinzip der → Übergeneralisierung an.
1,6–2 Jahre	Zwei- und Mehrwortsätze drücken die Absicht des Kindes bereits differenzierter aus, weil es sich die Personen und Gegenstände in Handlungen geistig vorstellen kann.
2–3 Jahre	Explosionsartiger Zuwachs von Wörtern, einfache Satzbildung.
3–4 Jahre	Der Wortschatz wächst um ca. 500 Worte pro Jahr. Für dieses Alter sind → Neologismen und → Analogiebildungen typisch, die dem Kind helfen, etwas auszudrücken, was es noch nicht ganz kann, sie zeigen die Anwendung von Strukturen in einer neuen Situation (kreativer Umgang mit Sprache).
5 Jahre	Im 5. Lebensjahr werden Sätze im Wesentlichen in Bezug auf Syntax, Semantik und Grammatik richtig gebildet (Sprachstruktur wird beherrscht).
6 Jahre	Das Kind korrigiert eigene sprachliche Fehler.
7–8 Jahre	Ab dem 7. bis 8. Lebensjahr können Begriffe von konkreten Vorstellungen (z. B. Huhn) losgelöst und nach Ober- und Gattungsbegriffen zusammengefasst werden (z. B. Tiere, Wirbeltiere). Wortschatzerweiterung und Differenzierung der Sprache hören nie auf (lebenslanges Lernen).

Besonderheiten im Kleinkindalter

Übergeneralisierung	Das Kind benutzt ein herausragendes Merkmal, um Gegenstände, Personen, Tätigkeiten und Eigenschaften zu benennen, z. B. „Ball" für alle runden Gegenstände, „Papa" für alle Männer.
Analogiebildung	Anwendung eines Sprachmusters in einer neuen Situation: z. B. die falsche Flexion „Ich bin gesitzt", die nebenbei auch zeigt, dass das Kind zeitlich und von der Bedeutung her differenziert.
Neologismen	Wortschöpfungen wie „Kopfhemd" für Mütze zeugen von sprachlicher Kreativität, die in Analogie die ihnen bekannten Substantive verbindet.

Kognitive Entwicklung bezeichnet die Entwicklung des Denkens, des Wahrnehmens, des Problemlösens, der Intelligenz, und des Gedächtnisses. Der Begriff ‚geistige Entwicklung' wird häufig gleichbedeutend verwendet.
Die umfassendste und bekannteste Theorie zur kognitiven Entwicklung stammt von JEAN PIAGET, einem Schweizer Entwicklungspsychologen. Er ging der Frage nach, wie wir Menschen zu unserem Wissen über die Welt gelangen und forschte Jahrzehnte lang zur Entwicklung und dem Verlauf der kindlichen Intelligenz. Dabei kam er zu der Grundannahme, dass sich das kindliche Denken vom Konkreten zum Abstrakten, vom Einfachen zum Differenzierten entwickelt und zwar dadurch, dass sich immer passendere → Denkschemata ausbilden.

Denkschemata — sind geistige Einheiten, die als „Wissen" angesehen werden können und mit deren Hilfe Kinder die Umwelt interpretieren, also eingehende Informationen verarbeiten. PIAGET geht davon aus, dass ein Kind bei der Geburt mit wenigen Schemata (Reflexen) ausgestattet ist, welche sich nach und nach, mit zunehmender Auseinandersetzung mit der Umwelt und zunehmendem Alter, verändern und vermehren. Die Weiterentwicklung und Veränderung von Schemata geschieht nach PIAGET durch zwei angeborene Prozesse, durch die → Organisation (S. 109) und die → Adaption (S. 109). PIAGET unterscheidet → Verhaltensschemata und → kognitive Schemata.

- Verhaltensschemata — sind Schemata, die sich in der kindlichen Entwicklung zuerst entwickeln. Einige wenige, wie beispielsweise das Schema des Saugens, sind bereits mit der Geburt angelegt. Beispiele für weitere Verhaltensschemata, häufig auch als sensumotorische Schemata bezeichnet, sind Schemata für Krabbeln, Laufen oder das Schleifenbinden.
- kognitive Schemata — sind Schemata, die sich nach PIAGET erst ab ca. dem 2. Lebensjahr entwickeln (→ präoperationales Denken, S. 112). Dazu zählen beispielsweise Schemata von Objekten, z. B.: der Apfel ist rund, fest, hat einen Stiel, kann gegessen werden etc.

kognitive Strukturen — bezeichnet in PIAGETS Theorie die Vernetzung und das *In-Beziehung-Setzen* von mehreren Schemata.

Organisation
dient der *Weiterentwicklung und Veränderung von Schemata* und bezeichnet den Prozess, bei dem das Kind bereits vorhandene Schemata miteinander vernetzt und zueinander in Beziehung setzt, so dass sogenannte → kognitive Strukturen entstehen.
Beispiel: Ein Kind verfügt über das Schema des Saugens und das des Festhaltens. Die Organisation dieser beiden Schemata kann nun dazu führen, dass es selbstständig aus einer ihm an den Mund gehaltenen Trinkflasche trinken kann.

Adaption
Lat. *adaptare* = anpassen, dient ebenfalls der Weiterentwicklung und Veränderung von Schemata und meint den Prozess, bei dem sich Kinder an ihre Umwelt anpassen. Nach PIAGET sind sie hierzu motiviert, da sie mit ihrer Umwelt stets in einem kognitiven Gleichgewicht (→ Äquilibrium (S. 110)) stehen möchten. Die Adaption geschieht nach PIAGET durch die Prozesse der → Assimilation und der → Akkommodation.

Assimilation
Lat. *assimilatio* = angleichen, dabei nutzt das Kind bereits vorhandene Schemata um seine Umwelt zu erfassen. Die Umwelt wird an ein Schema angeglichen, angepasst. Die Assimilation ermöglicht neue Situationen mit bereits vorhandenen Schemata zu bewerkstelligen.
Beispiel: Das Kind weiß bereits, wie man einen Apfel isst. Wird ihm nun eine Birne angereicht, so kann es durch Rückgriff auf sein bereits vorhandenes Schema ‚Apfel' die Birne erfolgreich essen.

Akkommodation
Lat. *accommodare* = anlegen, festmachen. Hier passt das Kind seine bestehenden Schemata den Umweltbedingungen an, bis sie mit den Anforderungen der Realität in Einklang stehen, da diese ansonsten nicht bewältigt werden können. In Folge erweitern sich die bestehenden Schemata, es findet geistiges Wachstum statt.
Beispiel: Das Kind weiß bereits, wie man einen Apfel isst. Nun wird ihm eine Tomate angereicht und das Kind beißt – wie beim Apfel – in die Tomate. Die Tomate spritzt nach allen Seiten. Ihm wird von seinen Eltern erklärt, dass man eine Tomate besser kleinschneidet, bevor man sie isst.

Assimilations-Akkommodations-Prozess	In der Regel beginnt der Adaptionsprozess mit einer Assimilation. Das Kind versucht, die neue Erfahrung mit seinen vorhandenen Schemata zu bewerkstelligen. Gelingt dies nicht, werden die vorhandenen Strukturen den neuen Erfahrungen angepasst (Akkommodation).
Äquilibrium	bezeichnet eine Übereinstimmung, ein Gleichgewicht zwischen äußeren Reizen und Schemata. Nach Piaget strebt jeder Mensch nach einem derartigen Gleichgewicht. Ist das Gleichgewicht gestört, liegt nach Piaget ein kognitiver Konflikt vor.
Stadien der kognitiven Entwicklung	Piaget unterteilt die kognitive Entwicklung in vier Stadien, denen er jeweils charakteristische Merkmale zuweist. Er geht davon aus, dass die Stadien von jedem Kind in unveränderlicher Reihenfolge durchlaufen werden, da jede Stufe auf den Leistungen der vorangegangenen aufbaut. In jeder der Stufen erweitern sich die kognitiven Fähigkeiten des Kindes. Die Altersangaben, die den einzelnen Stufen zugewiesen sind, sind als Durchschnittswerte zu sehen, da jedes Kind die Stufen in seinem individuellen Entwicklungstempo durchläuft.
• Phase der sensumotorischen Intelligenz (0–2 Jahre)	ist die **erste Phase** der kognitiven Entwicklung. Nach Piaget *sammelt das Kind in dieser Phase über seine Sinnesorgane und seine Bewegungen Eindrücke über die Welt* (sensumotorische Erkundung). Intelligenz zeigt sich in motorischen Reaktionen auf sensorische Reize. Die Phase wird in sechs Unterstadien unterteilt, die nachstehend erläutert werden.
– angeborene Reflexe (0.–1. Lebensmonat)	Zunächst verfügt das Kind über angeborene Reflexe (z. B. Saugen, Greifen), die sein Verhalten bestimmen. *Durch Anwendung und Übung kommt es zu einer Festigung und ersten Differenzierung angeborener Reflexe.*
– primäre Kreisreaktionen (1.–4. Lebensmonat)	*Das Kind wiederholt ursprünglich zufällige Handlungen, die ein angenehmes Ergebnis haben* (primäre Kreisreaktionen). Es ist hierbei noch größtenteils auf seinen Körper beschränkt. Z. B. berührt der Säugling zufällig mit seinen Fingern den Mund und wiederholt dieses Muster, da er es als angenehm empfindet.

– sekundäre Kreisreaktionen (4.–8. Lebensmonat)	Das Kind entdeckt, dass es durch sein Handeln bestimmte Effekte auslösen kann. *Es begreift folglich Handlungen als Mittel, mit denen ein bestimmtes Ziel erreicht werden kann* und beginnt sich seiner Umwelt aktiv handelnd zuzuwenden. Handlungen mit einem interessanten Effekt werden bevorzugt wiederholt. Das Kind ist nicht länger auf seinen eigenen Körper beschränkt, sondern bezieht Gegenstände aktiv mit ein, z. B. eine Rassel oder ein Glöckchen.
– intentionales Verhalten (8.–12. Lebensmonat)	*Das Kind ist nun vermehrt in der Lage, mehrere Handlungsschemata zu koordinieren.* Es überträgt bereits bekannte Handlungsschemata auf neue Situationen (z. B. erforscht es ihm unbekannte Gegenstände). Durch den dabei stattfindenden Adaptionsprozess werden die bereits vorhandenen Handlungsschemata erweitert und verfeinert.
– tertiäre Kreisreaktionen (12.–18. Lebensmonat)	*Das Kind experimentiert mit allen ihm zur Verfügung stehenden Umweltreizen, indem es bestimmte Handlungen nicht mehr nur wiederholt, sondern sie abwandelt.* Es scheint die Eigenschaften von Objekten geradezu systematisch zu prüfen und erwirbt neue Handlungsschemata.
– Übergang zur voroperationalen Phase (18.–24. Lebensmonat)	*Das Kind ist nun teilweise in der Lage, sich Ergebnisse von Handlungen vorzustellen.* Konkretes Erproben tritt folglich in den Hintergrund, da Handlungen und ihre Folgen vorstellbar werden. Das Kind entwickelt mit ca. zwei Jahren eine Vorstellungsfähigkeit, es kann ein ‚inneres Abbild' erzeugen und innerlich experimentieren.
– Objektpermanenz	meint das Verständnis, dass Objekte auch dann noch existieren, wenn sie aus dem Blickfeld verschwinden. Ein erstes Verständnis darüber bahnt sich ab etwa dem achten Lebensmonat an. Das Prinzip „aus den Augen aus dem Sinn" gilt nun nicht mehr.

• Phase des voroperationalen Denkens (2–7 Jahre)	ist die **zweite Phase** der kognitiven Entwicklung. *Das Kind verfügt nun über die Fähigkeit über Dinge nachzudenken, es kann sich Dinge vorstellen und Symbole nutzen,* d. h. es ist z. B. in der Lage, ein Objekt durch ein Wort zu repräsentieren. Das kindliche Denken ist noch bestimmt von logischen Irrtümern, da das Kind bei seinem Urteil nur auf jeweils ein Merkmal achten kann. Die Berücksichtigung mehrerer Eigenschaften gelingt ihm noch nicht. Folgende Besonderheiten charakterisieren die zweite Phase:
– Egozentrismus	ist eine Denkperspektive, in der das Kind sich als Zentrum des Geschehens sieht. Es geht davon aus, dass die Welt so ist, wie sie das Kind selbst sieht. Ein Heraustreten aus der eigenen Perspektive ist dem Kind nicht möglich, so auch nicht das Hineinversetzen in andere. PIAGET unterschiedet mehrere Unterformen des Egozentrismus, den → Kindlichen Realismus, → Animismus → Anthropomorphismus → Artifizialismus → Finalismus
– kindlicher Realismus	Die Überzeugung des Kindes, dass das, was es für real hält auch tatsächlich existiert, wie beispielsweise seine Träume.
– Animismus	ist die Annahme des Kindes, dass auch unbelebte Dinge über Gedanken, Gefühle, Wünsche und Bedürfnisse verfügen („Die Puppe muss Pipi machen").
– Anthropomorphismus	Gr. *anthropos* = Mensch. Bezeichnet die Vermenschlichung von Gegenständen. Dinge werden mit Fähigkeiten ausgestattet, die man selbst besitzt.
– Artifizialismus	beschreibt die Annahme des Kindes, dass Gegenstände oder Naturgebilde (z. B. Flüsse, Berge) von Menschen oder anderen Wesen geschaffen werden/wurden.
– magisches Denken	eine Denkform, bei der davon ausgegangen wird, dass magische Wesen existieren, übernatürliche Kräfte wirken oder Zaubersprüche die Außenwelt beeinflussen.
– Finalismus	ist die *kindliche Annahme, dass alles in der Welt einen Zweck hat,* insbesondere für die Menschen. So sind Steine beispielsweise da, um Häuser zu bauen.

- Phase des konkret-operationalen Denkens (7–12 Jahre)

ist die **dritte Phase** der kognitiven Entwicklung. Die Besonderheiten der zweiten Phase treten nun nicht mehr auf. *Kinder dieser Entwicklungsstufe sind in der Lage, sich gedanklich mit konkreten Objekten auseinanderzusetzen*; sind dabei jedoch noch sehr stark an die dingliche Gegenstandswelt gebunden. Sie verfügen nun über die Fähigkeit, mehrere Aspekte eines Gegenstandes oder Vorganges gleichzeitig zu berücksichtigen und können PIAGETS Aufgaben zur → Invarianz bewerkstelligen. Die Kinder sind in der Lage, Dinge zu klassifizieren und dabei auch zu berücksichtigen, dass eine Klasse eine andere Klasse beinhalten kann. Systematische Reihenbildung (beispielsweise Stöckchen der Länge nach zu sortieren) gelingt ihnen ebenso wie geistige Rotationen vorzunehmen. So können Kinder, die sich in dieser Stufe befinden, beispielsweise die Perspektive ihres Gegenübers einnehmen, wenn es darum geht, diesem den Weg von A nach B zu beschreiben. Das Denken des Kindes ist nun reversibel, d. h. das Kind kann bei der gedanklichen Problembewältigung einige Schritte vollziehen und dann die Richtung wieder umkehren, um zum Ausgangspunkt zurückzukehren. Insgesamt gesehen wird der kindliche Blick auf die Welt realistischer und logischer.

- Invarianz

bedeutet, dass bestimmte physische Merkmale von Gegenständen die gleichen bleiben, auch wenn sich ihre äußere Erscheinung verändert. PIAGET führte hierzu eine Vielzahl an Versuchen durch und stellte fest, dass Kinder in der voroperationalen Phase noch nicht in der Lage sind, mehrere Aspekte eines Objektes gleichzeitig zu berücksichtigen (beispielsweise die Höhe einer Flüssigkeit bei gleichzeitiger Berücksichtigung der Breite des Behältnisses, in dem sich die Flüssigkeit befindet). In der konkret-operationalen Phase sind sie dazu fähig und können die logische Schlussfolgerung leisten, dass der Füllstand sich in Abhängigkeit der Breite des Behältnisses zwar optisch zu verringern scheint, jedoch faktisch gleich bleibt.

- Phase des formal-operationalen Denkens

ist die **vierte Phase** der kognitiven Entwicklung und beginnt ab etwa dem 12. Lebensjahr. In dieser Phase ist der junge Mensch fähig, nicht mehr nur über konkrete Dinge nachzudenken, sondern auch über abstrakte. So setzt hier beispielsweise die Fähigkeit ein, über das Denken als solches nachzudenken. Nach und nach entwickelt sich auch die Fähigkeit zum hypothetisch-deduktiven Denken. Die Jugendlichen entwickeln nun, wenn sie auf ein Problem treffen, zunächst mögliche Vorgehensweisen und leiten Hypothesen (Annahmen) ab, was bei deren Einsatz geschehen könnte. Sie entwickeln Möglichkeiten und wenden diese dann systematisch in der Realität an. Aufgrund der hohen Beweglichkeit ihres Denkens gelingt es den Jugendlichen, mehrere Beweggründe und Hintergründe zu einem Sachverhalt einzudenken und zu berücksichtigen. Abstrakte Formeln können ebenso erfasst und verstanden werden wie Proportionen. Die Fähigkeit zur Reversibilität bezieht sich nun auch auf abstrakte Inhalte.

Moral

System von verbindlichen Sitten und Regeln, die auf Werten und Normen der in einer Gesellschaft zusammenlebenden Menschen begründet sind.

Gewissen

ist die persönliche Instanz eines Menschen, die aus den verinnerlichten Normen und Werten einer Gesellschaft entsteht. Es reguliert als „innere Stimme" das Verhalten des Menschen.

Moralische Entwicklung nach Kohlberg

Die folgenden sechs Stufen stellen für Kohlberg qualitativ unterschiedliche Denkweisen dar.

Niveau I:
Präkonventionelle Moral

Stufe 1: *Orientierung an Strafe und Gehorsam*
Die Kinder übernehmen Maßstäbe der Erwachsenen für „gut" und „böse", („Mama sagt...") Sie hinterfragen nicht. Vorrangiges Orientierungsmerkmal ist die Strafe. Sie unterwerfen sich Autoritäten, um Strafen zu vermeiden. Bei der Einschätzung der Schwere einer Tat stellen sie die daraus folgende Konsequenz in den Vordergrund und lassen die Absicht des Handelnden außer Acht.

Stufe 2: *Instrumentell relativistische Orientierung*
Streben nach Lob. Im Zuge des → Egozentrismus (S. 112) entwickeln sie parallel zu dem Vorhergesagten auch eigene Maßstäbe im Sinne von: Was den eigenen Bedürfnissen entgegenkommt ist gut, was ihnen widerspricht, ist schlecht. Es wird anerkannt, dass andere Menschen Interessen haben. Das führt unweigerlich zu Konflikten.

Niveau II:
Konventionelle Moral

Stufe 3: *Orientierung am „guten Jungen, guten Mädchen". Streben nach sozialer Anerkennung*
Die Kinder sind daran interessiert, gute Beziehungen zu Freunden und Verwandten zu leben und aufrechtzuerhalten, um sich ihre Zuneigung zu sichern. Kinder auf dieser Stufe können den Blickwinkel anderer Menschen schon berücksichtigen.

Stufe 4: *Orientierung an der Aufrechterhaltung der sozialen Ordnung*
Regeln werden anfangs als absolut angesehen und nicht hinterfragt. Im Laufe der Zeit erkennen die Kinder den Sinn von Regeln, und dass sie mit Gerechtigkeit zusammenhängen. Bei Übertretung von Regeln rechnen sie mit drastischen Strafen und würden auch solche anordnen.

Niveau III:
Postkonventionelle Moral

Stufe 5: *Orientierung an sozialen Verträgen*
In dieser Stufe kennen die Jugendlichen Gesetze sowie allgemeingültige ethische Prinzipien und verinnerlichen sie (→ Gewissen). Grundlegende Werte wie Menschenwürde und Menschenrechte, werden als „unveränderbar" anerkannt

Stufe 6: *Orientierung an den Grundsätzen des eigenen Gewissens und allgemeingültiger ethischer Prinzipien*
Diese Stufe wird nach Kohlberg selten erreicht. Steuerungsinstanz für das Verhalten von Menschen ist das eigene Gewissen, das ethischen Prinzipien folgt, die für alle Menschen verbindlich sind.

Entwicklung im Jugendalter

Adoleszenz Jugendalter

Lat. *adolescere* = heranwachsen. Junge Menschen gelten als Jugendliche, wenn sie 14 Jahre sind und das 18. Lebensjahr noch nicht vollendet haben (SGB VIII, §7). Sie erhalten vom Gesetzgeber Rechte und Pflichten.

In den Erziehungswissenschaften umfasst das Jugendalter einen nicht genau umrissenen Abschnitt im menschlichen Lebenslauf vom etwa 11.–27. Lebensjahr. Es ist im Vergleich zu früher ein immer weiter ausgedehnter Lebensabschnitt mit Freiräumen zur individuellen Lebensgestaltung, nicht nur ein „Übergang" zum Erwachsenenalter. Das Jugendalter ist heute gekennzeichnet durch:

1. liberale Einstellung von Eltern über Erziehung, oft mit der Einschätzung, dass ihre Kinder sonst selbst ihre Freiräume schaffen,
2. den früher einsetzenden Übergang vom Kind zum Jugendlichen, bei gleichzeitiger Verlängerung des Jugendalters durch qualifizierte Ausbildung (Beruf, Studium),
3. die wirtschaftliche Macht Jugendlicher, die ein anspruchsvolles Lebenskonzept (→ Jugendkulturen, (S. 119) → Jugendstile (S. 119)) erst ermöglicht.

Im Focus des Jugendalters steht die Entwicklung einer → Identität (S. 118).

Das Jugendalter wird nach Oerter gegliedert in:

Vorpubertät

Die Zeit zwischen dem Ende der Kindheit und dem Auftreten sekundärer Geschlechtsmerkmale (ca. 10.–12. Lbj.); der puberale Wachstumsschub fällt in dieses Alter.

Transeszenz

Periode der biologischen und psychischen Umwandlung (ca. 12.–14. Lbj.). Jugendliche gewinnen ein anderes Bild von sich und von ihrem Körper.

- Pubertät

Lat. *pubertas* = Geschlechtsreife; umgangssprachlich für die körperliche Entwicklung in der Transeszenz. Sie setzt bei Mädchen ca. 2 Jahre früher ein als bei Jungen. Die körperliche Entwicklung umfasst bei *Jungen:* insbesondere Muskelwachstum, Stimmbruch, Wachstum der Geschlechtsorgane, Auftreten sekundärer Behaarung, Samenerguss.
Mädchen: insbesondere Menstruation, breitere Hüften durch Beckenverbreiterung und Fettablagerung, Brustbildung.

Im sozialen Bereich kommt es zu Ablösetendenzen von den Eltern zu Gunsten der attraktiveren → peer group (S. 119). Die psychische Seite der Periode ist durch erhöhte Verletzlichkeit und verstärkte Bewältigungsanforderungen gekennzeichnet. Abweichendes Verhalten (Drogen-, Alkohol- und Nikotinmissbrauch, frühe Formen der → Jugendkriminalität (S. 119), Schulprobleme usw.) wird häufiger. Die Jugendlichen streben nach mehr Eigenverantwortung, erleben sich zunehmend als Konstrukteure des eigenen Lebens.

frühe Adoleszenz

Die Periode (14.–18. Lbj.) ist primär durch soziale Entwicklungsfaktoren gekennzeichnet (z. B. Besuch weiterführender Schulen, Berufsausbildung). Für die spätere Erwachsenenrolle werden bereits in diesem Zeitabschnitt die Weichen gestellt.

späte Adoleszenz

wird altersmäßig mit dem juristischen Begriff „Heranwachsender" (18.–21. Lbj.) gleich gesetzt; in dieser Periode steigt die Zahl der Aufgaben und Verpflichtungen, die angenommen oder abgelehnt werden können (Abschluss der Lehre oder Schule, Wahlmündigkeit).

junge Erwachsene

(21.–27. Lbj.) befinden sich häufig noch in der Berufsausbildung oder im Studium. Sie haben Rechte und Pflichten wie Erwachsene (z. B. Wählbarkeit), sind aber häufig noch wirtschaftlich abhängig von den Eltern.

Entwicklungsaufgaben

Nach Havighurst Anforderungen, die in einem bestimmten Lebensabschnitt zu erfüllen sind; im Jugendalter ist dies z. B. die Übernahme der Geschlechtsrolle oder die Vorbereitung auf den Beruf.

Coping

Bewältigung von Entwicklungsaufgaben. Zum erfolgreichen Coping tragen Gespräche mit Fachleuten oder Freunden sowie auch die Aufarbeitung von Problemen in Selbsthilfegruppen bei.

Defending

Vermeidens- bzw. Abwehrstrategien, die sich z. B. als Resignation niederschlagen („Ich schlucke meine Probleme hinunter") bis hin zum Missbrauch von Alkohol, Drogen, Psychopharmaka.

Identität

Allgemein: Einzigartige Kombination von unverwechselbaren Daten und Merkmalen eines Menschen wie z. B. Name, Vorname, Geburtsdatum, Geschlecht, Hautfarbe.

Psychologisch: Ein Individuum mit einem „Bild von sich" (Selbstbild), verbunden mit dem Bild, das andere von ihm haben (Fremdbild).

Identitätsfindung

Darunter wird die Übernahme der biologischen und psychosozialen Rolle verstanden. Das bewusste Erlebnis der Ich-Identität ist nach Erikson „ein Gefühl des In-seinem-Körper-zu-Hause-Seins, ein Wissen, wohin man geht und die Sicherheit der Anerkennung derer, auf deren Urteil man Wert legt". Identitätsfindung verläuft, nachdem sie bewusst reflektiert wird, von „außen nach innen". Jugendliche stellen sich in diesem Zusammenhang drei Fragen:

1. subjektive Identität: „Wie bin ich?"
2. optative Identität: „Wie möchte ich sein?"
3. zugeschriebene Identität: „Für wen hält man mich?"

Die Identitätsfindung ist abhängig von Vorbildern und Leitbildern.

Vorbilder

Ausrichtung nach Personen, denen man nacheifern möchte.

Leitbilder

Ausrichtung nach bestimmten Werten.

Identitätszustände

Nach Marcia gibt es vier Identitätszustände im Jugendalter:

1. Erarbeitete Identität
   Jugendliche haben selbst gewählte Wertvorstellungen und Ziele, psychisches Wohlbefinden.
2. Identitätsmoratorium
   Jugendliche sind noch nicht festgelegt, sondern im Prozess, Werte und Ziele als Richtlinien für das spätere Leben zu finden.

3. Übernommene Identität
   Jugendliche übernehmen Wertvorstellungen und Ziele von sog. Autoritäten, z. B. Vater, Mutter oder religiösen Führern.
4. Diffuse Identität
   Jugendliche mit diffuser Identität fehlt es an der klaren Richtung in Bezug auf Wertvorstellungen und Zielen, die Entscheidungsfähigkeit ist gering.

peer-group

Gruppe von Gleichaltrigen (Clique), in der Kinder und Jugendliche Orientierung, Geborgenheit und Identifikationsmöglichkeiten suchen sowie Fähigkeiten und soziale Verhaltensweisen erproben. Der Anpassungs- und Gruppendruck kann für den einzelnen enorm sein, insbesondere im Alter von 12–14 Jahren.

Jugendkulturen, Subkulturen

Die unterschiedlichen Jugendkulturen kennzeichnet:
1. ein gruppenspezifisches Orientierungs- und Normensystem,
2. den von der peer-group als gültig angesehenen Lebensstil.

Jugendkulturen, die nach dem II. Weltkrieg als Massenphänomen großen Einfluss hatten, waren die „Rock and Roller" (Elvis Presley, Bill Haley), die „Love Generation" (Hippie-Bewegung) in den 60er Jahren und die Studentenbewegung bis Anfang der 70er Jahre. Sie erfassten jeweils die Mehrheit der Jugendlichen als relativ einheitliche Bewegungen, die zeitlich aufeinander folgten. Wer jung und „dagegen" war, trug Jeans und lange Haare. Gegenwärtig verlaufen die Jugendkulturen mit verwirrender Schnelligkeit nebeneinander (z. B. Skater, Raver, Gamer, Rapper, Snowboarder).

Jugendstile, Lebensstile

wie wir sie heute kennen, gibt es erst seit ca. 60 Jahren. Es sind Schöpfungen jugendlicher Subkulturen. Sie bringen deren Wertvorstellungen über Outfits, Sprache (Jugendsprache), Musik, Graffitis, Piercing, Tattoos usw. zum Ausdruck, oft als Opposition, Protest oder Rebellion gegen die Erwachsenenwelt.

Jugendkriminalität, Jugenddelinquenz

ein im strafrechtlichen Sinne abweichendes Verhalten von Jugendlichen zwischen dem 14. und dem noch nicht vollendeten 18. Lebensjahr. Jugendgerichte stellen heute erzieherische Maßnahmen vor Strafe und Sühne (insbesondere bei Ersttätern).

Kategorie: **Wahrnehmung, soziale Wahrnehmung**

Reiz — Engl. *stimulus*, Eindruck, der Sinnesorgane erregt.

Reizdiskriminierung — Unterscheidung von Eindrücken, die verschiedene Reaktionen auf unterschiedliche Reize erlaubt.

Reaktion, Response — Reizantwort, stellt sich in der Regel nach Reizdiskriminierung ein (schwache Reize führen nicht unbedingt zu Reaktionen).

Reizüberflutung — bezieht sich

1. auf die begrenzte Aufnahmekapazität des → sensorischen Gedächtnisses (S. 136) (z. B. Situation auf dem Jahrmarkt),
2. auf die Besorgnis darüber, dass Kinder durch Massenmedien (Fernsehen, Computer etc.) bzw. Informationsflut überfordert sind bezogen auf ihr Alter und ihre Erfahrung.

Wahrnehmung — Engl. *perception*, bezeichnet

1. den Prozess des Wahrnehmens,
2. das Ergebnis dieses Prozesses.

Wahrnehmung ist Prozess und Ergebnis der Informationsgewinnung und -verarbeitung von Sinneseindrücken.

sensorische Wahrnehmung — Ausgangspunkte der Wahrnehmung sind sensorische Erscheinungen, die durch Reizung der Sinnesorgane entstehen.

Sensorische Integration — neuronales Zusammenschließen von Wahrnehmung, Bewegung und Verhalten; findet schon bei der kleinsten Bewegung statt.

Sinnesorgane — Reizaufnahmeorgane, die bestimmte Wahrnehmungen und Kontakte zur Umwelt ermöglichen (z. B. Ohr, Nase, Haut).

Sinne — beziehen Informationen aus der Umwelt als physikalisch-chemische Reize (z. B. Schallwellen, Gerüche); durch spezialisierte Rezeptoren werden diese Reize empfangen, zum Gehirn geleitet und dort weiterverarbeitet.

olfaktorischer Sinn	Geruchssinn; vermittelt als Fernsinn Wahrnehmungen von Duftstoffen. Der Geruchssinn ist stark an Gefühle gebunden („jemanden nicht riechen können").
gustatorischer Sinn	Geschmackssinn; er reagiert auf süß, sauer, bitter und salzig über die Zunge und den weichen Gaumen; an der Geschmackswahrnehmung ist der Geruchssinn beteiligt.
haptischer Sinn	Tast- und Drucksinn; über den gesamten Körper verteilt zu spüren, z. B. bei der Körperentleerung.
visueller Sinn	Sehsinn, eigentlich Lichtsinn (durch Lichtwellen entstehend), der über die Augen Wahrnehmung vermittelt.
auditiver Sinn	Gehörsinn; vermittelt dem Ohr Informationen über die Schallwellen.
taktiler Sinn	Tastsinn; Sinn für Berührungsreize in der Haut (insbesondere Lippen, Fingerspitzen, Sexualorgane, da hier die Nerven dichter zusammenliegen als z. B. an Po und Rücken).
kinästhetischer Sinn	Bewegungssinn, Muskelsinn, kooperativer Sinn, der durch die Muskeln Schwere, Lage und Widerstand des Körpers (Körperteile) bewusst macht.

Wahrnehmungskonstanzen

Konstanz	Lat. *constans*; fest, Bestand haben.
Formkonstanz	Wiedererkennung eines Gegenstandes trotz „perspektivischer Verformung".
Größenkonstanz	Erkennung der wirklichen Größe eines entfernten Gegenstandes, ungeachtet seiner scheinbaren Verkleinerung, z. B. gefaltete Serviette.
Farbkonstanz	Erkennung der Farbe eines Gegenstandes in sehr unterschiedlichen Lichtverhältnissen, z. B. im gleißenden Sonnenlicht oder in der Dämmerung.

Wahrnehmungskausalität

Zusammenhang von Ursache und Wirkung wird erkannt (z. B. ein Spielzeugauto bewegt sich erst, wenn es angeschubst wird).

Gestaltwahrnehmung geht von der Voraussetzung aus, dass wir nur „Gestalten" (sinnvolle Ganzheiten, Strukturen) wahrnehmen; so werden z.B. bestimmte Sterne am Himmel als „Großer Wagen" in eine Beziehung gebracht. Es entsteht somit eine Gestalt, auch Ganzheit genannt.

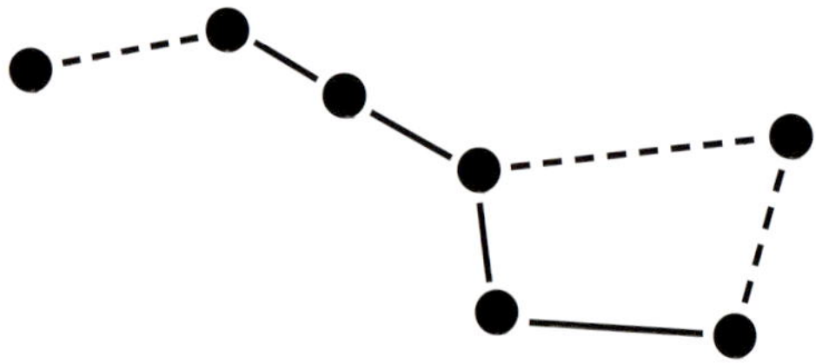

Sternbild: großer Wagen

Wahrnehmungstäuschung Wahrgenommenes stimmt mit der objektiv gegebenen Wirklichkeit nicht überein. Wahrnehmungstäuschungen können in allen Sinnesbereichen vorkommen.

geometrisch-optische Wahrnehmungstäuschungen: Besonders prägnant sind die geometrisch-optischen Täuschungen:

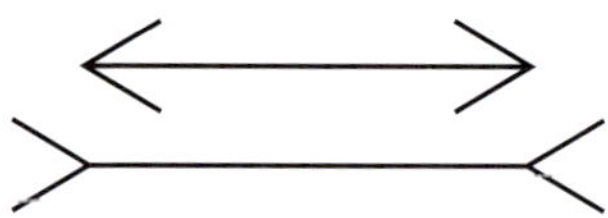

Müller-Lyersche-Pfeiltäuschung
untere Linie wird vom Betrachter als länger wahrgenommen.

Soziale Wahrnehmung Verhalten von Menschen in sozialen Situationen beeinflusst die Wahrnehmung z.B. durch Erwartungen → Vorurteile (S. 123), Werte, Normen, Gruppeneinflüsse. Engere Abgrenzung:

Selbstwahrnehmung: Das Bild, welches wir von uns selbst haben.

Fremdwahrnehmung: Das Bild, das andere von uns haben.

Metawahrnehmung: Unsere Vermutungen, wie andere uns sehen.

Wahrnehmungsfehler bei der Persönlichkeitsbeurteilung	liegen vor, wenn die eigene Wahrnehmung mit der Wirklichkeit nicht übereinstimmt.
Halo-Effekt, Hof-Effekt	Der Beurteiler lässt sich vom Gesamteindruck oder von einer dominanten Persönlichkeitseigenschaft leiten. So kann ein hilfsbereiter, freundlicher Schüler vom Lehrer unbewusst bei der Leistungsbeurteilung gegenüber anderen bevorzugt werden.
Milde-Effekt	Tendenz des Beurteilers, z. B. eine zu gute Note zu geben.
Erster Eindruck Primacy Effekt	Wahrnehmung eines Menschen in den ersten Sekunden, die sich zuerst auf das äußere Erscheinungsbild richtet.
Projektion	Lat. *proicere* (nach vorne werfen); eigene Wünsche, Bedürfnisse, Probleme oder Erwartungen werden auf andere Personen übertgragen bzw. hineingedeutet.
Pygmalion-Effekt, Rosenthal-Effekt, self-fullfilling prophecy	Verhalten, Leistung u. a. eines Kindes hängen davon ab, welche Erwartungen Personen (z. B. Lehrer, Eltern) meist unbewusst an das Kind stellt.
Selektion	Lat. *selectio* (Auswahl) aus einer Fülle von Reizen nehmen wir nur einen Ausschnitt wahr und richten unsere Aufmerksamkeit daraufhin aus.
Strenge-Effekt	Tendenz eines Beurteilers, z. B. eine zu schlechte Note zu geben.
Subjektivität	Wahrnehmungsfehler durch einseitiges Urteilen, vom eigenen Standpunkt ausgehend, Gefühlsbetonung und Parteilichkeit.
Stereotyp	vorgefasste, klischeehafte Meinung; Vorstellung über einzelne und Gruppen als Grundlage von Urteil und Wahrnehmung („alle Dicken sind gemütlich")
Vorurteile	sind über das Stereotyp hinausgehende, abqualifizierende, vorschnell und interessengerichtete Urteilsbildungen.
Wahrnehmungsleistungen im Verkehr	hier: Auswahl wesentlicher Befunde für die Verkehrserziehung im Vor- und Grundschulalter.
Bewegungssehen	Fähigkeit, den Verlauf der Bewegung vorauszusehen (auch Reaktionszeit und Bremsweg mit einkalkulieren).

Dikriminationsfähigkeit	Wesentliches und Unwesentliches trennen können, z. B. den Radfahrer aufmerksam beachten, der sich im Stau zwischen den Autos durchschlängelt.
Peripheriewahrnehmung	Sehen am Rande des Gesichtsfeldes, bei Kindern bis zu 6 Jahren deutlich geringer ausgeprägt.
Gesichtsfeldausfall	Phasen des Nichtsehens, z. B. durch Lidschlag, 10- bis 20-mal pro Minute beim Erwachsenen für je 0,3–0,4 Sekunden, bei Kindern leicht erhöht.

Wahrnehmungsstörungen

des Figur-Grundes	Unvermögen, ein Detail vom Hintergrund abzuheben und die Aufmerksamkeit darauf zu richten.
der Serialität	Unvermögen, zwei oder mehr Sinneseindrücke ihrer Bedeutung nach in eine sinnvolle Reihenfolge zu bringen oder auch die Struktur einer Abfolge zu erkennen oder zu reproduzieren. **Auswirkungen:** z. B. verzögerter Spracherwerb (Lautfolge in einem Wort wird nicht erkannt); Regelübertretung, da abgesprochene Reihenfolgen nicht eingehalten werden; Unvermögen, die Abfolge des Schleifebindens zu lernen.
der Propriozeption	Störung des Körperschemas, eine Vorstellung vom eigenen Körper fehlt. **Auswirkungen:** z. B. stolpern; hinfallen, andere anrempeln; Stühle etc. umwerfen; Schmerzunempfindlichkeit z. B. bei Hitze; Vorgaben beim Turnen nicht ausführen können.
der Visumotorik	Bewegungsplanung ist unvollständig, z. B. die Auge-Hand-Koordination. **Auswirkungen:** alle planvollen Bewegungen gelingen schwer, z. B. Zeichnen, Schreiben.
der Konstanzen	Gegenstand wird nicht wiedererkannt, wenn er seine Farbe, Lage oder Größe ändert.
der räumlichen Beziehungen	zwei oder mehr Gegenstände können nicht miteinander in Beziehung gesetzt werden. **Auswirkungen:** rechts/links Unterscheidung usw.; Aktion und Reaktion gelingen nicht.

des Bewegungssehens	Geschwindigkeiten können nicht eingeschätzt werden: fahrende Autos. **Auswirkungen:** Gefahren nicht sehen oder Vermeidungsverhalten.
Agnosie	Griech.-lat.: Nichterkennen; Unfähigkeit, wahrnehmbare Gegenstände trotz funktionierender Sinnesorgane zu erkennen und einzuordnen, z. B. Deuteranopie (Rot-Grün-Blindheit).
Halluzination	lat.: *hallucinari* = träumen, fesseln; Wahrnehmung von etwas, das nicht vorhanden ist, Wahnvorstellungen. Alle → Sinne (S. 120) können betroffen sein.
Illusion	Falsche Interpretation oder Umdeutung von Wahrnehmungen.

Sinnesbehinderungen

Blindheit	2 % Sehfähigkeit oder weniger.
Sehbehinderung	Fehlende Schärfe und Gesichtsfeldausfall z. B. durch verlängerten Lidschlag oder eingeschränkten Sehradius. Sehreste von 5–33 % auf dem besseren Auge, trotz Korrektur wird normale Sehfunktion nicht erreicht.
Sehstörungen	Unter anderem gestörtes Form- und Farbsehen; Blendempfindlichkeit, Flimmern, Doppelbilder, gestörtes Nachtsehen.
Gehörlosigkeit	Taubheit oder sehr eingeschränkte akustische Wahrnehmungsfähigkeit. Man unterscheidet:
• praelinguale	– praelinguale Gehörlosigkeit: Taubheit vor dem Spracherwerb,
• postlinguale	– postlinguale Gehörlosigkeit: Taubheit nach dem Spracherwerb.
Schwerhörigkeit	Oberbegriff für Schallleitungsbeeinträchtigung (gedämpft; leiser, aber richtig) bzw. Schallempfindungsbeeinträchtigung (verzerrt, hohe oder tiefe Frequenzen fehlen, Hörlöcher, „weißes" Geräusch = Nebengeräusch).
Hörstörungen	Gestörtes Richtungshören oder Lautdiskriminationsfehler, z. B. ss statt ff.
• Tinitus	Geräusche im Ohr ohne erkennbare Geräuschquelle: Brummen, Dröhnen, Rauschen, Zirpen, Summen.

Kategorie: **Emotionen, Motivation**

Emotionen

Gefühle, Erregungszustände, die das Verhalten steuern oder beeinflussen. Sie äußern sich
- physisch, z. B. durch Zittern, Schweißausbrüche, gesteigerte Blasen- und Darmtätigkeit.
- psychisch, z. B. durch Lust- und Unlustbekundungen wie Freude, Trauer, Angst, Wut und Zorn.

Basisemotionen

Nach Izard gibt es 10 Grundemotionen: Freude, Interesse / Begeisterung, Überraschung, Trauer, Wut, Ekel, Angst / Furcht, Verachtung, Scham, Schuld.

Interesse

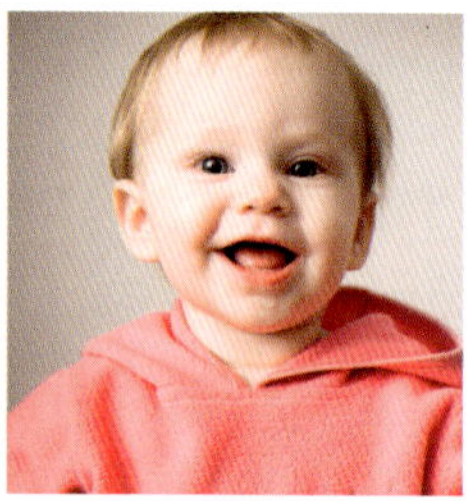
Freude

Angst

Entwicklung der Emotionen

Aus undifferenzierter Erregung im Neugeborenenalter entwickeln sich im 2. Lebensmonat Lust und Unlust. Ärger, Furcht und Weinen sind Begleiter der so genannten → Achtmonatsangst (S. 129).
Im 2. Lebensjahr sind Emotionsäußerungen differenzierter, von Erwachsenen als Leid, Zorn, Überraschung usw. interpretiert.
Im späten Vorschulalter und während der Grundschulzeit entwickeln sich → Schuldgefühle (S. 128), die sich auf Sachen („ich habe etwas zerstört"), auf Personen („ich habe den Vater belogen") und auf sich selbst („ich habe masturbiert") beziehen.
Ab der Vorpubertät fahren die Gefühle Achterbahn und entziehen sich mitunter jeglicher Kontrolle („ich will nicht mehr leben").

Emotionstheorien

- JAMES-LANGE-Theorie: geht davon aus, dass ein Reiz nicht direkt die Emotion auslöst, sondern zunächst körperliche Vorgänge verursacht, z. B. Herzrasen. Erst durch die Wahrnehmung der körperlichen Reaktionen entsteht die Emotion.
- CANNONBARD-Theorie: besagt, dass weder das bewusste Gefühl von der körperlichen Reaktion abhängig sein könne noch umgekehrt, sondern dass vielmehr die physiologische Aktivierung und die Erfahrung von Emotionen gleichzeitig entstehen.
- 2-Faktoren-Theorie: versucht, beide Theorien zu verknüpfen und besagt: Eine emotionale Erfahrung setzt eine bewusste Interpretation der physiologischen Erregung voraus. Diese Interpretation kann nur auf der Basis vorher gemachter Erfahrungen erfolgen.
- B.-WEINER-Theorie: geht zusätzlich davon aus, dass Emotionen zum einen unbewusst, aufgrund feststehender Schemata ablaufen, zum anderen aber auch bewusst entstehen können, wenn vorher eine kognitive Bewertung einer Situation vorliegt.
- Aus Sicht der Hirnforschung: Emotionen entstehen physiologisch gesehen aus dem Zusammenspiel gleichzeitig ablaufender Prozesse in unterschiedlichen Hirnstrukturen und deren synaptischen Verbindungen. Dabei sind mehrere Hirnbereiche beteiligt, vor allem der Hirnstamm, die Amygdala („Mandelkern" im limbischen System). Diese Aktivierung führt sowohl zu physiologisch-vegetativen als auch zu psychischen Prozessen, die sich als Emotionen äußern.

Bindung: anhaltende Beziehung zu einer Person, bei der das Kind Körperkontakt, Schutz und Geborgenheit sucht, vor allem in Situationen, in denen es sich unsicher, unbehaglich oder überfordert fühlt, wie in fremden Situationen oder vor fremden Menschen.

Bindungsentwicklung – 1.–2. Lebensmonat: weitgehend gleichartige Reaktion auf Personen, die seine Bedürfnisse befriedigen.
Ab 2.–4. Lebensmonat: Das Kind beginnt, Personen nach dem Geruch, der Stimme oder anderen Signalen zu unterscheiden.
Ab 7.–8. Lebensmonat: Beginn der → Achtmonatsangst, die sich z. B. im Weinen und Klammern an die Bindungsperson zeigt, wenn fremde Personen anwesend sind. Das Kind verlangt nach dem Gesicht, Geruch oder der Stimme der primären Bezugsperson, in der Regel die Mutter, auch wenn sie momentan nicht im Raum ist (→ Objektpermanenz (S. 111)).

Ab ca. 3 Jahren kann ein Kind die Absichten und Wünsche der Bindungsperson erkennen, zeitlich begrenzte Abwesenheit der Bindungsperson wird nicht als Zurückweisung empfunden.

Sympathie – Zuneigung durch z. B. hohes Maß an Übereinstimmung in der Art des Denkens, Erlebens und Fühlens.

Antipathie – Abneigung, Widerwille, im Gegensatz zu Sympathie.

Empathie – Einfühlungsvermögen.

Sensibilität – Empfindsamkeit.

affektiv – von heftigen Gefühlsregungen bestimmt.

labil – unausgeglichen.

apathisch – gleichgültig, teilnahmslos.

Minderwertigkeitsgefühl – Ein durch Vergleich mit anderen erlebtes Gefühl, weniger wert oder unterlegen zu sein; kann zu Persönlichkeitsstörungen führen. Wichtiger Begriff der Individualpsychologie A. Adler.

Schuldgefühle – treten infolge von Fehlverhalten, unerlaubten Verhaltensweisen oder Missachtung sozialer Normen auf (z. B. beim Lügen).

Urvertrauen – entwickelt sich nach Erikson in den ersten Lebensmonaten durch Bezugspersonen, die dem Kind Sicherheit und Geborgenheit vermitteln. Fehlendes oder mangelndes Urvertrauen kann zu Urmisstrauen führen und die emotionale und soziale Entwicklung negativ beeinflussen.

Angst	Lat.: *angustus* = eng; ein mit Beengung, innere Unruhe und Verzweiflung verknüpftes Gefühl. Angst ist nicht objektbezogen, sie richtet sich auf nichts Bestimmtes. Angst schützt uns aber auch vor Gefahren, z. B. im komplexen System des Straßenverkehrs.
Trennungsangst	Angst von Klein- und Vorschulkindern vor dem Verlust einer geliebten Bezugsperson, z. B. durch einen Krankenhausaufenthalt.
Achtmonatsangst	tritt ein, sobald der Säugling mit Sicherheit zwischen der primären Bezugsperson und einer fremden Person zu unterscheiden vermag. Im Durchschnitt ist dies mit 8 Monaten der Fall, daher der Name.
Furcht	ist objektbezogen und bezieht sich auf eine Bedrohung (z. B. auf den Hund des Nachbarn).
Phobie	Eine übersteigerte, krankhafte, irrationale Furcht, z. B. Agoraphobie = Platzangst.
Stress	Engl.: Druck; Reaktion eines Menschen, die durch äußeren und inneren Druck entsteht.
Stressoren/	Reize, die Stress verursachen.
Stressfaktoren	– psychisch: z. B. Schmerzen, Lärm, Hitze; – psychosozial: z. B. Ablehnung, Tod einer geliebten Person; – ereignisbezogen: z. B. Heirat, Leistungserwartung.
Eustress	Emotionaler Spannungszustand, der Lustgefühl hervorruft und Lustgewinn verspricht.
Disstress	wird durch negative Stressoren hervorgerufen, ohne dass (ausreichende) Möglichkeiten zur Bewältigung gesehen werden.
Stressbewältigung	→ Coping (S. 118)
Resilienz	→ S. 180
Salutogenese	→ S. 204
Aggression	Lat. *aggredi* = angreifen. Absichtsvoll eingesetzte schädigende Verhaltensweisen, die gegen Menschen, Tiere oder Sachen gerichtet sind.
Autoaggression	Aggression, die sich gegen die eigene Person richtet.
Gewalt	extreme Form der Aggression, die gesellschaftlich nicht akzeptiert wird.

Frustration — Lat. *frustratio*, Enttäuschung, nicht lustvoll erlebter Zustand.

Frustrationstoleranz — Die Fähigkeit, Enttäuschungen ertragen zu können.

Aggressionstheorien

Trieb/Instinkttheorien — Danach ist die Aggression ein angeborener Trieb, der nach Entladung sucht und deshalb häufig „überkocht“ (Dampfkesseltheorie); heute eher umstrittene Theorie.

Frustrations-Aggressions-Theorie — Aggressionen werden durch Frustration ausgelöst.

Kognitive Bewertungstheorie — Danach kann der denkende Mensch komplexe Prozesse bewerten und einordnen; so muss Frustration nicht zwangsläufig zu Aggression führen.

Lerntheoretische Ansätze — Aggressionen werden wie andere Verhaltensweisen gelernt, zum Beispiel durch Lernen am Erfolg: merkt ein Kind, dass es sich erfolgreich mit Aggressionen durchsetzen kann, wird es das Verhalten in ähnlichen Situationen wiederholen. Beim Lernen durch Beobachten (→ Modelllernen (S. 90)) wird gelernt, was bei anderen gesehen bzw. gehört wird. Zahlreiche Untersuchungen belegen heute den Zusammenhang von Gewaltdarstellungen in den Medien und den Anstieg von Aggressionen im Kindes- und Jugendalter.

Motivationen

Motiv — Lat.: *motivum* = Beweggrund. Motive führen zur Motivation.

Antriebsmotive, Primärmotive — Bedürfnis, einen homöostatischen Zustand (physiologische Gleichlage) zu erreichen. Antriebsbefriedigung erfolgt z. B. durch Aufnahme von Nahrung, Sauerstoff oder durch Körperschutz (Kleidung).

Anreizmotive — sie erreichen unsere Aufmerksamkeit insbesondere durch Interessenwahrnehmung.

- Interesse — Lat.: *inter esse* = dabei, dazwischen sein; drückt aus, dass ein Individuum bestimmten Dingen der Umwelt gezielte Aufmerksamkeit schenkt.

Handlungsmotive — Beweggründe des Handelns; sind komplex und persönlichkeitsbezogen, wie z. B. Macht, Geld aber auch Idealismus, Anerkennung. → Motivationsvariablen.

Sozialmotive — Bedürfnis nach Gruppenzugehörigkeit (z. B. Kindergartengruppe), nach sozialer Anerkennung.

Motivation — Damit beschreiben wir, was einem Menschen die Energie zu seinem Tun verleiht und was die Ausrichtung seiner Tätigkeit bestimmt. Handlungs- und Lernbereitschaft können im Zusammenhang mit Bedürfnisbefriedigung aus dem Verhalten erschlossen werden.

Motivationsvariablen — Verhalten (V) hängt von der Person (P) selbst und der Umwelt (U) ab. Die drei Variablen beeinflussen sich gegenseitig.

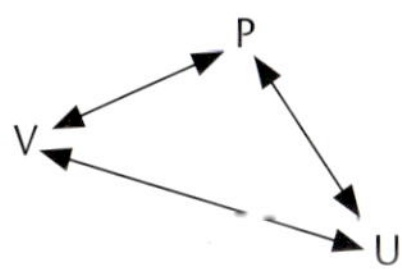

Persönlichkeitsvariablen — sind zum Beispiel Leistungsbedürfnis (Motivation durch erlebten Erfolg/Misserfolg) Gefallen am anderen Geschlecht, Machthunger.

Umweltvariablen — sind zum Beispiel Belohnung, soziale Anerkennung.

Intrinsische Motivation — Motivation scheint nicht nur durch Umweltvariablen beeinflussbar. Eine Art der Motivation, die ohne Verstärkung von außen auskommt, wird als intrinsische Motivation bezeichnet. Sie entsteht beispielsweise aus einer Arbeit bzw. Tätigkeit heraus, die selbst als belohnend erlebt wird aufgrund ihrer „innewohnenden" Anreize.

Flow-Erlebnis — Nach CSÍKSZENTMIHÁLYI ein Zustand des „Fließens"; umfassendes Gefühl des Aufgehens in einer Tätigkeit; Voraussetzung: klare Handlungsstruktur. Der Handelnde muss ein Ziel erkennen können. Vermutlich sind Computerspiele bei Jugendlichen so beliebt, da sie eindeutig Flow-Erlebnisse vermitteln. Rückmeldungen geben den Jugendlichen Klarheit über ihr Handeln.

Leistungsmotivation

Kinder entdecken bereits mit ca. 3,5 Jahren Wettbewerbssituationen, d.h. sie erkennen, dass sie eine Aufgabe besser oder schlechter bewältigen als andere. Die erfolgreiche Lösung wird auf die eigene Tüchtigkeit zurückgeführt. Es entwickelt sich beim Kind Hoffnung auf Erfolg – Furcht vor Misserfolg.

Anspruchsniveau: Selbstgesetzter Maßstab persönlicher Leistungsbereitschaft (→ Glück, → Leistungsmotivation).

Erklärungsansätze Motivation

evolutionspsychologisch: Dieser Ansatz geht davon aus, dass der Mensch bestimmten → Instinkten folgt. Diese Annahme konnte jedoch nicht aufrechterhalten werden. Es bleibt allerdings die Annahme bestehen, dass arttypisches Verhalten genetisch angelegt ist.

- **Instinkt**: bezeichnet ein (komplexes) sinnhaftes Verhalten oder eine Verhaltensdisposition, die nicht erlernt werden muss und von jedem Mitglied einer Gattung gleichermaßen als Muster festgelegt ist.

triebtheoretischer Ansatz: geht davon aus, dass Motivation aus dem Organismus heraus entsteht, um bestimmte Triebe zu befriedigen. Hauptvertreter: Der Psychoanalytiker SIGMUND FREUD.

optimale Aktivation und Neugier: geht davon aus, dass der Mensch ohne Stimulation Langweile verspürt und diese durch motiviertes Verhalten abzustellen versucht. Umgekehrt kommt bei zu starker Stimulation → Stress (S. 129) auf und der Mensch versucht, die Erregung zu verringern. Die Suche nach Stimulation führt zu Neugierverhalten („Lust auf Neues").

Selbstwirksamkeit: In seinem Selbstwirksamkeitskonzept geht ALBERT BANDURA davon aus, dass einem möglichen Verhalten immer eine Einschätzung der Bewältigung einer Situation (Selbstwirksamkeit) und eine bestimmte Erwartung bezüglich des Ergebnisses des Verhaltens (oder der Handlung) vorgestellt wird.

Attribution	Lat. *attribuere* = zuteilen, zuschreiben. Attribution steht im engen Zusammenhang mit der Selbstwirksamkeit. Sie misst bestimmten Situationen eine gewisse Bedeutung zu, die dazu führt, dass der betreffende Mensch glaubt, dass er diese Situation meistern (kontrollieren) kann oder dass er eher das Gefühl hat, die Situation kontrolliere ihn (z. B. in einer mündlichen Prüfung zu sitzen und zu spüren, dass der Prüfer die Oberhand hat und man selbst ihm ausgeliefert ist). Im ersten Fall sprechen wir von *internaler* und im zweiten von *externaler* Kontrolle.
Glück	Kann man auffassen als ein Hochgefühl, das vom Wunsch nach Beständigkeit bzw. Wiederholung dessen gekennzeichnet ist. Glück kann im weitesten Sinne als Ausmaß der empfundenen Lebensqualität bezeichnet werden.
Was macht glücklich?	Der Hirnforscher MANFRED SPITZER sagt dazu: „Das Zusammensein mit der Familie, mit Freunden, Sex, ja sogar die Qualität und Sicherheit unserer Arbeit stellen Erfahrungen dar, an deren positive Auswirkungen wir uns nicht gewöhnen. Glück rührt also von unseren Erfahrungen her, vor allem von unseren Erfahrungen mit anderen Menschen". (SPITZER 2007)[1]
Glücksfaktoren	Die Glücksforschung hat sieben differenzierte Glücksfaktoren identifiziert:
• persönliche Faktoren	... ein gutes Selbstwertgefühl zu haben, optimistisch zu sein, auf andere zugehen zu können und liebenswürdig zu sein.
• Einkommen	... eine stabile finanzielle Situation zu haben, seinen Lebensunterhalt finanzieren zu können.
• Familiäre und soziale Beziehungen	... enge Freundschaften zu haben oder glücklich verheiratet zu sein.
• befriedigende Arbeit	... eine Arbeitsstelle und Hobbys zu haben, bei denen man seine Fähigkeiten einsetzen kann.
• Lebensphilosophie	... einen sinnstiftenden religiösen Glauben zu haben.
• Gesundheit	... gut schlafen zu können und Sport zu treiben. Zugang zum Gesundheitssystem zu haben.

- soziales und gesellschaftliches Umfeld — ...ein sicheres und qualitativ gutes Lebensumfeld zu haben.

Bedürfnishierarchie

Aus Sicht der → humanistischen Psychologie (S. 79) geht A. Maslow davon aus, dass menschliche Bedürfnisse in einer Hierarchie (Rangfolge) angeordnet sind.

Die Bedürfnisse aus den unteren Ebenen beherrschen die Motivation eines Menschen so lange, wie sie hinreichend befriedigt werden. Sind sie jedoch angemessen erfüllt, so beschäftigen die höheren Bedürfnisse die Aufmerksamkeit und die Wünsche des Menschen.

[1] Spitzer, M.: Kann, darf, soll oder muss man Glück wissenschaftlich untersuchen? In: Spitzer, M./Bertram, W. (Hrsg.): Braintertainment – Expeditionen in die Welt von Geist und Gehirn. Stuttgart: Schattauer, 2007

Kategorie: **Gedächtnis und Intelligenz**

Kognition
(Denken) umfasst alle mentalen Prozesse von der Reizaufnahme, Verarbeitung, Erinnerung und alle die mit dem Kommunizieren einhergehen. Der Begriff bezeichnet alle mentalen Prozesse und Strukturen eines Individuums wie Gedanken, Meinungen, Einstellungen, Wünsche, Absichten. Gleichzeitig sind Kognitionen auch Informationsverarbeitungsprozesse in denen Neues gelernt und Wissen verarbeitet wird, z. B. in Bezug auf Denken und Problemlösung.

kognitive Plastizität
bezeichnet die *Flexibilität und Veränderbarkeit unseres Gehirns.*
Je nach Anforderung ist unser Gehirn dazu fähig, dass in bestimmten Hirnregionen Schaltkreise deutlich ausgeprägter als in anderen wachsen. Dabei entscheidet das Ausmaß der Anregung von außen, d. h. die umweltbedingte Stimulation darüber, ob und wie die Verbindungen zwischen den Neuronen geknüpft werden.

Bewusstsein
Wenn wir über Bewusstsein sprechen, verstehen wir darunter die subjektive Vergegenwärtigung von Erlebnissen durch Wahrnehmen aller unmittelbar zur Verfügung stehender Reize (von außen und innen), Vorstellungen sowie Fühlen und Denken.

Gedächtnis
Fähigkeit des Gehirns, aufgenommene Informationen (z. B. Fremdwörter) zu speichern, mit anderen Informationen zu assoziieren und sie gezielt wieder abrufen zu können.

Einspeichermodell
HERMANN EBBINGHAUS begründete 1885 die psychologische Gedächtnisforschung. Seine Theorie vom Einspeichermodell ging von einem weitgehend undifferenzierten Gedächtnisspeicher aus, in dem Informationen „eingesammelt" werden. Die → Mehrspeichermodelle (S. 136) ab ca. Mitte des vergangenen Jahrhunderts spiegeln heutige Sichtweisen.

Mehrspeichermodelle	Mehrspeichermodelle gehen von mehreren unterscheidbaren Bereichen des Gedächtnisses aus, die jeweils unterscheidbare Funktionen aufweisen. Die Existenz unterschiedlicher Funktionsbereiche lässt sich darauf begründen, dass bei bestimmten Störungen des Gehirns unterschiedliche Funktionen gestört sein können. Man unterscheidet nach ATKINSON und SHIFFRIN (1968) die sensorischen Speicher, das Kurzzeitgedächtnis und das Langzeitgedächtnis.
• Die sensorischen Speicher	Entsprechend unserer Sinnesarten kann ein Reiz auf visuelle (sichtbare), auditive (hörbare), haptische (den Tastsinn ansprechende), olfaktorische (geruchliche) oder gustatorische (geschmacklicher) Art aufgenommen werden. Zusammen bilden sie die sensorischen Speicher oder Register (ATKINSON & SHIFFRIN, 1968). Der zeitliche Umfang des sensorischen Speichers beträgt zwischen Sekundenbruchteilen im visuellen bis ca. 2 Sekunden im auditiven Bereich.
• Kurzzeitgedächtnis	Es gelangen nur Informationen, auf die sich die Aufmerksamkeit richtet, ins „Kurzzeit- oder Arbeitsgedächtnis", also in unser Bewusstsein. Dort werden sie für einige Sekunden bis Minuten behalten und bearbeitet. Treten Störungen ein, wird die vorhandene Information durch die neue, nachfolgende „ersetzt". Der amerikanische Psychologe GEORGE A. MILLER (1956) hat in einer Untersuchung herausgefunden,
– Gedächtnisspanne	dass die *Gedächtnisspanne* und damit das bewusste Erleben durchschnittlich 7 ± 2 „Chunks" (Elemente, Inhalte) umfassen. Das Kurzzeitgedächtnis umfasst ca. 10 Sekunden.
• Langzeitgedächtnisse	Informationen können vom Kurzzeitgedächtnis ins Langzeitgedächtnis transferiert und dort langfristig abgespeichert werden. Für die Kontrolle wie und wo etwas im Langzeitgedächtnis abgespeichert wird, ist der → Hippocampus (S. 139) verantwortlich. Je nach Art und Bedeutung werden die Informationen in verschiedenen Gedächtnissen abgespeichert.

1. *Episodisches Gedächtnis*: Hier sind Ereignisse, Erfahrungen, Erlebnisse oder bestimmte Begebenheiten der individuellen Lebensgeschichte gespeichert (das persönliche „Tagebuch"). Unser episodisches Gedächtnis ist somit gleichsam der Ort unserer Identität und unseres Selbst, denn dort ist auch abgespeichert, was wir mögen, wer wir sind, letztlich unser Charakter. Lokalisiert ist dieser Bereich vor allem im Frontalhirn (temporofrontaler Cortex).
2. *Semantisches Gedächtnis*: In diesem Bereich ist unser „Weltwissen" abgespeichert. Alles, was wir in der Schule oder im Leben an Fakten erlernt haben, ist dort abgelegt. Hier sind Kulturwissen und Wortschatz einer Person gespeichert, ebenso in Worte fassbare Beschreibungen (Theorien) von Wahrnehmungsinhalten. Für diesen Speicher ist es im Gegensatz zum episodischen Gedächtnis unerheblich und ohne Bedeutung, wo und wann wir etwas erfahren haben. So wissen wir alle, dass ein Wal ein Säugetier ist, jedoch nicht, wann wir dies von wem gehört haben. Das semantische Gedächtnis findet sich im gesamten Schläfen- und Scheitellappen.
3. *Perzeptuelles Gedächtnis*: Dieser Leistungsbereich ermöglicht uns das Erkennen von Gegenständen oder Teilen unserer Umwelt durch Ähnlichkeitsurteile (z. B. unterschiedliche Typen werden als Auto erkannt; eine Landschaft trotz unterschiedlicher Jahreszeiten). Hierunter fällt z. B. auch die Gesichtserkennung. Diese Erkennensleistungen geschehen zu einem großen Teil unbewusst, deshalb bildet das perzeptuelle Gedächtnis den Übergangsbereich zu den unbewussten oder nicht-sprachlichen Gedächtnisfunktionen.
4. *Prozedurales Gedächtnis*: Hier sind Programme für gelernte Bewegungs- und Handlungsabläufe gespeichert (z. B. aufrecht gehen, Fahrradfahren, Kippe am Reck, etc.). Wenn wir Handlungen zum ersten Mal ausführen, findet die Steuerung vorwiegend im motorischen Cortex der Großhirnrinde statt, je automatisierter eine Handlung ist (z. B. Gehen, Autofahren), desto stärker wird sie vom Kleinhirn übernommen.

5. *Priming-Gedächtnis*: Dieses lässt frühere Wahrnehmungen leichter wieder erkennen, welche in die gleiche Bedeutungskategorie fallen wie der auslösende Reiz oder Hinweis, ohne dass es zu einer bewussten Erinnerung an diese Reize kommt. Priming lässt sich auch mit „Bahnung" umschreiben. Als Beispiel kann folgender Test genannt werden: Stellen Sie sich eine saftige Bergwiese vor. Danach einen Bauern der einen großen Trog mit weißer Flüssigkeit rührt. Dann eine Scheune mit einem großen Misthaufen. An welches Tier denken sie gerade?

- Arbeitsgedächtnis

Baddeley beschrieb (1986) das Modell des „Arbeitsgedächtnisses", welches aus mehreren weitgehend voneinander unabhängigen Subsystemen besteht. Es werden hierbei folgende Systeme unterschieden:

Phonologische Schleife
Auditive Informationen werden in der phonologischen Schleife ca. 2 Sekunden aufrechterhalten. Werden sie in dieser Zeit nicht durch innere Wiederholung (Artikulation des Gehörten) aufgefrischt, gehen sie verloren.

Visuell-räumlicher Notizblock
Hier werden visuelle Informationen kurzzeitig gespeichert und verarbeitet.

Episodischer Puffer
Subspeicher des Arbeitsgedächtnisses, welcher in der Lage ist, Informationen aller Sinne kurzfristig zu speichern und sinnhaft zu verknüpfen („Episoden" zu bilden).

Zentrale Exekutive
Die drei genannten Teilbereiche arbeiten weitgehend unabhängig voneinander, so lange Prozesse nach festgelegten Schemata ablaufen können. Wird z. B. verlangt, dass ein Wort nicht vorwärts, sondern rückwärts aufgesagt wird, funktionieren die gewohnten Schemata nicht mehr. Die zentrale Exekutive muss eingreifen und neue Möglichkeiten der Problemlösung finden. Sie ist immer dann gefragt, wenn eine Anforderung eine Abweichung vom Bekannten – und damit Kreativität – verlangt.
Neben der Übernahme komplexer kognitiver Tätigkeiten ist es auch Aufgabe der Zentralen Exekutive, die vorhandene Rechenkapazität unseres Gehirns optimal den untergeordneten Systemen zuzuweisen.

Hippocampus

Der Hippocampus (lat.: = Seepferdchen) ist ein Teil des limbischen Systems. Alle neuen bewusst wahrgenommenen Informationen und Lerninhalte müssen auf ihrem Weg ins → Langzeitgedächtnis (S. 136) zunächst den Hippocampus durchlaufen. Dort finden Bewertungs- und Kontrollprozesse statt. D. h. es wird dort entschieden, ob und wie etwas gemerkt wird, mit welchen bereits bekannten Inhalten neue Inhalte verknüpft werden und auch in welchen Hirnregionen die neue Information abgespeichert werden soll.

Nervenzellen

Nervenzellen sind Zellen, die für die Reizaufnahme sowie die Weitergabe und Verarbeitung von Nervenimpulsen (Erregungsleitung) zuständig sind und kommen sowohl im Gehirn als auch im Körper (Peripherie) vor.

Axon (bzw. Neurit)

Das Axon ist ein langer Fortsatz der Nervenzelle, welcher der Weiterleitung der Nervenimpulse dient. Die Aktionspotenziale werden über das Axon zu anderen Nervenzellen in Gehirn oder Körper fortgeleitet.

Dendrit

Dendriten sind kleinste Verästelungen des Nervenzellkörpers, die über → Synapsen den Kontakt zu anderen Nervenzellen oder deren Axonen herstellen und von ihnen Erregungen empfangen.

Synapse

Synapsen stellen die Kontakte von einer Nervenzelle auf eine andere Nervenzelle (interneuronale Synapsen) oder einen anderen Zelltyp (Muskelzelle, Drüsenzelle, Sinneszelle) her. Über sie findet die Reizübertragung statt.
Es existieren elektrisch und chemisch arbeitende Synapsen, wobei es bei den chemischen eine Vielzahl unterschiedlicher Funktionsweisen gibt.

Mnemostrategien

Eine spezielle Form von Gedächtnishilfen wie Merksätze, Eselsbrücken etc. bis hin zu komplexen Merksystemen, die Abspeicherung und Abruf von Informationen verbessern sollen.

Encodierung

Bei der Encodierung handelt es sich um einen mehrstufigen Prozess, in dem ein physikalischer Reiz in hirneigene Sprache (den neuronalen Code) übersetzt wird, die vom Gehirn entschlüsselt und weiterverarbeitet werden kann. Der Ansatz der Verarbeitungstiefe (levels of processing) besagt, dass wahrgenommene Reize unterschiedlich verarbeitet werden. Die Verarbeitungstiefe wird von den Intentionen und dem Vorwissen des Individuums, der Art des Reizes und der verfügbaren Verarbeitungszeit bestimmt. Das Erinnern verbessert sich mit zunehmender Verarbeitungstiefe.

Denken

Unter Denken werden alle Vorgänge verstanden, die zum Ziel haben, durch eine innere Beschäftigung mit Vorstellungen, Gedächtnisinhalten (Wissen und Erinnerungen) sowie Begriffen zu einer Erkenntnis (i. S. einer Problemlösung) zu gelangen.

Deduktion

Bei der Deduktion (lat.: Ableitung, Herleitung) geht es darum, durch das Erkennen einer logischen Regel bei einer gegebenen Bedingung eine Schlussfolgerung auf die logische Konsequenz abzuleiten.

Induktion

Unter Induktion versteht man die Ableitung einer allgemeinen Regel durch eine oder mehrere Bedingungen, d. h. das genau umgekehrte Vorgehen wie bei der → Deduktion. Zunächst werden eine Reihe von Einzelbeobachtungen gemacht, diese sinnhaft verknüpft und dann eine allgemeine Gesetzmäßigkeit daraus gefolgert. Da aus Einzelfällen abgeleitet wird, ist die Schlussfolgerung möglicherweise nicht wahr, allerdings können neue Erkenntnisse gewonnen werden.

Einsicht

Einsicht bedeutet zum einen, dass Eigenschaften und Beziehungen eines Gegenstandes oder einer Situation hinreichend genau erkannt, geistig erfasst und sachlich richtig begriffen worden sind.

Zum anderen wird der Begriff Einsicht in der Psychologie auch für das Phänomen genutzt, wenn ein Individuum plötzlich (blitzartig) auf die Lösung eines Problems stößt, ohne dass es ihm genau bewusst ist, wie es auf die Lösung kam (Aha-Erlebnis).

– Intuition

Im allgemeinen Sprachgebrauch wird dies **Intuition** genannt.

Intelligenz

Lat.: *intellegere, intelligentia, intellectus* = Einsehen, Verstehen, Verstand. Intelligenz ist ein Bestandteil der Persönlichkeit und hat einen wichtigen Einfluss auf die → Entwicklung (S. 103).

Es existiert eine ganze Reihe von Definitionen zum Begriff Intelligenz. Allgemein gültig ist die von David Wechsler (1964): „Intelligenz ist die zusammengesetzte oder globale Fähigkeit des Individuums, zweckvoll zu handeln, vernünftig zu denken und sich mit seiner Umgebung wirkungsvoll auseinander zu setzen."

Gemäß Bildungsministerium ist Intelligenz auch die Fähigkeit, sich in neuen Situationen auf Grund von Einsichten zurechtzufinden → oder Aufgaben mit Hilfe des Denkens zu lösen, ohne dass hierfür die Erfahrung, sondern vielmehr das Erkennen von Beziehungen das Wesentliche ist.

fluide Intelligenz

Nach R. Catell (1957) bezeichnet fluide Intelligenz die generelle Fähigkeit, zwischen Neuem und Bekanntem, Wichtigen und Unwichtigem zu unterscheiden und Beziehungen zwischen den Dingen herzustellen. Sie ist gekennzeichnet durch die die Geschwindigkeit und Zielgerichtetheit der Informationsverarbeitung und zeigt sich in der Konzentration, der Merkfähigkeit, der Lernfähigkeit und der Fähigkeit logische Zusammenhänge herstellen zu können.

kristalline Intelligenz

Kristalline Funktionen sind nach Catell im Laufe der Zeit erworbene Inhalte des Langzeitgedächtnisses wie Sprachen, Wissen, das kleine Einmaleins, Problemlösestrategien die wir in Problemsituationen zielgerichtet wieder anwenden können.

Generalfaktortheorie nach Spearman

Spearman formulierte 1904 die Generalfaktortheorie der Intelligenz. Er ging davon aus, dass alle Leistungen durch einen einzigen Faktor, nämlich „g" (geistige Energie) bestimmt werden. Der g-Faktor beeinflusst alle spezifischen kognitiven Leistungen (s-Faktoren).

Alltagssprachlich könnte man die spezifischen Faktoren als → *Begabung* (S. 144) oder *besonderes Geschick* bezeichnen. Wie stark sich jedoch diese Begabung auswirkt, hängt von der allgemeinen geistigen Energie „g" ab.

Theorie der sieben primären Gruppenfaktoren

Thurstone geht davon aus, dass sich alle beliebigen kognitiven Leistungen auf einen von sieben voneinander weitgehend unabhängigen Bereiche beziehen lassen.

Die sieben Faktoren sind:
1. Gedächtnis (memory)
2. Rechengewandtheit (number, numerical)
3. Auffassungsgeschwindigkeit (perception, perceptual)
4. Logisches Denken (reasoning, logical thinking)
5. Raumvorstellung (space, spatial perception)
6. Sprachliche Gewandtheit (verbal, verbal relations)
7. Wortflüssigkeit (word or verbal fluency)

Multiple Intelligenzen

H. Gardner geht davon aus, dass Menschen verschiedene „Typen" von Intelligenzen besitzen und deshalb auf unterschiedliche Arten lernen, sich erinnern, Dinge ausführen und verstehen („multiple Intelligenzen")

Die Intelligenz eines Menschen stellt die Summe der verschiedenen Einzelintelligenzen dar:
- sprachlich (linguistisch)
- logisch-mathematisch
- musikalisch
- räumlich
- körperlich-kinästhetisch
- interpersonal
- intrapersonal
- naturalistisch
- existenziell

Intelligenzquotient (IQ)

wurde ursprünglich definiert als das Verhältnis von Intelligenzalter (IA) zum Lebensalter multipliziert mit 100.

In neueren Intelligenztests wird die durchschnittliche Leistungsfähigkeit einer bestimmten Altersgruppe mit einem Wert von 100 gleichgesetzt.

Die Berechnungsgrundlage Termans (1916):

$$IQ = \frac{\textbf{Intelligenzalter}}{\textbf{Lebensalter}} \times 100$$

Wechsler Intelligenztest

Der heute nahezu weltweit gebräuchlichste Intelligenztest ist die *Wechsler Adult Intelligence Scale*. Die WAIS IV setzt sich aus vier Index-Scores zusammen, die die übergeordneten Komponenten der Intelligenz abbilden:

- Sprachverständnis (Verbal-Comprehension-Index, VCI),
- wahrnehmungsgebundenes logisches Denken (Perceptual Reasoning Index, PRI),
- Arbeitsgedächtnis (Working Memory Index, WMI),
- kognitive Verarbeitungsgeschwindigkeit (Processing Speed Index, PSI).

Diese Aufteilung ermöglicht eine differenzierte Einschätzung des Intelligenzniveaus einer Person (Gesamt-IQ) und gleichsam gezielte Aussagen über Stärken und Schwächen einer Person. Zusätzlich können Verlaufsanalysen wertvolle Hinweise für fundierte Interventionen geben.

Gauss´sche Normalverteilung

Bei einer *Normierung* bilden fast alle natürlich zustande gekommenen Werte, egal ob man die Körper- oder die Schuhgröße, das Gewicht oder die *Intelligenz* einer großen Anzahl von Menschen misst, in der Regel eine sog. Gauss´sche Normalverteilung, die sich glockenförmig um den → Mittelwert (S. 26) anordnet.
In einer Normalverteilung liegen 68 % der Getesteten um den Mittelwert mit einer → Standardabweichung (S. 27) von 15 Punkten.

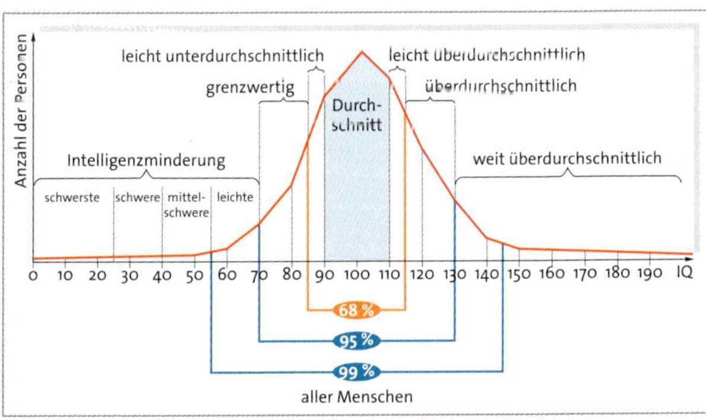

Verteilung von Intelligenzwerten

Intelligenztraining

Eher unscharfe Bezeichnung von Maßnahmen zur Förderung intellektueller Fähigkeiten.

Intelligenzminderung

Einschränkung der kognitiven Leistungsfähigkeit.

Leichte Intelligenzminderung:
IQ Werte ca. 69–55. Betroffene können konkrete Arbeit verrichten, sich selbst versorgen, soziale Beziehungen aktiv gestalten, Kulturtechniken wie Rechnen, Schreiben, Lesen in den Grundzügen lernen.

Mittelschwere und schwere Intelligenzminderung
IQ Werte ca. 54–40 und schweren Grades, IQ Werte ca. 39–25. Konkretes Denken, einfache Sprache, tiefe Gefühlsregungen sind möglich. Erlernen der Kulturtechniken gelingt kaum oder nicht. Betroffene brauchen Betreuung und Schutz im Alltag.

Begabung

Die Summe aller Lernfähigkeiten eines Menschen: intellektuell, künstlerisch, sportlich etc. Begünstigend wirken sich dabei Umweltvariablen wie → Motivation (S. 131), Ausdauer und Interesse auf erfolgreiches Lernen aus.

Hochbegabung

Neben einem hohen IQ von > 130 sind wesentliche Kennzeichen: überdurchschnittlich hohes Entwicklungsniveau, Motivation, Energie, Anstrengungsbereitschaft, hohe Lerngeschwindigkeit, Abstraktionsfähigkeit.

Interferenz

Hiernach werden Informationen dann vergessen, wenn sie durch neue Informationen überlagert oder gestört werden. Vergessen wäre in diesem Sinne eine „Überlagerung" alter Inhalte durch ähnliche neuere Informationen. So können nachfolgende Lernprozesse unmittelbar vorangegangenes Lernen völlig überschreiben. Dies wird *Retroaktive oder rückwirkende Hemmung* genannt. Besonders wirksam wird dieser Prozess bei großer Ähnlichkeit der Lerninhalte („Ranschburg`sche Hemmung") oder wenn zwei Inhalte sehr stark miteinander assoziiert sind: Diese lassen sich schwer wieder voneinander lösen (assoziative Hemmung). Beispiel: Brief engl. lette*r*, franz. lett*re*.

Kategorie: **Einstellungen**

Einstellung

Wertende Urteilstendenz, die sich auf ein Objekt (= Einstellungsobjekt) richtet und damit auf alle Dinge, die bewusst als Reizquelle wahrgenommen werden können. Dabei spielt es keine Rolle, ob diese Dinge greif- oder messbar sind (z. B. ein Stein) oder nur gedanklich bestehen (Träume, das Jenseits etc.).

Merkmale von Einstellungen

1. Jede Einstellung richtet sich auf ein Objekt, welches der Gegenstand einer Einstellung ist.
2. Jeder Reiz, der bewertet werden kann, kann zu einem Einstellungsobjekt werden und damit alles, womit man sich bewusst auseinandersetzt.
3. Einstellungen sind subjektiv, da sie an die persönliche Wahrnehmung und Verarbeitung des jeweiligen Einstellungsobjektes gebunden sind.
4. Einstellungen können nicht direkt beobachtet werden. Sie können nur indirekt rückwirkend anhand des jeweils gezeigten Verhaltens (z. B. Aussagen, Handlungen, mimischer Gesichtsausdruck etc.) erschlossen werden.
5. Einstellungen unterscheiden sich im Hinblick auf deren Stärke und Ausrichtung: z. B. kann ein Schüler zum Mathematikunterricht eine eher neutrale Einstellung, eine stark positive oder auch eine stark negative Einstellung haben.
6. Einstellungen unterscheiden sich im Hinblick darauf, wie schnell ein wertendes Urteil über ein Einstellungsobjekt getroffen werden kann. Je schneller, desto zugänglicher (spontan greifbarer) ist die betreffende Einstellung, was dafür spricht, dass es sich um eine stark positive oder negative Einstellung handelt bzw. das Einstellungsobjekt stark emotional aufgeladen ist.

Komponenten (Bestandteile) von Einstellungen

setzen sich aus einer *affektiven Komponente*, einer *kognitiven Komponente* und einer *Verhaltenskomponente* zusammen:

- affektive Komponente

meint Gefühle (affektive Reaktionen), die sich zeigen, wenn die Aufmerksamkeit auf das Einstellungsobjekt gerichtet wird.

• kognitive Komponente	besteht aus sachlichen Eigenschaften und Überzeugungen, die wir einem Einstellungsobjekt zuschreiben (z. B. schmeckt lecker, ist ungesund, macht dick etc.).
• Verhaltenskomponente	Die Erinnerung an bisherige Verhaltensweisen gegenüber dem Einstellungsobjekt (z. B. „ich habe mir nie Zuckerwatte gekauft") oder die weitgehend automatisiert ablaufenden physiologischen Reaktionen beim Treffen auf ein Einstellungsobjekt (z. B. höherer Herzschlag, wenn man einen Haifisch sieht).
Organisation von Einstellungen	Einstellungen können im Hinblick auf die drei Komponenten von Einstellungen unterschiedlich zusammengesetzt bzw. dominiert werden: *affektiv* basierte, *kognitiv* basierte und *verhaltensbasierte* Einstellungen: *affektiv* basiert: Einstellungen, bei denen mehr die Gefühle ausschlaggebend sind bzw. im Vordergrund stehen anstatt Überzeugungen, sachliche Eigenschaften oder Erfahrungen (z. B. Einstellung zu Spinnen durch Angst geprägt). *Kognitiv* basiert: Eigenschaften, die einem Objekt zugeschrieben werden, stehen im Vordergrund. Hier geht es darum, ein Objekt nach seinen Vor- und Nachteilen zu bewerten (der Staubsauger ist günstig, er hat eine gute Saugkraft, ist stromsparend und leise). *Verhaltensbasierte* Einstellungen beruhen darauf, dass sie auf Beobachtungen darüber basieren, wie man sich dem Einstellungsobjekt gegenüber verhält. Die Einstellung ist mehr durch die Beobachtung des eigenen Verhaltens begründet als durch Kognition oder Affekt.
Struktur von Einstellungen	meint, zu welchem Gesamtbild sich die drei Einstellungskomponenten bzgl. eines Einstellungsobjektes zusammenfügen. Zu unterscheiden ist zwischen einer → eindimensionalen und einer → zweidimensionalen Ausrichtung.

• eindimensionale Struktur	Die affektive Komponente, die kognitive Komponente und die Verhaltenskomponente ergeben eine einheitliche Gesamtbewertung des Einstellungsobjektes und sind damit auf einer Bewertungsdimension angesiedelt (positiv oder neutral); z. B. Freude beim Anblick von Erdbeereis (affektive Komponente). Erdbeereis schmeckt lecker, Erdbeereis sieht schön aus (kognitive Komponente). Als ich klein war, hat mir meine Mama immer Erdbeereis gekauft oder das Wasser läuft mir im Mund zusammen, wenn ich Erdbeereis sehe (Verhaltenskomponente).
• zweidimensionale Struktur	Die Bestandteile der affektiven, kognitiven und der Verhaltenskomponente ergeben kein eindeutiges Bild bzw. können sogar gegensätzlich sein; z. B. Freude beim Anblick eines Porsches (affektive Komponente), ein Porsche ist laut – schlecht für die Umwelt, Porschefahrer sind rücksichtslos (kognitive Komponente), ich habe noch nie einen Porsche besessen, nur mein reicher Nachbar (Verhaltenskomponente).
subjektive Bedeutung der Einstellung	Einstellungen sind von unterschiedlicher persönlicher Wichtigkeit, d. h. in einem → Einstellungssystem (S. 150) sind sie für die betreffende Person wichtiger, wenn sie eng mit seiner → Identität (S. 118) oder seinem Wertesystem verbunden sind. Z. B. die Einstellung zu Kohlekraftwerken ist bedeutsam, da Umweltschutz ein hoher Wert ist (zentrale Bedeutung, d. h. für das Individuum bedeutsam), dagegen ist die Einstellung zu Schalke 04 unwichtig (peripher, eher am Rand stehend/für das Individuum eher weniger bedeutsam).
Entstehung von Einstellungen	Einstellungen werden durch Interaktionsprozesse mit der Umwelt und durch Identifikationsprozesse (z. B. in Form von Gruppenzugehörigkeiten) erworben und gelernt. Im Wesentlichen geschieht dies durch das → klassische Konditionieren (S. 86), das → operante Konditionieren (S. 88) und die → sozial-kognitive Lerntheorie (S. 90).
Funktionen von Einstellungen	Einstellungen erfüllen für den Menschen eine oder mehrere psychologische Funktion/-en:

Wissensfunktion	Jede Einstellung bündelt das gesamte Wissen bezüglich eines Einstellungsobjektes; dies betrifft insbesondere die kognitive Komponente von Einstellungen; der Einstellungsträger wird sich seines Wissens bewusst und wägt positive und negative Einstellungselemente gegeneinander ab.
Instrumentelle Funktion/ Nützlichkeitsfunktion	Jede Einstellung hat die Funktion Belohnungen zu maximieren und Bestrafungen zu minimieren. Was als Bestrafung und Belohnung empfunden wird, ist dabei von der subjektiven Wahrnehmung jedes Einzelnen abhängig. Die negative Einstellung gegenüber dem Oktoberfest in München bewahrt uns z. B. vor exzessiven Bierrauschzuständen.
Ich-Abwehr Funktion	dient dem Schutz des eigenen Selbstwertgefühls, indem das Selbst gegen einen inneren Konflikt verteidigt wird. Beispielsweise schützt uns eine negative Einstellung zum Tanzen davor, uns eigentlich eingestehen zu müssen, dass wir gerne tanzen würden, wir aber Angst davor haben, uns vor den Anderen zu blamieren und uns deshalb nie getraut haben zu tanzen.
expressive Funktion	Einstellungen dienen der Selbstverwirklichung und der Herausbildung der eigenen Identität, indem sie zentrale Werte und damit das → Selbstkonzept (S. 96) ausdrücken und uns dadurch selbst bestätigen: z. B. positive Einstellung zum Umweltschutz, da uns der Wert des Lebens von Tieren und Pflanzen und damit der respektvolle Umgang mit der Natur sehr wichtig ist und einen wichtigen Bestandteil unserer Identität ausmachen.
soziale Anpassungsfunktion	Einstellungen haben die Funktion der sozialen Anpassung. Damit ist gemeint, dass sich Menschen in ihren Einstellungen gegenüber Objekten und Menschen anpassen, die sie mögen und mit denen sie sich identifizieren.

Zusammenhang von Einstellung und Verhalten

Einstellungen führen zu Verhaltensbereitschaften oder Verhaltenstendenzen gegenüber dem jeweiligen Einstellungsobjekt.

Konsistenz von Einstellung und Verhalten	Einstellung bezüglich eines Einstellungsobjektes und das Verhalten gegenüber dem Einstellungsobjekt stimmen überein.

Inkonsistenz von Einstellung und Verhalten	Die Einstellung bezüglich eines Einstellungsobjektes und das Verhalten gegenüber dem Einstellungsobjekt stimmen nicht überein.
Prädikatoren für die Konsistenz und Inkonsistenz von Einstellung und Verhalten	Faktoren, durch deren Kenntnisse sich eine wahrscheinliche Vorhersage eines Verhaltens aufgrund einer vorliegenden Einstellung machen lässt.
• spontanes Verhalten	lässt sich aufgrund der Kenntnis von Einstellungen kaum vorhersagen, da es stark von situativen Bedingungen beeinflusst wird; am ehesten ist eine Vorhersage bei Einstellungen mit zentraler Bedeutung möglich.
• geplantes Verhalten	Verhalten lässt sich bezüglich eines Einstellungsobjektes mit höherer Wahrscheinlichkeit aufgrund der Kenntnis der betreffenden Einstellungen vorhersagen, da situative Faktoren durch bewusste Planung an Bedeutung verlieren.
• Verhaltensbereich mit positiven oder negativen Konsequenzen	Es spielt eine Rolle, ob im jeweiligen Verhaltensbereich mit positiven oder negativen Konsequenzen zu rechnen ist. Wir kaufen uns z. B. einen Kleinwagen, würden dabei einem Sportwagen den Vorzug geben, aus „Angst" davor, was die Kollegen am Arbeitsplatz zu dieser Wahl sagen, entscheiden wir uns gegen den Kauf des Sportwagens.
• Gegenwart anderer Menschen	Die Ausführung einer verhaltensbasierten Einstellung kann davon abhängen, ob das Verhalten alleine oder in Gegenwart anderer Menschen gezeigt werden soll. „Eigentlich habe ich eine negative Einstellung zu Alkohol, aber da alle trinken ...".
• bisherige Verhaltensgewohnheiten	Der Einfluss bisheriger Verhaltensgewohnheiten kann zu einer Inkonsistenz von Einstellung und Verhalten führen: z. B. haben die meisten Menschen grundsätzlich eine positive Einstellung zu Bewegung, verbringen ihre Freizeit aber häufiger mit dem Konsum von Medienangeboten.
• Persönlichkeitseigenschaften	Persönlichkeitseigenschaften des Individuums können der Umsetzung einer Einstellung im Wege stehen (etwa Helfen bei einem Unfall oder Überfall): Z. B. haben die meisten Menschen eine positive Einstellung zu geselligem Beisammensein und gemeinsamem Lachen, trauen sich aber nicht, in der Kneipe jemanden anzusprechen.

Vernetzung von Einstellungen, Einstellungssysteme

Einstellungen sind miteinander verknüpft und bilden gemeinsame Netzwerke und damit Einstellungssysteme. Dabei untergliedern sich die Einstellungen innerhalb eines solchen Systems in zentrale und in periphere Einstellungen.

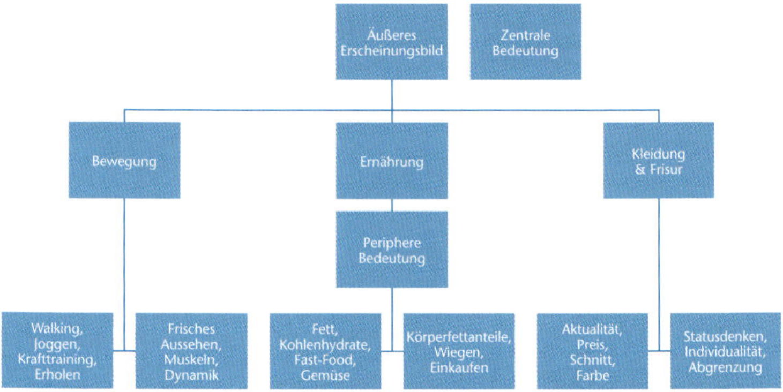

Einstellungssystem nach Güttler (2003)

Dies bedeutet, dass die Änderung einer Einstellung eine Änderung weiterer Einstellungen nach sich zieht; vor allem wenn mehrere zentrale Einstellungen betroffen sind und deshalb das gesamte Einstellungssystem verändert werden müsste, um nachhaltige Veränderungen einzelner Einstellungen zu bewirken: Z. B. ist eine positive Einstellung zu Fußball häufig mit einer positiven Einstellung zu Knabbereien und Bier verbunden sowie ferner mit einer spezifischen Einstellung gegenüber Gemütlichkeit, zu Freundschaft und der Freizeitgestaltung. Deshalb ist es für einen Menschen schwer, der mit dem Alkoholtrinken aufhören möchte. Es ist einfach die Einstellung zu Alkohol zu verändern, jedoch müsste dies mit einer Veränderung einiger vernetzter Einstellungen (und Verhaltensmuster) einhergehen, da sonst die Gefahr für eine Rückfälligkeit sehr hoch ist.

Veränderung von Einstellungen

Da Einstellungen vor allem gelernt werden (→ Entstehung von Einstellungen, S. 145), können sie auch durch Interaktionen bzw. Lernprozesse verändert werden. Das beruht im Wesentlichen auf dem klassischen Konditionieren, dem operanten Konditionieren und der → sozial-kognitive Lerntheorie nach Bandura (S. 175). Komplexere Konzepte wie folgt:

Einstellungsänderung durch Nichterfüllung von Funktionen

erfolgt, wenn eine oder mehrere der → Funktionen einer Einstellung (S. 147) nicht mehr zutreffen bzw. sich bei der Konfrontation mit dem betreffenden Einstellungsobjekt nicht bewähren.
Gemäß der Wissensfunktion gestalten wir z. B. unsere Zeit „sinnvoll", indem wir versuchen, möglichst viele Freizeitaktivitäten zu erleben und die Einstellung haben, „ich bin dann glücklich, wenn ich möglichst viele Dinge tue". Aufgrund der Lektüre eines Buches gelangen wir zur Einsicht, dass uns diese Lebensweise nicht erfüllt. Also trifft die Wissensfunktion nicht mehr zu und wir verändern unsere Einstellung dahingehend, dass wir permanente Aktivität eher als negativ und dafür Ruhe in der Freizeit als positiv empfinden.

Einstellungsänderung auf der Grundlage der Theorie der kognitiven Dissonanz

Die Theorie der → kognitiven Dissonanz geht von der Grundannahme aus, dass der Mensch nach Harmonie strebt und demzufolge konsistente (deckungsgleiche/übereinstimmende) kognitive Beziehungen zwischen den verschiedenen kognitiven Elementen in seinem Kopf bevorzugt. So entsteht das Bestreben, nicht harmonische kognitive Beziehungen zu reduzieren (kognitive Dissonanz). Zu den *kognitiven Elementen* zählen Vorstellungen, Gefühle, Erinnerungen an bisheriges Verhalten, Wissen, Werthaltungen und Vorlieben.

- **kognitive Dissonanz**

Dissonante Beziehungen kognitiver Elemente erzeugen einen unangenehmen, negativen Erregungszustand, d. h. eine kognitive Dissonanz. Je inkonsistenter, d. h. je unvereinbarer und je zahlreicher die betreffenden dissonanten kognitiven Elemente sind, desto größer ist der als negativ erlebte Spannungszustand und damit die Motivation, diesen zu reduzieren. Dies wirkt sich auch auf Einstellungen aus.

Beispielsweise sind wir früher mit unseren Eltern an Weihnachten in die Kirche gegangen (Verhaltenskomponente), an Heiligabend beim Gedanken an den Kirchenbesuch kommt bei uns Unlust auf (affektive Komponente), eigentlich empfinden wir Religion als wichtig und sinnvoll für unser Leben (kognitive Komponente). Dadurch entsteht eine kognitive Dissonanz, also ein negativer Spannungszustand zwischen der Erinnerung an Früher, unserer positiven Werthaltung gegenüber Religion und unserer Unlust, gerade jetzt, wo es so gemütlich ist, die Kirche zu besuchen (affektive Komponente).

Es gibt mehrere Möglichkeiten, eine Dissonanz aufzulösen:
- Das Verhalten ändern (wir gehen in die Kirche und es herrscht wieder Harmonie zwischen unseren kognitiven Elementen).
- Kognitive Elemente umgestalten, z. B. durch Leugnen und Neubewerten. (z. B. „früher bin ich nur gegangen, da ich musste. Außerdem gehe ich ja sonst immer. Einmal ist keinmal" etc.)
- Neue stimmige kognitive Elemente hinzufügen (Überhang schaffen). „Meine Schwester geht auch nicht in die Kirche und meine Freunde finden das auch nicht so wichtig" etc.
- Persönliche Bedeutung der kognitiven Elemente verändern, etwa durch Herabsetzen, z. B. „es gibt wichtigeres im Leben als Kirche".

- Einstellungsänderung

Um mittels der Theorie der kognitiven Dissonanz Einstellungen gezielt zu verändern, ist es erforderlich, bei der betreffenden Person eine kognitive Dissonanz zu erzeugen:
1. gezielt neue Informationen und Fakten darbieten, die unabweisbar sind. Dies führt möglicherweise zu einer Neubewertung und Neuorganisation des Wissens (kognitive Komponente der Einstellung) und damit auch der Gesamteinstellung, wodurch eine kognitive Dissonanz zwischen Einstellung und Verhalten entstehen kann, die wiederum zu einer Verhaltensänderung führt.
2. Appell an das persönliche Wertesystem des Betroffenen, um dadurch das bisherige Verhalten gezielt ins Bewusstsein zu rufen. Dadurch entsteht ggf. eine Dissonanz zwischen den kognitiven Elementen Werthaltung und Verhalten bezüglich des betreffenden Einstellungsobjekts.
3. Eine Person wird angeregt, sich empathisch in die Konsequenzen ihres Verhaltens einzufühlen und damit eine kognitive Dissonanz zwischen den Kognitionen Gefühl (affektive Komponente einer Einstellung) und Erinnerung an bisheriges Verhalten zu erzeugen.

Einstellungsänderung durch überzeugende Kommunikation

Persuasive (überzeugende) Kommunikation kann zu einer Veränderung von Einstellungen führen.

Es gibt verschiedene Faktoren, die einen Einfluss auf die Motivation und die Fähigkeit des Empfängers ausüben, seine Einstellung zu überdenken und zu verändern. Die Wahrscheinlichkeit wird erhöht,

- wenn das Thema eine hohe Relevanz für den Empfänger hat, ihn gefangen nimmt und Interesse bei ihm weckt,
- wenn starke und stichhaltige Argumente verwendet werden,
- wenn die Argumentation logisch, strukturiert und gut nachvollziehbar aufgebaut ist, damit der Zuhörer gut folgen kann,
- wenn auf die Verständlichkeit der Sprache geachtet wird, d. h. komplizierte Inhalte anschaulich und nachvollziehbar dargestellt werden.
- wenn darauf geachtet wird, dass der Zuhörer seine volle Aufmerksamkeit der Botschaft widmen kann. Das bedeutet, dass Ablenkungen und Dinge, die die Konzentration stören können, wie z. B. Lärm, Hitze, Hunger, Durst, Müdigkeit oder visuelle Ablenkungen wie ein tiefes Dekolleté, vermieden werden sollten.
- wenn eine gewisse Verantwortlichkeit erzeugt wird. Sie steigt, wenn der Zuhörer persönlich angesprochen wird oder z. B. im Anschluss an eine Veranstaltung anderen Personen über die dargebotenen Inhalte berichten muss.
- wenn zentrale Argumente in geringem Ausmaß wiederholt werden
- wenn neue und verschiedene Aspekte aus mehreren voneinander unabhängigen Quellen dargeboten werden.
- wenn der Empfänger an Vorwissen anknüpfen kann. Vorwissen hat allerdings auch den Effekt, dass der Empfänger kritischer mit den dargebotenen Inhalten umgeht und eher den Argumenten gewillt ist zu glauben, die dem eigenen Vorwissen entsprechen. Ansonsten sammelt der wissende Zuhörer eher Gegenargumente, um die eigene Position zu untermauern.

Vorurteile als spezifische Form von Einstellungen

Eine zumeist negativ wertende Einstellung, in aller Regel gegenüber Menschen einer bestimmten Gruppe, die nur auf deren bloßer Mitgliedschaft in dieser Gruppe basiert. Sie besteht aus den Komponenten:

- *affektive Komponente*, Vorurteil im eigentlichen Sinn: Positive oder negative emotionale Reaktion auf Menschen einer Gruppe. z. B. mögen/nicht mögen, sympathisch/unsympathisch oder zugeneigt/abgeneigt.
- *kognitive Komponente*, Merkmale und Informationen über Einstellungsobjekt werden wenig oder gar nicht an der Realität überprüft; Nutzung von → Stereotypen.
- *Verhaltenskomponente*, → Diskriminierung, pauschales und ungerechtes Verhalten.

Vorurteile können sich an verschiedenen Merkmalen festmachen, wie ethnische Identität, Geschlecht, sexuelle Orientierung, Religion, Beruf, aber auch körperliche Erscheinung wie muskulös, übergewichtig oder Haarfarbe und Hautfarbe, auch Behinderungen.

- Stereotype

Generalisierung einer Gruppe von Menschen, bei der praktisch allen Mitgliedern der Gruppe identische Eigenschaften zugeschrieben werden, ohne Beachtung gegebener Variationen unter den Mitgliedern.

- Diskriminierung

wird definiert als Benachteiligung und Ausgrenzung; ungerechtfertigte negative oder schädliche Handlung gegen ein Mitglied einer Gruppe, allein nur wegen seiner Zugehörigkeit zu dieser Gruppe, z. B. „alle Dicken sind gemütlich".

Problematik des Vorurteils

Vorurteile sparen Zeit, indem sie schnelle Informationen zu einer bestimmten Gruppe liefern und damit das Verhalten und Entscheidungen beeinflussen. Gleichzeitig sind sie deshalb auch sehr gefährlich, da sie dazu verleiten, andere Menschen pauschal und/oder ungerecht zu behandeln. Ferner mindern Vorurteile das Selbstwertgefühl derjenigen, die zur Zielscheibe von Vorurteilen werden.

Entstehung von Vorurteilen

Folgende Kriterien sind hauptverantwortlich für die Herausbildung von Vorurteilen:

• soziale Kategorisierung	Der Weg zur Entstehung von Vorurteilen beginnt mit der Herausbildung bzw. der Einteilung von Menschen in soziale Gruppen – d. h. der Kategorisierung von Menschen aufgrund gewisser Merkmale und Charakteristiken (z. B. Asiaten/Europäer, Schwarze/Weiße, Männer/Frauen etc.). Dadurch entstehen „Eigengruppen", mit denen man sich identifiziert, und „Fremdgruppen", die „Anderen", von denen man sich abgrenzt. Die Eigengruppe wird bevorzugt, weil durch die Identifikation mit dieser Gruppe das eigene Selbstwertgefühl gestärkt wird. Dies funktioniert allerdings nur, wenn die Eigengruppe den anderen gegenüber als überlegen angesehen wird. Gleichzeitig neigen Eigengruppen-Mitglieder dazu, die Fremd-Gruppe als homogener (ähnlicher) wahrzunehmen: „Asiaten sehen doch alle gleich aus", (Fremdgruppen-Homogenität).
• selektive Wahrnehmung	Meinungen oder Verhaltensweisen, die mit eigenen Einstellungen übereinstimmen, werden mehr beachtet. Menschen nehmen also besonders das wahr, was ihre Erwartungen bestätigt und vernachlässigen andere Einflüsse oder Handlungen. Wenn sich ein Gruppenmitglied so verhält, wie es erwartet wird, wird das Stereotyp dadurch bestärkt und sogar noch verstärkt.
• illusorische Korrelationen (Zusammenhänge)	Auf Grund von subjektiven Einzelerfahrungen stellen wir Zusammenhänge her, die in Wirklichkeit gar nicht existieren.
• Theorie des realistischen Gruppenkonflikts	Begrenzte Ressourcen wie z. B. Nahrung, Arbeit, Wohnraum etc. führen zu Konflikten zwischen Gruppen (Eigen- vs. Fremdgruppe) und führen häufig zu Vorurteilen und Diskriminierung.

Kategorie: **Gruppe, Rolle**

Aggregat

Menschenmenge, die zufällig zur gleichen Zeit am gleichen Ort ist, ohne → Interaktion (S. 160), ohne gemeinsame Ziele usw.

soziale Kategorie

Menschen mit einem oder mehreren gemeinsamen Merkmalen, die aber keinen direkten Kontakt miteinander haben (z. B. alle Nicht-Deutschen in einer Stadt).

Gruppe

besteht aus zwei oder mehreren Personen, die deshalb zu einer Einheit zusammengefasst werden, weil sie durch direkte Kommunikation und Interaktion miteiannder in Wechselbeziehung stehen. Die Mitglieder einer Gruppe beeinflussen sich gegenseitig in ihren Bedürfnissen und Zielen.

Von einer Gruppe wird gesprochen, wenn folgende Kriterien zutreffen:
- mehr als 2 Personen,
- Zusammengehörigkeitsgefühl (Wir-Gefühl),
- häufige, direkte Kontakte miteinander (face to face-Beziehungen),
- selbst aufgestellte Regeln,
- gemeinsames Ziel,
- gegenseitiges Beeinflussen,
- gewisse zeitliche Stabilität.

Gruppenarten

formelle Gruppe

Eine Gruppenzusammensetzung, die durch eine Organisation vorgegeben wird, z. B. Schulklasse, Arbeitsteam usw., mit relativ klaren Zielen und Aufgaben, oft sogar schriftlich fixiert (z. B. in Konzeptionen). Das Zusammengehörigkeitsgefühl ist begrenzt (z. B. für die Dauer der Schulstunden).

informelle Gruppe

Spontanes Zusammenfinden aus eigener Initiative, ohne schriftliche Regeln und Normen.

Primärgruppe

Lat.: *primarius* = einer der ersten. Gruppe mit
- überschaubarer Anzahl der Mitglieder (z. B. Familie),
- regelmäßigen und direkten Kontakten,
- engen emotionalen Beziehungen,
- gegenseitigen Abhängigkeiten.

Sekundärgruppe	Lat.: *secundarius* = der Reihe nach folgend, → formelle Gruppe.
peer-group	→ S. 119
Eigengruppe	Gruppe, der man angehört, sich zugehörig fühlt und ihr deshalb starke Sympathiegefühle entgegen bringt.
Fremdgruppe	wird nicht nur objektiv als die Gruppe der anderen angesehen, sondern auch in bewertendem Sinne. Ihre Mitglieder werden als anders und fremd warhgenommen.

Gruppen im Vorschulalter

Stammgruppe	Für eine begrenzte Zeit festgelegte Gruppenzusammensetzung mit konstanten Erziehern, wobei die Stammgruppe nur einen kleinen Teil des Tages verbindlich miteinander verbringt.
gruppenübergreifend	Alle Aktivitäten, die über die Stammgruppe hinausgehen.
homogene Gruppe	Gruppenmitglieder haben Gemeinsamkeiten, z. B. das Alter, auch als *altersgleiche* Gruppe bezeichnet.
heterogene Gruppe	Gruppenmitglieder unterscheiden sich, z. B. im Alter, auch als *altersgemischte* Gruppen bezeichnet.
Untergruppen	oder Binnengliederung meint die „Grüppchenbildung" in Kleingruppen. Man findet in Kleingruppen aber auch Paarbeziehungen, abgelehnte Kinder oder → Außenseiter (S. 158). Bedeutung der Untergruppenbildung für die Kinder: – Aufbau eigener emotionaler Stabilität, – Positionsausrichtung (Rangordnung), – Rollenfindung, – personale Bindung an Kinder.

Rolle

Verhaltenserwartungen, die an den Träger einer Position gerichtet werden (z. B. Erwartung an einen Erzieher: Einfühlungsvermögen). In der Alltagssprache werden Rolle und Position gleich gebraucht.

formelle Rolle	aufgrund einer Position: als Leiterin, als Lehrer usw.
informelle Rolle	entsteht eigendynamisch: als „Motzer", „Motivierer", „Pragmatiker", „Sündenbock" usw.
Sachführer	überzeugt vor allem durch Sachautorität.

sozialer Führer	hat vor allem Verhandlungsgeschick, kann motivieren.
Außenseiter	geduldetes, aber nicht integriertes Gruppenmitglied am Rande des Geschehens.
Ausgestoßener, Abgelehnter	Einzelne oder ganze Gruppen werden aufgrund eines Merkmals oder ohne ersichtlichen Grund von den anderen im Alltag bzw. im → Soziogramm (S. 161) abgelehnt.
Vergessener	wird im Alltag nicht beachtet bzw. im → Soziogramm (S. 161) nicht genannt.
dysfunktionale Rolle	Verhaltensweisen, die die Gruppendynamik negativ beeinflussen (aggressives Verhalten, Blockieren, Rivalisieren, Nörgeln usw.).
funktionale Rolle	Verhaltensweisen, die die Gruppendynamik positiv beeinflussen, z. B. Verhandlungsgeschick.
Rollenfixierung	Person wird auf eine Rolle festgelegt oder erlegt sich diese selbst auf, z. B. als „schwarzes Schaf".
Rollendifferenzierung	Jedes Mitglied bringt sein Können in die Gruppe ein, wobei die Unterschiede keinen Einfluss mehr auf den Status haben, vor allem in der 4. Phase des → Gruppenprozesses (S. 160).
Rollenset	Bündel von unterschiedlichen Rollen, die eine Person zeitgleich in unterschiedlichen Bezügen und in unterschiedlicher Gewichtung einnimmt.

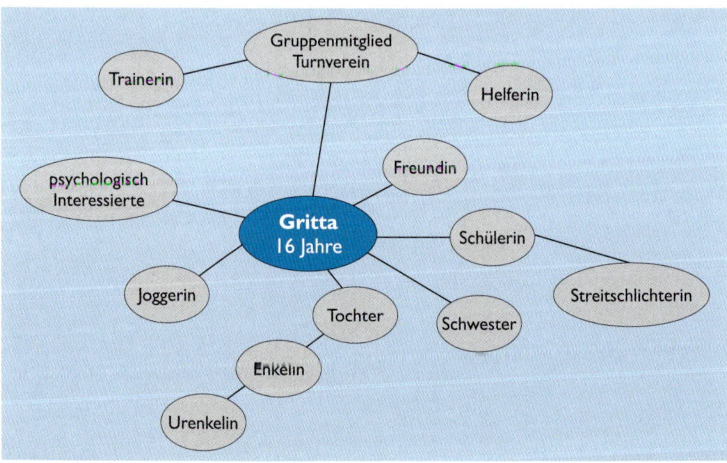

Rollenkonflikte

- Intrarollenkonflikt: Konflikt einer Person, die widersprüchliche Erwartungen innerhalb einer Rolle spürt (z. B. Erzieherrolle: besonderes Einfühlungsvermögen haben und sich gleichzeitig durchsetzen können).
- Interrollenkonflikt: Konflikt einer Person, die in zwei Rollen widersprüchliche Erwartungen spürt z. B. als Kaufmann Profit machen, als Christ wohltätig sein.

Position
Platz, den eine Person innerhalb einer Gruppe bzw. der Gesellschaft einnimmt, z. B. als Mutter, als Erzieherin, als Tochter.

Status
Ansehen, das der Träger einer Position genießt (Wertschätzung).

Gruppenstruktur
Gruppen beginnen schon nach kurzer Zeit, ihre Beziehungen zu gliedern, also zu strukturieren. → Kommunikation (S. 163) ist dabei ein zentraler Aspekt.

gruppenerhaltende Kräfte
Maßnahmen, die die Gruppenmitglieder selbst einsetzen, um die Gruppe zu stabilisieren.

Gruppennormen
Regeln – geschriebene oder ungeschriebene Übereinstimmungen darüber, was in der Gruppe als richtig oder falsch gilt.

Wir-Bewusstsein
positives Gefühl der Zusammengehörigkeit mit gemeinsamen Zielen und Regeln. Abgrenzung von den nicht zur Gruppe gehörenden Personen.

Konformität
Übereinstimmung des Denkens und Verhaltens einzelner mit dem der anderen Gruppenmitglieder; bezieht sich auf äußere Merkmale wie Kleidung oder Einstellungen z. B. über Politik, Musikstile.

Sanktion
Lat.: *sanctio* = Heiligung, Billigung, Strafandrohung. Soziologisch gesehen:
1. Positive oder negative Reaktion auf ein bestimmtes Verhalten.
2. Maßnahme zur Erzwingung eines bestimmten Verhaltens.

Gruppenkohäsion
Lat. *cohaerere*, zusammenkleben; bezeichnet den Zusammenhalt oder das Wir-Gefühl einer Gruppe. Die Kohäsion ist hoch, wenn die Gruppe für ihre Mitglieder attraktiv ist.

Gruppendynamik
1. Kräfte, die in einer Gruppe wirken und zu einer Veränderung führen.
2. Veränderungsprozess als solcher.

Interaktion
Hier: Wechselbeziehung zwischen Gruppenmitgliedern. Beeinflussung von Einstellungen, Verhalten, Handeln. Die Gruppenmitglieder orientieren sich an Rollenvorstellungen, Erwartungen, Normen und Situationen, sie agieren und reagieren.

sozialer Effekt
Wirkung der Interaktion, der gegenseitigen Beeinflussung des Sozialverhaltens innerhalb einer Gruppe, egal, ob dies positiv oder negativ, gewollt oder nicht gewollt ist.

sozialer Vergleich
Handlung, bei der man die persönlichen Einstellungen, Fähigkeiten und Emotionen mit denen anderer vergleicht, um die Angemessenheit des eigenen Verhaltens und Erlebens zu bewerten.

Koalition
enger Zusammenschluss von zwei oder mehr Gruppenmitgliedern, um in der Gruppe etwas durchzusetzen.

Gruppenentwicklung Gruppenprozess
verläuft nach Bernstein/Lowy in Phasen:
1. Fremdheits- oder Orientierungsphase: Vorsichtiges Abtasten, erste Erwartungen an die Gruppenmitglieder werden geäußert. Die neue Situation wird z. T. angstbesetzt erlebt.
2. Machtkampf- und Rollenerklärungsphase: Gruppenstruktur wird erkennbar, Beziehungen zur Gruppe entwickeln sich; eigene Position innerhalb der Gruppe wird gesucht.
3. Vertrautheits- oder Wir-Phase: Positive, freundschaftliche Beziehungen werden spürbar; Gruppe entwickelt ein Wir-Gefühl.
4. Differenzierungsphase: Gruppe agiert relativ selbstsicher, plant und setzt Projekte um, Gruppe schafft sich ihre eigene Identität.
5. Ablösungs- oder Trennungsphase: Gruppe löst sich auf oder wird aufgelöst, z. B. Vorschulkinder werden eingeschult.

Gruppenfähigkeit bedeutet
- sich einer Gruppe zugehörig zu fühlen,
- mit den anderen Gruppenmitgliedern zu kommunizieren,
- bestimmte Regeln einzuhalten,
- Bedürfnisse anderer zu akzeptieren,
- Aufgaben zu übernehmen,
- das Gruppenleben mitzugestalten,
- Konflikte altersentsprechend zu lösen.

Konfliktfähigkeit: Fähigkeit, Konflikte zu erkennen, sich mit ihnen auseinanderzusetzen und sozial verträgliche Verhaltensvarianten zu suchen und zu finden.

Gruppenpädagogik
1. Theorie der Erziehung in Gruppen
2. Begleitung von Gruppen und einzelnen Gruppenmitgliedern in den verschiedenen Phasen des Gruppenprozesses.

Soziomatrix, Soziometrie: Lat.: *socius* = Teilnehmer; griech.: *metria* = Messung. Schriftliches bzw. tabellarisches Erfassen (quantitativ) von positiven und negativen Wahlen der Gruppenmitglieder untereinander.

Ausgewählte Kinder	Anne		Bernd		Kati		Max		Jenne		Sabi		Summe	
	+	–	+	–	+	–	+	–	+	–	+	–	+	–
Anne					+					–			1	1
Bernd							+				+		2	0
Kati	+							–					1	1
Max	+		+		+				+		+		5	0
Jenne		–		–		–						–	0	4
Sabine			+				+		+				3	0

Soziogramm: Graphische Darstellung sozialer Beziehungen in Gruppen, die mit einer → Soziomatrix erfasst wurden. Im Soziogramm werden standardisierte Zeichen (Pfeile) benutzt.
Zweck des Soziogramms: Untergruppen bzw. Beliebtheit oder Ablehnung Einzelner herauszufinden.

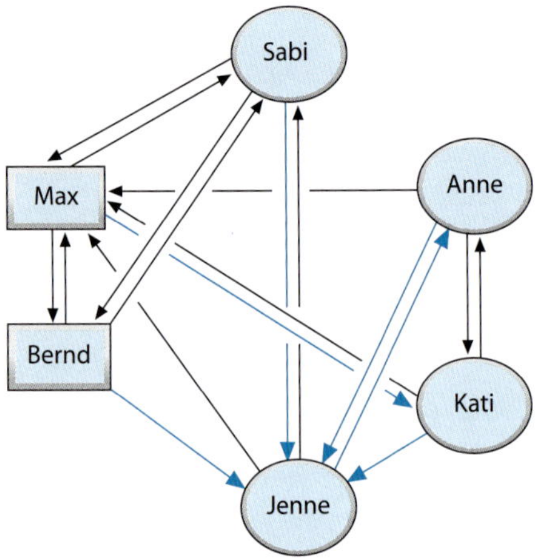

schwarze Pfeile: Positivwahlen
blaue Pfeile: Negativwahlen (Ablehnung)

Helfersystem

Gruppenneulinge erhalten einen festen Mentor oder Partner, der sie in den Alltag und die Besonderheiten des Gruppenlebens einführt. Diese Methode kann bereits ab dem 5.–6. Lebensjahr angewandt werden.

Gruppentest

Tests, die an mehreren Personen gleichzeitig durchgeführt werden können, z. B. Intelligenztest, Schulreifetest.

Gruppentherapie

nutzt, im Unterschied zur Einzeltherapie, die Gruppe und deren Dynamik als psychotherapeutisches Mittel, z. B. im → Psychodrama nach Moreno.

Psychodrama

von Moreno entwickelte gruppenpsychotherapeutische Methode in Form von Rollenspielen; dabei gibt nach Absprache ein Gruppenmitglied – hier Protagonist genannt – Rollen und das Szenario vor, die Mitspieler agieren darin. Der Protagonist ist gefordert, mit den Beiträgen der Mitspieler umzugehen. Ziel ist für den Protagonisten, Handlungsalternativen zu finden, die erfolgreicher sind als die bisher angewandten oder dass das Rollenspiel Spannung reduziert. Zum Einsatz kommen auch: Rollenwechsel, Doppelung, Spiegeln und eine Feedbackrunde. Doppeln bedeutet, als „Schatten“ des Protagonisten für diesen zu handeln (Handlungsvariante).

Kategorie: **Kommunikation und Gesprächsführung**

Kommunikation — Lat.: *communicatio* = Verständigung. Eine Mitteilung, ein Wort, ein Satz, eine Geste oder ein anderes Verhalten, um eine → Botschaft (S. 166) zu übermitteln, wird als Kommunikation bezeichnet.

soziale — Aufnahme, Vermittlung und Austausch von Informationen zwischen zwei oder mehreren Personen.

mediale — durch Übertragungsmedien (Telefon, Internetforen, E-Mails etc.).

verbale — Verständigung durch Sprache.

nonverbale — durch Körpersprache, Körpersignale (Mimik, Gestik, Blickkontakt, Pantomimik, Physiognomik).

- Mimik — Bewegungsabläufe im Gesicht.
- Gestik — Ausdruckbewegungen der Hände.
- Blickkontakt — bewusstes Wahrnehmen.
- Pantomimik — Bewegung des ganzen Körpers.
- Physiognomik — Gesichtsausdruck, äußere Erscheinung.

Initiator, Kommunikator — Sender einer Information.

Rezipient — Empfänger einer Information.

codieren — hier: Verschlüsselung von Informationen (Nachrichten).

decodieren — hier: Entschlüsselung von Informationen (Nachrichten).

Gesprächsarten — In Inhalt und Ziel unterschiedliche Gespräche, z. B. Erlebnisgespräch, Sachgespräch, Problemgespräch, Reflexionsgespräch, Planungsgespräch, informelles Gespräch.

Kommunikative Kompetenz — Fähigkeiten und Fertigkeiten zum Ausdruck der eigenen Absichten, Interessen und Bedürfnisse und zum Hören und Verstehen der Mitteilung anderer.

Metakommunikation — Gespräch über die Art und Weise, wie Kommunikation geführt wird (z. B. Vokabular, Stimme, Sachlichkeit).

Kommunikationsmodelle

Für die Pädagogik und Psychologie sind die Erkenntnisse und Modelle von Watzlawick und Schulz v. Thun besonders relevant. Watzlawick formuliert fünf → Axiome (Lehrsätze, die nicht bewiesen werden müssen). Die Axiome sind nicht isoliert zu sehen, sondern gehören eng zusammen.

Axiome nach Watzlawick

1. Axiom
   Man kann nicht nicht kommunizieren.
   Es muss nicht unbedingt etwas gesagt werden, um zu kommunizieren. Jede Verhaltensäußerung teilt uns etwas mit, auch die nonverbale (→ vgl. Bilder, (S. 165)).

2. Axiom
   Jede Kommunikation hat einen Inhalts- und einen Beziehungsaspekt.
   Bei einem Gespräch kommt es eben nicht nur darauf an, was gesagt wird, sondern auch wie (z. B. abweisend oder emphatisch).

3. Axiom
   In einem Kommunikationsablauf ist das Verhalten des einzelnen Teilnehmers sowohl Reaktion auf das Verhalten des anderen, gleichzeitig aber Reiz und Verstärkung für das Verhalten des anderen (Interpunktion).
   Die Kommunikationspartner gliedern den Gesprächsverlauf aus ihrer jeweiligen Perspektive und haben unterschiedliche Auffassung über Aktion und Reaktion. Wenn das eigene Verhalten auf das Verhalten des Gesprächspartners zurückgeführt wird, sprechen wir von einer Interpunktion (Beispiel: „Angefangen hast du, und wie man in den Wald hineinruft, so hallt es heraus").

4. Axiom
   Menschliche Kommunikation bedient sich digitaler und analoger Modalitäten
   Mitteilungen durch Worte bezeichnet Watzlawick als *digital*, nonverbales Ausdrucksverhalten als *analog*. Sofern die Sprache gut beherrscht wird, kann eine Kommunikation genau und differenziert erfolgen. Analoge Kommunikation ermöglicht über Zeichen und Körpersprache oft eine Verständigung mit dem Kommunikationspartner, ohne dessen Sprache zu verstehen. Analoge Kommunikation dient primär (durch Gestik, Mimik etc.) der Übermittlung von Emotionen.

5. Axiom
   Zwischenmenschliche Kommunikationsabläufe sind entweder symmetrisch (gleichwertig) oder komplementär (ergänzend).
   Bei einer symmetrischen Beziehung gehen beide Partner von einem ebenbürtigen Verhältnis aus, z.B. reden gleich viel. Im Falle der komplementären Kommunikation stehen die Partner in einer unterschiedlichen, sich ergänzenden Position.

Kommunikationsmodell nach Schulz v. Thun

Nach Schulz v. Thun, der die Erkenntnisse von Watzlawick weiter entwickelt hat, enthält jede gesendete Nachricht „vier Seiten" und wird mit *vier Ohren* empfangen. Nachrichten werden mit vier Zungen gesendet.

Nachrichten werden auch mit vier Ohren empfangen.

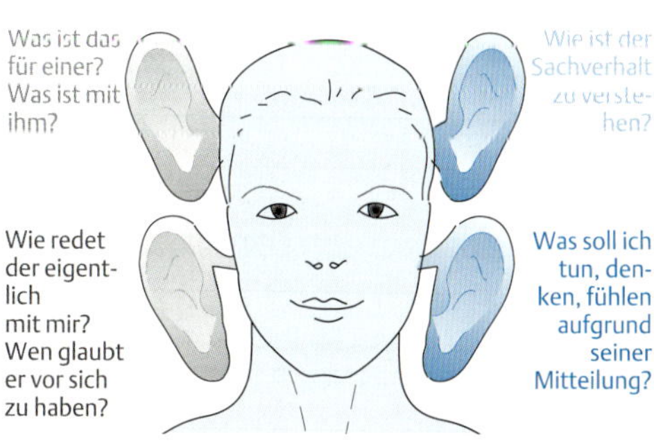

Botschaft	Ursprünglich eine von Boten überbrachte Mitteilung, Nachricht, so wie z. B. der Nachtwächter bereits im Mittelalter die Uhrzeit ausrief.
Ich-Botschaft	Mitteilung der eigenen Meinung, der Befindlichkeit, des eigenen Vorhabens. Sie lässt dem Empfänger die Freiheit der Entscheidung, wie er reagiert (z. B.: „Ich möchte mit dir ins Kino gehen.").
Du-Botschaft	Mitteilung der Wirkung des anderen auf uns, inklusive der Wertung und Interpretation des Verhaltens, z. B. „Du bist blöd", auch Beschuldigung.
Kommunikationsstörung	Störung auf der Informationsebene (lückenhafte Information), der Beziehungsebene oder Widersprüchlichkeit zwischen Aussage und Handlung.
Doppelbindungen	Inhaltsaussage ist widersprüchlich zu Handlung oder Ton, z. B. Mutter sagt, sich abwendend: „Du bist mir sehr wichtig."
Interpretationsfehler	Empfänger filtert Mitteilungen und deutet sie falsch.
Beziehungsblocker, Killerphrasen	Meist stereotype, bisweilen diskriminierende Äußerungen, die den Gesprächsverlauf negativ beeinflussen (z. B. „… hat sich der Vorschlag schon irgenwo mal bewährt?" oder „Bekanntlich ist es so, dass …").
Suggestivfragen	Lat.: *suggerere* = von unten herantragen; eingeben, einflüstern, z. B. „Hatte Udo nicht recht?".
Gesprächsführungsmethoden	Techniken zur Eröffung und Lenkung eines Gesprächs.
passives Zuhören	Aufmerksames Zuhören, verstärkende Äußerungen wie „so?" oder „verstehe".
aktives Zuhören	Sprachliche Unterstützung des Sprechenden durch Paraphrasieren und Verbalisieren.
Paraphrasieren	Umschreibendes Wiederholen der Aussagen des Gesprächspartners.
Verbalisieren	(Vermutliche) Gefühle des Gesprächspartners ausdrücken, z. B. „Du bist sehr aufgebracht, was macht dich so wütend?".
Feedback	Rückmeldung, wie eine Person und ihr Verhalten auf den Feedbackgeber wirken. Ich-Botschaften und Du-Botschaften.

W-Fragen

„Wo, wie, was, wer“ sind Abfrage-Fragen, die oft mit einem Wort oder einem reduzierten Satz beantwortet werden können.

Beratungskompetenz

Fähigkeiten und Fertigkeiten wie
- zuhören, das Problem herausfiltern können,
- den Ratsuchenden motivieren und seine Kompetenzen stärken,
- Sachwissen und Realitätssinn haben.

Beratungskompetenz wird in der Regel in einer Ausbildung trainiert. Hauptanliegen guter Berater ist, Hilfe zur Selbsthilfe zu geben.

gutes Ende

Problem- und Reflexionsgespräche müssen mit einem positiven Ausblick enden, um den Ratsuchenden zur Änderung zu motivieren.

Klientenzentrierte Beratung

Ansatz, der von den Stärken des Klienten ausgeht; allein die Kompetenz des Gesprächspartners versetzt diesen in die Lage, seine Entwicklung voranzutreiben: Appelle, Angst, Selbsterkenntnis verringern die Handlungsfähigkeit eher. Siehe auch → S. 96

Klient

Engl. *client*; Mensch, der Rat und/oder Hilfe sucht, z. B. bei einem Therapeuten.

Kategorie: **Medien, Medienwirkung, Medienpädagogik**

Medien sind Hilfsmittel zur indirekten Vermittlung von Kommunikationsbotschaften (d. h. nicht von Angesicht zu Angesicht), beispielsweise eine Schultafel, Bücher, Smartphones, Bilder im Museum, Internet, Blogs etc. Sie bereiten ggf. auch Kommunikationsbotschaften und -inhalte auf und bieten sie zielgerichtet dar (z. B. Werbung).

Medien zur Individualkommunikation — Formen der Kommunikation, bei denen ein interpersonaler (d. h. ein zwischenmenschlicher) Austausch von Botschaften (Dialog) mit Hilfe von Medien zwischen zwei oder mehreren Personen stattfindet, beispielsweise E-Mails, Telefongespräch oder Skype.

Massenkommunikation — Botschaften bzw. Inhalte, die mittels → Medien an die Öffentlichkeit transportiert werden und sich somit an keine begrenzte Empfängerschaft richten. Es sind einseitige Botschaften des Senders, sodass kein Austausch mit dem Empfänger stattfindet bzw. angedacht ist.
Zur medialen Massenkommunikation zählen u. a. Bücher, das Fernsehen, Zeitungen, Twitter, Internetblogs etc.

Massenmedien — Medien, die sich explizit an die Öffentlichkeit und nicht an ein privates Netzwerk richten.

Massenmedien, Funktion — Medien haben in einer modernen Gesellschaft wichtige Funktionen. In Demokratien stellen sie unter anderem eine „vierte" politische Gewalt dar, da sie eine unabhängige Kontrolle staatlicher Institutionen und gesellschaftlicher Prozesse durch kritische Aufklärung und Berichterstattung gewährleisten können.

• Mitwirkung an Meinungsbildung	Massenmedien wirken an der freien, individuellen und öffentlichen Meinungsbildung mit, insbesondere bezogen auf die politische Meinungsbildung, aber auch im Hinblick auf alle anderen gesellschaftlich relevanten Fragen und Themen. Dazu sind zentrale und aktuelle Informationen verständlich aufzubereiten, darzustellen und evtl. auch kritisch zu kommentieren, damit sich der Rezipient, also der Empfänger von Medienbotschaften, eine eigene Meinung bilden kann.
• politische Kontrollfunktion	Massenmedien üben gegenüber der Politik bzw. den politischen Entscheidungsträgern sowie gegenüber bedeutenden Personen und Instanzen des öffentlichen Lebens eine Kontrollfunktion aus. Sie erfüllen somit die Funktion von Wächtern der Demokratie, die Missstände aufgreifen, kritisieren und öffentlich machen.
• persönlicher Nutzen für den Konsumenten	Massenmedien haben einen persönlichen Nutzen für den Konsumenten. Hierzu zählen z. B. Testberichte, Reiseberichte, Ratgeber z. B. in Sachen Gesundheit oder Hilfestellungen in persönlichen Lebenskrisen oder Notlagen.
Unterhaltung	Darüber hinaus dienen die Massenmedien auch der Unterhaltung, z. B. Musik, Shows, Spielfilme.
Theorien zur Medienwirkung	Auf der Grundlage wissenschaftlicher Forschung erstellte Theorien darüber, wie die einzelnen Medien (insbesondere → Massenmedien (S. 168)) auf das Verhalten und Erleben der Menschen wirken, welche Schäden sie ggf. verursachen und wie die menschliche Psyche durch Medien angeregt und gefördert werden kann.
Stimulus-Response-Modell	Einfaches Modell aus den 20er Jahren des letzten Jahrhunderts, nach dem Massenmedien unmittelbar, d. h. ohne den Einfluss und die Berücksichtigung anderer Faktoren auf den Empfänger wirken (S-R-Modell). Dies geschieht über die Medienbotschaft (der Stimulus S = Reiz), die eine Reaktion (R = Response) in Form der Medienwirkung hervorruft. Dazu sind die Botschaften sorgfältig auszuwählen, gezielt zu planen und massenhaft zu verbreiten, damit die gewünschte Wirkung erzielt werden

kann. Wirkung: das Aufnehmen, Verarbeiten und Abspeichern der Botschaft in Verbindung mit einer darauf aufbauenden Reaktion des Rezipienten, z. B. ein Produkt gut finden und kaufen.

- S-O-R-Modell

Schon bald wurde jedoch im Zuge psychologischer und soziologischer Forschungen erkannt, dass ein solches Konzept, welches annimmt, dass die Medienwirkung alleine davon abhängt, wie ausgefeilt die Medienbotschaft gestaltet ist, zu kurz greift. Daraufhin wurde das S-R-Modell zu einem S-O-R-Modell erweitert. Hier steht am Anfang wiederum die Medienbotschaft (S), jedoch wird der Empfänger als vermittelnder Organismus (O) betrachtet und ihm, d. h. seiner Individualität, ein entscheidender Einfluss beigemessen. Somit wird die Individualität des Rezipienten berücksichtigt. Dabei geht das S-O-R-Modell davon aus, dass (S) keinen unmittelbaren Einfluss im Sinne einer Reaktion (R) beim Rezipienten hervorruft, sondern unter (R) lediglich die Beeinflussung von Einstellungen im Sinne von Verstärkung oder Änderung verstanden werden können. Damit beschäftigt sich dieser Ansatz der Medienwirkungsforschung mit der Beeinflussung von → Einstellungen (S. 145).

Nutzenansatz

Die Art und Weise der Nutzung eines Mediums hängt von den Bedürfnissen, Problemen und Erwartungen des Rezipienten ab. Medien dienen somit dem Menschen als ein Mittel der Bedürfnisbefriedigung und Problemlösung.
Der Nutzenansatz sieht die Beziehung zwischen Mediennutzer und Medien als ein Wechselspiel aus Bedürfnis und Bedürfnisbefriedigung, wobei beide aufeinander Einfluss nehmen: Medien befriedigen Bedürfnislagen von Menschen, bringen diese aber auch hervor (z. B.: Junge Mädchen wollen extrem schlank sein, weil sie Germany's next Topmodel schauen und stellen daraufhin Bilder von sich ins Netz, auf denen man ihren flachen Bauch sieht, um wiederum von anderen Gleichaltrigen auf Facebook dafür Anerkennung zu erhalten).

• kognitive Bedürfnisse der Mediennutzung	entstehen aus Unsicherheiten heraus im Hinblick auf Entscheidungen, Verhaltensweisen und generell den Umgang mit neuen Dingen; ggf. in Verbindung mit Neugier; können durch Wissen und Handlungsanweisungen befriedigt werden (z. B. Aufklärungsseiten im Netz; Chats, Nachrichtenwebsites).
• affektive Bedürfnisse der Mediennutzung	entstehen aus Problemen mit der Stimmungskontrolle und werden durch Entspannung, Aufregung, Entlastung, Ablenkung, Unterhaltung oder Verdrängung befriedigt (z. B. Computerspiele, weil man sich nach Abenteuer oder nach Ablenkung vom Alltag sehnt).
• sozial- interaktive Bedürfnisse der Mediennutzung	entstehen aus dem Wunsch nach Anerkennung, Sozialkontakten und sozialem Austausch (z. B. mehrere Stunden am Tag mit WhatsApp verbringen, um sich als Mitglied einer Gruppe zu fühlen).
• Integrativ- habituelle Bedürfnisse der Mediennutzung	entstehen aus dem Wunsch nach Sicherheit, Stabilität und Geborgenheit. Medien ermöglichen die Herausbildung gewohnheitsbedingter (habitueller) Nutzungsmuster, z. B. man schaut jeden Tag um 20 Uhr die Tagesschau und jeden Sonntag um 20.15 Uhr den „Tatort". Gleichzeitig folgt die Inhaltsstruktur ritualisierten, d. h. immer ähnlich wiederkehrenden, Handlungsmustern. Zum Beispiel beim „Tatort": Erst der Mord, dann die Ermittlung, dann die Auflösung; gibt das Gefühl der Berechenbarkeit und Sicherheit.
Bedingungen der Mediennutzung	beeinflussen, warum welche Medien zur Bedürfnisbefriedigung und Problemlösung herangezogen werden.
• gesellschaftliche Bedingungen	sind beispielsweise gesellschaftliche Werte und Normen (z. B. „Du sollst fit und sportlich sein!", „Du sollst erfolgreich sein!") oder auch gesellschaftliche Lebensbedingungen (z. B. Singlehaushalte, anonyme Wohnverhältnisse in Städten etc.) veranlassen dazu, ein bestimmtes Medium verstärkt als Befriedigung (oder auch Ersatzbefriedigung) seiner Bedürfnisse heranzuziehen, z. B. soziale Medien zur Gestaltung sozialer Kontakte.

• biologisch körperliche Bedingungen	können in Form des Lebensalters, des Gesundheits- und Fitnesszustandes einen Einfluss auf die Art und Weise der Nutzung eines bestimmten Mediums zur Bedürfnisbefriedigung nehmen.
• entwicklungspsychologische Bedingungen	Die Lebensphase und die damit verbundenen kognitiven Fähigkeiten, altersspezifische Interessenlagen sowie die phasenspezifischen → Entwicklungsaufgaben (S. 117) prägen die Art und Weise der Nutzung eines Mediums zur Bedürfnisbefriedigung. Beispielsweise hat ein Grundschulkind anders gelagerte Bedürfnisse als ein Jugendlicher oder junger Erwachsener, der sich in der Übergangsphase zu einer Ausbildung oder einem Studium befindet.
Agenda-Setting-Theorie (Thematisierungsansatz)	geht davon aus, dass die Massenmedien durch die Thematisierung, Gewichtung und Auswahl ihrer Inhalte eine „Medienrealität" konstruieren und damit unsere Wirklichkeitskonstruktion wesentlich beeinflussen. Dies geschieht dadurch, dass die Medien aus der objektiven Realität (d. h. der Gesellschaft/der Welt) Daten und Informationen ermitteln, diese aufbereiten, auswählen und dem Leser/Zuschauer präsentieren, und diese damit zur subjektiven sozialen Realität der Rezipienten machen. Gemäß der Agenda-Setting-Theorie nehmen Medien einen erheblichen Einfluss darauf, worüber Menschen nachdenken und worauf sie dann in ihrem Verhalten reagieren. Ein Themenspektrum wird als „aktuell dringlich" präsentiert und beeinflusst dadurch das Leben des Zuschauers: Z. B. führt das Wahl- und Dauerangstthema „Altersarmut" in der Folge zum Abschluss einer privaten Altersvorsorge.

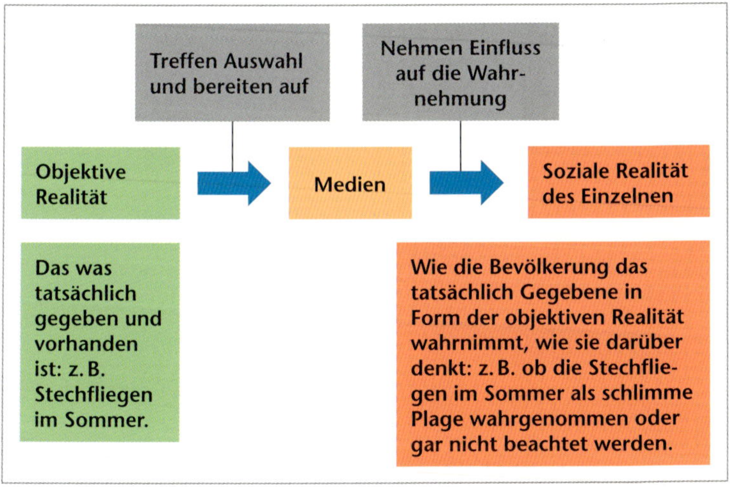

Wissenskluft-Hypothese

auch Theorie des *Increasing Knowledge-Gap*; geht davon aus, dass der zunehmende Informationsfluss in einer Gesellschaft dazu führt, dass besser gebildete und finanziell besser gestellte Bevölkerungsanteile besser und rascher dazu in der Lage sind, sich diese Informationen anzueignen als finanziell schwächere und bildungsfernere Bevölkerungsanteile, was zu einer „Wissenskluft" führe.
Die starke Zunahme an verfügbarem Wissen verstärkt die Wissenskluft (angesichts der Bedeutung des Internets wird auch von einer „digitalen Kluft" oder *Digital Divide* gesprochen), weil sozial besser gestellte Schichten die Vielzahl an Informationen besser nutzen können. Sie verfügen über mehr Vorwissen und sind motivierter, sich neue Informationen anzueignen und sie verfügen über eine höhere und vielfältigere Kompetenz zur Mediennutzung.

Theorien zur Auswirkung von Gewalt und Pornographie in den Medien

Spezifische Wirkungstheorien bezogen auf Gewaltdarstellung und Pornografie in den Medien; vor allem auf deren Einfluss auf potenziell gewalttätiges und kriminelles Verhalten sowie auf die Persönlichkeitsentwicklung Heranwachsender. Zentrales Themengebiet der wissenschaftlichen Medienforschung.

Stimulationsthese (Erregungstheorie)

Medial erzeugte Erregungszustände erhöhen die Handlungsbereitschaft und damit die Wahrscheinlichkeit, selbst eine solche Handlung durchzuführen. Dies gilt für Medieninhalte wie z. B. Sport, Gewalt, Humor, Erotik und Pornographie, die uns körperlich aktivieren und damit → Angst (S. 129), → Aggression (S. 129) oder sexuelle Erregung hervorrufen.

Von Bedeutung ist, ob es durch das Betrachten solcher Inhalte tatsächlich zur unmittelbaren Nachahmung kommt, ob diese als Auslösereiz fungieren oder auch als Tropfen, der das Fass zum Überlaufen bringt (bereits länger vorhandene unterschwellige Wünsche und Handlungstendenzen werden durch das Betrachten im Sinne eines Auslösers aktiviert).

Katharsistheorie

beruht auf dem Triebkonzept von → Sigmund Freud; Abbau von Aggressionszuständen durch Formen des „Herauslassens", bei denen niemand zu Schaden kommt (z. B. durch Sport etc.), wodurch eine innere „Reinigung" (Katharsis) eintritt.

Bezogen auf Medien werden danach angestaute aggressive Triebe durch den Konsum von Gewalt im Fernsehen oder beim Spielen von Gewalt beinhaltenden Computerspielen (wie z. B. „3D Ego-Shooter") durch eine reinigende „kathartische Wirkung" abgebaut. Es kommt durch das mediale Miterleben zu einem stellvertretenden Abreagieren.

Die Katharsistheorie konnte bisher nicht hinreichend belegt werden. Es gibt vielmehr zunehmend Hinweise, dass der Konsum oder das „Spielen" von Computerspielen mit Gewaltdarstellung eher den gegenteiligen Effekt bewirken und die Aggressionsbereitschaft erhöhen statt zu senken.

Inhibitionsthese

Lat. *inhibere* = hemmen, unterbinden; baut auf die Reduktion von Aggression durch den Konsum medialer Gewalt. Sie funktioniert gemäß den Gesetzmäßigkeiten der → operanten Konditionierung (S. 88). Durch das Betrachten negativer Konsequenzen von Gewaltanwendung, z. B. dass der Täter dafür ins Gefängnis kommt, er im Anschluss an die Tat psychische Qualen durchlebt, verstoßen wird oder Selbstmord begeht, wird die Neigung des Mediennutzers zur Gewaltanwendung gehemmt. Allerdings stehen bei Gewaltdarstellungen in Medien seltener die negativen Folgen im Vordergrund.

Habitualisierungsthese	geht davon aus, dass durch den wiederholten Konsum von gewaltbetonten oder pornographischen Medieninhalten, die Erregung bzw. die Reaktion auf diese Medienbilder nachlässt. Es tritt ein Gewöhnungseffekt (Habitus = Gewohnheit) auf und dann Langeweile. Daher werden höhere Dosierungen notwendig, um das ursprüngliche Erregungsniveau wiederherzustellen z. B. im Hinblick auf Pornographie oder das Interesse an ausgefallenen Darstellungen und Praktiken von Gewalt.
Desensibilisierungstheorie	geht davon aus, dass es durch wiederholten Konsum gewalthaltiger Medieninhalte zu einer Abstumpfung gegenüber realer Gewalt kommt; die persönliche Wahrnehmung wird verändert und Formen der realen Gewalt werden als nicht besonders gewalttätig oder verwerflich eingestuft. Dadurch wird auch die Hemmschwelle zur eigenständigen Gewaltanwendung gesenkt. Erklärungsansatz: Es erfolgt eine → klassische Konditionierung (S. 86), indem die Betrachtung angst- oder abscheuerregender Szenen unbewusst mit angenehmen Dingen (wie z. B. der Nahrungsaufnahme in Form von Chips, Sofa, Zusammensein mit Freunden etc.) gekoppelt werden. Dadurch wird das Betrachten solcher Inhalte letztendlich als etwas Angenehmes wahrgenommen.
Sozial-kognitive-Lerntheorie	besagt, dass aggressives bzw. sexuelles Verhalten, wie jedes andere Verhalten auch, erlernt wird. Dieser Lernprozess muss nicht direkt stattfinden, sondern derlei Verhaltensweisen können auch stellvertretend, d. h. medial vermittelt, durch Beobachtung erlernt werden. → sozial-kognitive-Theorie (S. 90), Modelllernen. Relevant sind u. a. die Attraktivität des beobachteten Modells, z. B. gewaltausübende Film- oder Computerspielfigur und die Belohnung, die das Modell für sein Verhalten erhält. Gleichzeitig spielt auch die Persönlichkeit des Rezipienten eine große Rolle (z. B. die Übereinstimmung der beobachteten Handlungen mit persönlichen Überzeugungen, die persönliche Einschätzung, die gezeigten Handlungen kognitiv und physisch nachahmen zu können, das Ausmaß an → Selbstwertgefühl (S. 205) und Selbstvertrauen etc.).

• Medienkunde	Die Kenntnis über verschiedenen Medien: Was z. B. verstehen wir unter Podcasts, Weblogs etc.? Wie funktionieren diese? Wozu können diese Medien genutzt werden?
• Mediennutzung	Medien bedienen und zu eigenen Zwecken zielgeleitet nutzen können: z. B. wie können Suchmaschinen oder generell das Internet zur Recherche zuverlässiger Quellen für ein Referat oder eine Präsentation genutzt werden?
• Medienkritik	Medien mit Bezug zur eigenen Persönlichkeit reflektieren, bewerten und stichhaltig beurteilen können: z. B. was sind Vorteile und Gefahren der mobilen Internetnutzung? Wann ist es angebracht, diese Technik zu nutzen, wann nicht?
• Mediengestaltung	Medien für eigene Vorhaben produktiv und kreativ nutzen können: z. B. einen Film drehen, eine Homepage gestalten, eine Präsentation erstellen etc.
Ansätze der Medienpädagogik	Mit Blick auf die Medienpädagogik gibt es verschiedene Ansätze bzw. Schwerpunkte medienpädagogischen Handelns.
• Bewahren	Die eher bewahrenden medienpädagogischen Verfahrensweisen haben das Ziel, Kinder und Jugendliche vor risikohaften Einflüssen zu bewahren. Hierzu zählen u. a. Aktivitäten des Jugendmedienschutzes mit Altersfreigaben für Computerspiele, Spielfilme etc. vor allem explizit auf pornographische Darstellungen und Gewalthandlungen bezogen.
• Verarbeiten	Dabei geht es darum, problematische Medienerfahrungen von Kindern aufzugreifen und (z. B. bei Albträumen) Hilfestellungen zur Verarbeitung zu geben (z. B. in Form von Rollenspielen). Diesbezüglich können Medieninhalte auf Kinder verstörend wirken, die Erwachsene zu keinerlei Regung veranlassen.
• Hinterfragen	Aufklärung über Medien; es geht darum, mögliche Manipulationsabsichten von Medien zu beleuchten und zu durchschauen, um sich besser vor negativen Folgen schützen zu können. Zum Beispiel die Produktionsbedingungen, die Konstruktion, die verwendete Sprache etc. von Medienformaten (z. B. Doku-Soaps) zu kennen und zu analysieren, um mündig mit diesen Inhalten umgehen zu können; Ziel: ein kritischer Medienkonsument.

• Mediengewohnheiten reflektieren	Selbstreflexion der eigenen Mediennutzung mit dem Ziel zu lernen, den Medienalltag bewusst zu gestalten und sich über die Auswirkungen der Mediennutzung bei sich selbst bewusst zu werden. Gewohnheiten im Hinblick auf die Mediennutzung erkennen: z. B. „wenn ich von der Schule komme, lege ich mich als erstes auf mein Sofa und schalte den Fernseher ein". Im Anschluss dann analysieren, welche Bedürfnisse durch solche Gewohnheiten befriedigt werden, aber auch, wie sich diese Gewohnheiten auf mich und meine Lebensgestaltung auswirken. Hierbei geht es nicht um das Anprangern von als negativ angesehenen Verhaltensweisen, sondern um Selbsterkenntnis.
• selbst produzieren	Anregung zum Handeln: Der Nutzer soll aus der Konsumentenrolle herausgeholt und in die Produzentenrolle versetzt werden. Im Gegensatz zu den bisherigen Zugängen geht es bei diesem Ansatz nicht darum, die Medien als etwas tendenziell Bedrohliches zu betrachten, sondern zu lernen, deren immenses kreatives Schöpfungspotential für eigene Zwecke/Projekte einsetzen zu können.
Medienerziehung	Medienerziehung beinhaltet zwei Aspekte: 1. Erziehung zu einer angemessenen Mediennutzung in Form der medienpädagogischen Förderung der Medienkompetenz. 2. Erziehung durch Medien, z. B. in Form von Bild- und Tonträgern. Das bedeutet die Auswahl und den bewussten Einsatz von geeigneten Medien zur Anregung von Bildungsprozessen (z. B. die Kindersendungen „Löwenzahn" oder „Sesamstraße"). Medienerziehung betrifft vor allem die Arbeitsfelder Kindergarten, Schule, Jugendarbeit und familiäre Medienerziehung. Hilfestellungen, Rat und Hintergrundinformationen bieten hierbei wissenschaftliche Institutionen.

Kategorie: **Resilienz**

Resilienz

Lat. *resilire* = abprallen, hier „Widerstandsfähigkeit"; ist als eine Art Kompetenz zu verstehen, entwicklungsgefährdende Belastungen, Lebensumstände und Krisen im Laufe eines Menschenlebens positiv meistern zu können und nicht psychisch daran zu zerbrechen. Es handelt sich um ein Konstrukt, ein gedankliches Modell, das zahlreiche Einflüsse von Innen und Außen zu bündeln und miteinander in Beziehung zu setzen versucht. Es kann daher nicht eindeutig gemessen werden, wie z.B. die Sprachfähigkeit, die eindeutig gemessen, in deren Entwicklung beobachtet, in Stufen eingeteilt oder in einem Hirnareal lokalisiert werden kann.

Resilienzkonzept

Das Resilienzkonzept fußt u.a. auf Erkenntnissen der Gesundheitsforschung; es geht einerseits um „Risikofaktoren", die die „gesunde" oder regelgerechte Entwicklung eines Menschen gefährden; andererseits geht es auch darum, was einen Menschen widerstandsfähig gegen Krisen und Zerwürfnisse im Leben machen kann.

Salutogenese

Lat. *salus* für Heil und *genesis* für Entstehung, fragt nicht, „was macht Menschen krank", sondern „was erhält Menschen gesund?" bzw. „wie werde ich im Fluss des Lebens zu einem guten Schwimmer?" Aufbauend auf diesen Forschungen bilden die sogenannten → „Schutzfaktoren" (S. 182) einen wichtigen Bestandteil des Resilienzkonzeptes.

Anwendungszusammenhänge

Förderung von Resilienz bei Kindern und Jugendlichen, in der Kita, in Schulen, am Arbeitsplatz etc.; Aufgabe von Bildung und Erziehung bzw. der Förderung der Persönlichkeitsentwicklung Heranwachsender.

Entstehung

Resilienz beruht auf dem Erwerb von „Bewältigungskompetenzen", d.h., jedes Individuum nimmt selbst eine wichtige und vor allem aktive Rolle beim Erlernen von Widerstandsfähigkeit ein, wenngleich diese auch von genetischen bzw. vererbten Faktoren → Risikofaktoren beeinflusst werden. Sie ist nicht ein für alle Mal erworben und dann beständig vorhanden. Die persönliche Anfälligkeit, genauso wie die Kompetenz im Umgang mit widrigen Umständen, verändern sich im Laufe des Lebens. Umbruchsituationen, wie z.B. ein Umzug oder der Übergang in die weiterführende Schule spielen dabei eine wichtige Rolle. Wer zudem in einem Bereich widerstandsfähig ist, muss nicht in anderen Bereichen automatisch widerstandsfähig sein.

Risikofaktoren

In Bezug auf Entwicklung handelt es sich um Einflüsse, welche die gesunde Entwicklung des Kindes beeinträchtigen können.
Risikofaktoren werden unterschieden nach → Vulnerabilitätsfaktoren, → Stressoren (S. 182) und → traumatische Ereignisse (S. 182).

Vulnerabilitätsfaktoren

Verletzbarkeit bzw. Verwundbarkeit einer Person gegenüber genetisch biologischen und umweltbezogenen Faktoren, die das Risiko für eine fehlangepasste Entwicklung erhöhen (abgeleitet von lat. *vulnus* = Wunde).
Vulnerabilitätsfaktoren sind dabei Faktoren, die sich auf Defizite, Defekte und Schwächen des Kindes beziehen.

- primäre Vulnerabilitätsfaktoren

sind von Geburt an vorhanden wie z.B. unsere genetische Ausstattung in Form von Chromosomenanomalien, Schwierigkeiten bei der Geburt, schwierige Temperamentsveranlagungen oder chronische Erkrankungen wie Neurodermitis.

- sekundäre Vulnerabilitätsfaktoren

werden in der Interaktion mit der Umwelt erworben; z.B. durch Verhalten, das wir in der frühen Kindheit im Umgang mit für uns stressauslösenden Situationen durch die Art und Weise der Interaktion mit unseren Bezugspersonen erlernt haben (Bindungsverhalten, Urvertrauen). Ein anderer Faktor kann eine erworbene geringe Fähigkeit zur Selbstregulation von Anspannungs- und Entspannungszuständen sein.

Stressoren

Faktoren, die sich auf die soziale Umwelt etwa eines Kindes oder Heranwachsenden beziehen (äußere Reize) und seine Entwicklung dadurch beeinflussen, dass sie eine Anpassungsreaktion hervorrufen, z. B. ein niedriges Bildungsniveau der Eltern, ungünstige Erziehungspraktiken, ein niedriger sozioökonomischer Status, Scheidungen, Arbeitslosigkeit, Kriminalität, zerrüttete Familienverhältnisse oder Mobbing in der Schule; diese Faktoren unterscheiden sich im Hinblick auf deren Wirkung:

- Faktoren, die sich nur zu einem bestimmten Zeitpunkt bzw. in einem bestimmten Zeitraum auswirken (diskrete Faktoren): z. B. Scheidung
- Faktoren die sich durchgängig auswirken (kontinuierliche Faktoren): z. B. Armut, Alkoholismus der Eltern etc.
- Faktoren, die sich unmittelbar auf das Kind auswirken (proximale Faktoren): z. B. Erziehungspraktiken wie körperliche Bestrafung durch Schläge.
- Faktoren, die sich indirekt auf das Kind auswirken (distale Faktoren) wie z. B. Depression der Eltern.

traumatische Erlebnisse

Grenzerfahrungen, bei denen dem Menschen die Endlichkeit seiner irdischen Existenz bewusst wird; die Betroffenen erleben weitgehend machtlos eine Situation, der sie nichts bzw. wenig entgegenzusetzen haben; häufig Lebensgefährdung mit einem Gefühl des Kontrollverlusts.

Solche „Schicksalsschläge“ bzw. unvorhersehbaren und einschneidenden Ereignisse erschüttern den Glauben an die Steuerbarkeit der Welt, versetzen in das Gefühl des Ausgeliefertseins und der Hilflosigkeit und können schwerwiegende psychische Folgen nach sich ziehen, z. B. Naturkatastrophen, Krieg und Terror, schwere Verkehrsunfälle, Gewaltverbrechen, Vergewaltigung, Missbrauch, der plötzliche Tod einer nahestehenden Person oder eine lebensbedrohliche Diagnose wie z. B. Krebs in fortgeschrittenem Stadium.

Schutzfaktoren

sind sowohl psychosoziale Merkmale des Individuums als auch Eigenschaften der sozialen Umwelt, durch deren Vorhandensein die Wahrscheinlichkeit einer gesunden Entwicklung erhöht und die Wahrscheinlichkeit psychischer Störungen gesenkt werden kann; sie können vorliegende Risikofaktoren im

Leben etwa eines Kindes oder Heranwachsenden in deren Wirkung abschwächen oder beseitigen.
Liegen keine konkreten Risikofaktoren vor, auf die sie einwirken, spricht man allgemein von entwicklungsfördernden Faktoren.

kindbezogene Faktoren	sind individuelle, von Geburt an vorliegende oder später in der Auseinandersetzung mit der Umwelt erworbene Faktoren. Mindestens genauso wichtig sind jedoch die folgenden Schutzfaktoren:
• von Geburt an	Dinge, die das Kind mit der Geburt mitbringt, sind z. B. positive Temperamenteigenschaften wie Flexibilität, Aktivität oder Offenheit. Solche Eigenschaften rufen bei den Bezugspersonen Unterstützung, Aufmerksamkeit und Zuwendung hervor. Darüber hinaus können der Status des Erstgeborenen oder auch intellektuelle Eigenschaften als Schutzfaktoren wirksam werden.
• später erworben	Diese Faktoren hat sich ein Kind durch die Interaktion mit der Umwelt angeeignet; vor allem Selbstwirksamkeitsüberzeugungen, ein positives Selbstkonzept, Selbstwertgefühl, soziale Kompetenz, Lernbegeisterung, ein aktives und flexibles Bewältigungsverhalten sowie eine optimistische, zuversichtliche Lebenseinstellung. Auch der religiöse Glaube, Kreativität, Talente, Interessen und Hobbys sind zu diesen Schutzfaktoren zu zählen.
Schutzfaktoren in der Familie	Stabile Bezugsperson(en), die den Aufbau von Selbstvertrauen und das Streben nach Autonomie fördert(n); ein Erziehungsverhalten, das Struktur, Unterstützung und emotionale Geborgenheit bietet und sich darüber hinaus durch Feinfühligkeit und → Responsivität (S. 184) auszeichnet. Auch enge Beziehungen zwischen den Geschwistern können als Schutzfaktoren wirksam werden, wie auch unterstützende Netzwerke von Verwandten, Freunden und Nachbarn sowie die Stabilität der Familienstrukturen, der innerfamiliäre Zusammenhalt sowie eine konstruktive Kommunikationskultur. Auch die Qualität der Paarbeziehung der Eltern und deren Umgang miteinander sind mögliche Schutzfaktoren.

Neben diesen zwischenmenschlichen Komponenten können auch der sozioökonomische Status der Eltern sowie das Bildungsniveau der Eltern als Schutzfaktoren wirksam werden.

- Responsivität

Engl. *to respond* = antworten; ist die Fähigkeit, angemessen und prompt auf die Signale des Kindes reagieren zu können.

Schutzfaktoren im sozialen Umfeld

Institutionen und soziale Bezüge außerhalb der Familie, die günstig auf Risikofaktoren einwirken und ein Gegengewicht bilden können.

- Bildungsinstitutionen

Kindergarten, die Schule, die Berufsausbildung oder die Hochschule. Wichtig hierbei sind: klare und transparente Regeln und Strukturen, auf deren Einhaltung wechselseitig geachtet wird, eine Atmosphäre, in der kein Kind bzw. kein Jugendlicher Angst zu haben braucht, ein wertschätzendes Klima, das sich durch Wärme, Respekt und Akzeptanz auszeichnet.
Daneben ist eine hohe, jedoch stets angemessene Leistungsanforderung förderlich, die in Zusammenhang steht mit der positiven Verstärkung der Anstrengungsbereitschaft z. B. durch Lob und Anerkennung.
Neben Gleichaltrigen sind zudem die Eltern im Sinne der Erziehungspartnerschaft mit ins Boot zu holen.
Darüber hinaus sollten in diesen Einrichtungen Lebensbewältigungskompetenzen erfahren, geübt und erlernt werden.

- das weitere soziale Umfeld

Hierzu zählen fürsorgliche Erwachsene, die als Rollenmodelle dienen wie z. B. Lehrer, Freunde, Nachbarn, der Trainer im Sportverein etc. Aber auch Ressourcen auf kommunaler Ebene wie Angebote zur Familienbildung, Beratungsstellen etc.
Zudem können gesellschaftliche Bedingungen wie z. B. Arbeitsmöglichkeiten oder das Vorhandensein positiver Rollenmodelle sowie die Normen und Werte einer Gesellschaft als Schutzfaktoren wirken.

Wechselwirkung von Risiko- und Schutzfaktoren

Die einzelnen Schutzfaktoren und Risikofaktoren wirken nicht monokausal (von einer Ursache ausgehend).

Beispiel: das Vorhandensein einer positiven Freundschaftsbeziehung führt dazu, dass die Einflüsse durch eine verwahrloste Wohngegend gemindert werden können. Es handelt sich meistens um Wirkungen von Schutz- wie auch Risikofaktoren.

Netzwerk an Schutzfaktoren

Man spricht dann von → „multiplen schützenden Bedingungen".

Beispielsweise trägt die positive Bindungsbeziehung zu einer Bezugsperson zum Aufbau eines positiven Selbstbildes bei, was wiederum dazu führt, dass sich ein Kind als selbstwirksamer erlebt. Gleichzeitig sind Personen, die über ein positives Selbstbild verfügen, besser dazu in der Lage, soziale Beziehungen aufzubauen und bei widrigen Bedingungen soziale Unterstützung abzurufen.

- multiple schützende Bedingungen

Manche Menschen bauen ein zusammenhängendes Netzwerk an Schutzfaktoren auf und verfügen somit über eine Vielzahl von einander unterstützenden Schutzfaktoren. Solche Menschen sind möglicherweise in der Lage, trotz vielfältiger widriger Umstände, eine positive Entwicklung zu durchlaufen.

- multiple gefährdende Bedingungen

Die wechselseitige Vernetzung der Schutzfaktoren kann auch dazu führen, dass manche Menschen wenige bis gar keine persönlichen Ressourcen und Schutzfaktoren aufweisen. Beispielsweise wenn Sie keine gute Bindung zu den Eltern hatten, darauf aufbauend kein gesundes Selbstwertgefühl entwickeln konnten und ggf. nicht in der Lage sind, positive Kontakte zu anderen Menschen aufzubauen. Ein solches Muster wird zudem begünstigt, wenn die betreffenden Kinder in Brennpunkten mit hoher Arbeitslosigkeit, wenig positiven Vorbildern und z. B. hoher Kriminalitätsrate aufwachsen. Man spricht dann von „multiplen gefährdenden Bedingungen".

Wirkung von Risiko- und Schutzfaktoren

Das Zusammenspiel von Risiko- und Schutzfaktoren in ihrer wechselseitigen Wirkung aufeinander, dazu liegen zwei grundsätzliche Sichtweisen vor:

• Sichtweise der Kompensation	geht davon aus, dass Schutz- und Risikofaktoren in direktem Bezug zueinander stehen und dass durch das Ergebnis der Interaktion beider Faktorenarten die Entwicklung des Kindes entweder direkt oder indirekt beeinflusst werden kann. Bestenfalls kann es zu einer Neutralisation der Risikofaktoren durch geeignete Schutzfaktoren kommen. Dabei ist zu berücksichtigen, dass ggf. Schutzfaktoren nur bei gegebenen Gefährdungsbedingungen wirksam werden können und sowohl Risiko- als auch Schutzfaktoren sich in deren Wirkung addieren können.
• Sichtweise des Kompetenzerwerbs	sieht Risikobedingungen als Herausforderung an; durch eine erfolgreiche Bewältigung von Risikobedingungen kann die Kompetenz zur erfolgreichen Bewältigung von lebenstypischen negativen Einflüssen erhöht werden, falls ausreichend Schutzfaktoren zur Verfügung stehen und damit den Erwerb der benötigten Kompetenzen unterstützen.
Resilienzfaktoren – Förderung von Bewältigungskompetenzen	Faktoren, die zur Bewältigung von aktuellen Krisen und Anforderungen benötigt werden und damit für die Förderung von Resilienz maßgeblich sind. Sie gilt es im Rahmen von Erziehung und Bildung zu fördern, um die Bewältigungskompetenz von Heranwachsenden zu stärken.
• Selbst- und Fremdwahrnehmung	Angemessene Selbsteinschätzung und Informationsverarbeitung: z. B. resiliente Kinder kennen die verschiedenen Gefühle und können sie adäquat (angemessen) ausdrücken (mimisch und sprachlich); sie können Stimmungen bei sich und anderen erkennen und einordnen; sie können sich, ihre Gefühle und Gedanken reflektieren und in Bezug zu anderen setzen.
• Selbststeuerung	Regulation von Gefühlen und Erregung: Resiliente Kinder können beispielsweise ihre Gefühlszustände selbstständig regulieren bzw. kontrollieren; sie wissen, was ihnen hilft, um sich selber zu beruhigen und wo sie ggf. Hilfe holen können. Sie kennen Handlungsalternativen und Strategien zur Selbstberuhigung.

• Selbstwirksamkeit	Die Überzeugung, Anforderungen bewältigen zu können: Z. B. resiliente Kinder kennen ihre eigenen Stärken und Fähigkeiten und sind stolz darauf. Sie können ihre Erfolge auf ihr Handeln beziehen und wissen, welche Strategien und Wege sie zu ihrem Ziel gebracht haben.
• soziale Kompetenzen	Unterstützung holen, Selbstbehauptung, Konfliktlösung: Resiliente Kinder können auf andere Menschen zugehen und Kontakt aufnehmen. Sie können sich in andere einfühlen und soziale Situationen einschätzen; sie können sich aber auch selbst behaupten und Konflikte adäquat lösen.
• Umgang mit Stress	Fähigkeit zur Realisierung vorhandener Kompetenzen in der Situation: Resiliente Kinder können beispielsweise für sie stressige Situationen einschätzen. Sie kennen Bewältigungsstrategien und können diese anwenden; sie wissen, wie sie sich Unterstützung holen können und wann sie diese brauchen; sie können die Situation reflektieren und bewerten.
• Problemlösen	Strategien zum Umgang und zum Lösen von Problemen: Resiliente Kinder haben gelernt, sich realistische Ziele zu setzen. Sie trauen sich, Probleme direkt anzugehen und kennen dafür Problemlösestrategien und sind in der Lage, verschiedene Lösungsmöglichkeiten zu entwickeln.

Kategorie: **Sonderpädagogik**

Sonderpädagogik	Teildisziplin der → Pädagogik (S. 11) mit dem Fokus auf die Lebenssituation und die besonderen Bedürfnisse von Menschen mit Behinderung.
als Studienfach	Das Lehramt „Sonderpädagogik" bereitet auf den Unterricht von Kinder und Jugendlichen mit körperlichen, geistigen, emotionalen und sozialen Beeinträchtigungen vor.
Arbeitsfelder	Das erziehungswissenschaftliche Studium der Sonderpädagogik mündet in eine Tätigkeit in sozialpädagogischen Einrichtungen, Beratungs- und Therapieeinrichtungen, Erwachsenenbildung, Behindertenwerkstätten und in Verbänden.
Begriffsproblematik	Der Begriff Sonderpädagogik entstand in den 1960er Jahren. Es war ein Fortschritt, die besondere Bedürfnislage von Kindern und Jugendlichen mit Behinderung zu erkennen und entsprechende Strukturen zu schaffen: Studiengänge, Sonderschulen nach Behinderungsart, Beratungsstellen usw. Im Zuge der → Inklusion (S. 196) wird der Begriff Sonderpädagogik aber kritisch gesehen, denn er teilt die Gesellschaft in „Behinderte" und „Nichtbehinderte" ein, stigmatisiert Menschen mit Behinderung.
Heilpädagogik	Der Begriff entstand im 19. Jh. Damals wurden Behinderungen erforscht, ihr Erscheinungsbild beschrieben, Ursachen und Behandlungsmethoden gesucht. Der Begriff Heilpädagogik ist vor diesem „krankheitsbezogenen" Hintergrund zu sehen. Tatsächlich ist ein Schwerpunkt bis heute die therapeutische Arbeit. → Therapien (S. 199).
als Studienfach	ist die Heilpädagogik tendenziell auf die außerschulische Arbeit mit Menschen mit Behinderung gerichtet: im Alltag begleiten, mit Eltern und Fachdiensten zusammenarbeiten, erziehen, diagnostizieren und zielgerichtet fördern.

Behindertenpädagogik

Der Begriff entstand in den 1970er Jahren in Abgrenzung zur → Heilpädagogik (S. 188) und → Sonderpädagogik (S. 188).
Er verlagerte den Schwerpunkt von den „zu Erziehenden" und „zu Therapierenden" hin zur Bedürfnislage von Menschen mit Behinderung jeglichen Alters und in allen Lebensbereichen sowie zur politischen und gesellschaftlichen Verantwortung.
Heute werden die Begriffe Sonderpädagogik und Behindertenpädagogik oft synonym benutzt.
Arbeitsfelder → Sonderpädagogik.

Begriffsproblematik

Der Begriff rückt die Behinderung in den Vordergrund, als sei diese das wichtigste Persönlichkeitsmerkmal einer Person mit Behinderung.

Behinderung

im Sozialgesetzbuch IX (SGB)

„Menschen sind behindert, wenn ihre körperliche Funktion, geistige Fähigkeit oder seelische Gesundheit mit hoher Wahrscheinlichkeit länger als sechs Monate von dem für das Lebensalter typischen Zustand abweichen und daher ihre Teilhabe am Leben in der Gesellschaft beeinträchtigt ist." SGB IX, §2, Abs. 1

nach der ICIDH = International Classification of Impairments, Disablilities and Handicaps

Die Eckpunkte von Behinderung sind:
- „impairment" (Schädigung, z. B. des Gehirns, eines Organs)
- „disability" (Funktionseinschränkung, z. B. bei Blindheit nicht lesen können) und
- „handicap" (Barrieren, insbesondere gesellschaftliche)

nach der ICF = Internationale Klassifikation der Funktionsfähigkeit, Behinderung und Gesundheit[2]

Von der WHO herausgegebenes Regelwerk zur Beschreibung von Behinderungen für Ärzte und Sozialversicherungsträger.
Behinderung wird gesehen als Wechselwirkung zwischen den folgenden Komponentengruppen:

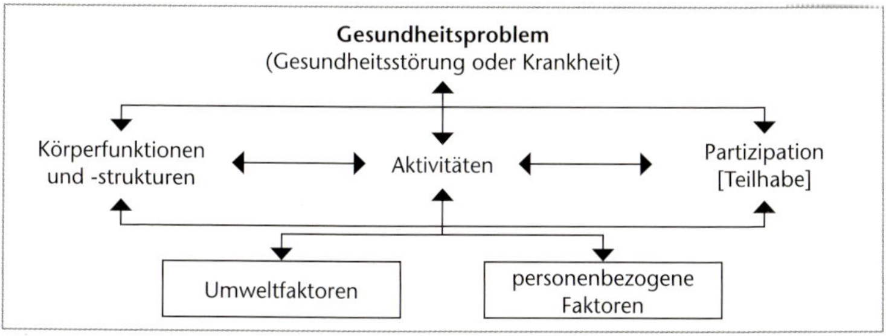

Erläuterung:
Funktionsfähigkeit bzw. Einschränkungen einer Person in den Bereichen:

- Funktionen (z. B. Sehfähigkeit) und Strukturen des menschlichen Organismus (Organe, Gliedmaßen)
- Tätigkeiten einer Person und Teilhabe, z. B. Selbstversorgung, Kommunikation, Mobilität, soziale Kontakte, Bildung, Erwerbsleben,

Kontextfaktoren

- Umweltfaktoren, u. a. Rechte, das Gesundheitswesen, Hilfesysteme, Werte und Einstellungen, Standards
- Personenbezogene Faktoren (sind in der ICF nicht beschrieben).

Biomedizinischer Behindertenbegriff
Die Schädigungen und Einschränkungen bestimmen die Sichtweise auf den Menschen und seine Möglichkeiten = *Defizitmodell.*

Biopsychosozialer Behindertenbegriff
Sichtweise auf Behinderung als Wechselwirkung von Schädigung, Funktionseinschränkung, Barrieren und Persönlichkeit; dieser Begriff ist weiter gefasst, schließt die gesellschaftliche Verantwortung und die persönlichen Ressourcen mit ein = *Ressourcenmodell.*

Paradigmenwechsel
Änderung einer Sichtweise; über Jahrzehnte wurde vor allem das vorliegende Defizit bei Menschen mit Behinderung gesehen. Als Qualität galt die bestmögliche Betreuung und Versorgung vorzugsweise in einer Gruppe „Gleichartiger". Häufig wurden Entscheidungen über ihren Kopf hinweg getroffen. Inzwischen steht der Mensch im Mittelpunkt, wie auch seine Rechte und Hilfen, die er braucht, um am gesellschaftlichen Leben teilnehmen zu können. Der Paradigmenwechsel hat sich im Recht (Leistungsansprüche) niedergeschlagen, in Strukturen (Assistenz zur Teilhabe am gesellschaftlichen Leben) und im Sprachgebrauch: Korrekterweise heißt es heute „Menschen mit Behinderung" statt „Behinderte".

Systematik der Behinderungen
Einteilung nach Ursachen, dem Zeitpunkt der Schädigung, nach Erscheinungsformen, nach Schweregrad.

Ursachen von Behinderung	Auslöser der Schädigung: eine körperliche Disposition (Chromosomen- oder Genanomalie) oder eine Zufügung von außen (Unfall, Infektionskrankheit oder Alkoholkonsum der Schwangeren).
genetisch bedingt	Von den Eltern übertragene oder auch zufällig entstandene (Spontanmutationen) Genanomalien. Der Gencode enthält die gesamte Erbinformation eines Lebewesens. Im Gencode können Chromosomen-, monogene oder polygene Anomalien angelegt sein. Bei den monogenen Anomalien enthält nur ein Gen die Information z. B. für die Fehlbildung eines bestimmten Enzyms, oder es wirken viele nicht nachweisbarer Gene wie auch Umweltfaktoren zusammen.
Phenylketonurie/ Guthrietest	Stoffwechselkrankheit; führt bei Schwangerschaft ohne Diäteinhaltung i. d. R. zu geistiger Behinderung des Kindes, Häufigkeit 1:8000; Der Guthrietest dient zum Nachweis der Phenylketonurie.
Chromosomenanomalie	Bei der Befruchtung verschmelzen zwei haploide (einfache) Chromosomensätze zu einem diploiden (doppelten); jeder Mensch hat in jeder Körperzelle 22 doppelt angelegte Chromosomen sowie das Geschlechtschromosom XX oder XY (weibl./männl.). *Chromosomenanomalie:* Translokationen, strukturelle Fehlbildungen, doppelt vorhandene oder fehlende Chromosomen sind häufigste Ursache geistiger Behinderung, am bekanntesten ist das Down-Syndrom.
• Trisomie	Drei Chromosomen oder drei statt zwei Chromosomenärmchen auf einem Chromosom. Trisomie kann eine geistige und/oder Körperbehinderung hervorrufen.
• Mosaik	Nach der Befruchtung entstehen im Zellteilungsprozess Linien mit fehlerfreiem und solche mit fehlerhaftem Chromosomensatz, ein Betroffener kann z. B. die äußeren Merkmale von Down-Syndrom haben, aber normal begabt sein.
Mangelernährung	Mangelernährung, z. B. Mangel an Vitaminen und/ oder Mineralstoffen, mangelnde Pflege und Zuwendung können zu Minderwuchs und Intelligenzminderung führen.

Geburtsschäden	Sauerstoffmangel oder Druck auf das Gehirn können zu Spastik, Epilepsie, geistiger Behinderung, Sehbehinderung führen.
Krankheiten	Röteln während der Schwangerschaft oder Hirnhautentzündung, Kinderlähmung, Schlaganfall nach der Geburt können geistige und/oder Körperbehinderung verursachen.
Unfall, Einwirkung von außen	verursachen z. B. Gliedmaßenverlust, Verletzungen eines Organs, des Gehirns, der Wirbelsäule; Alkoholkonsum während der Schwangerschaft kann Behinderung zur Folge haben.
Erscheinungsformen von Behinderungen	Geistige-, Lern-, Körper-, Hör-, Seh-, Sprach- und psychosoziale Behinderung, offizielle Einteilung auch der Sonderschulen und der Studienschwerpunkte an Hochschulen.
Lernbehinderung	Deutlich eingeschränktes Aufnahme-, Verarbeitungs-, Abstraktionsvermögen und Lerntempo.
Geistige Behinderung	Schaden, bzw. funktionelle Störung der geistigen Fähigkeiten eines Menschen; neben dem Down-Syndrom kommen u. a. vor Fra(giles)-X-Syndrom/synonym Martin-Bell-Syndrom (1:4000 Lebendgeborene), Edward-Syndrom (1:6000), Williams-Beuron-Syndrom (1:10000). Manche Behinderungen tragen den Namen der Personen, die die Behinderung wissenschaftlich erfasst haben.
Syndrom	Mehrere typische Merkmale in typischer Kombination, z. B. Down-Syndrom.
Down Syndrom, Trisomie 21, Mongolismus (veraltete Bezeichnung)	Drei Namen für dieselbe geistige Behinderung: mandelförmige Augenform, Herzfehler (40–60 %), rundlicher Kleinwuchs, Kontaktfreude; Häufigkeit: 1:700 Lebendgeborene, ca. 1:40 bei Gebäralter der Mutter über 40 J., benannt nach dem Arzt JOHN LANGDON-DOWN, der diese Behinderung erstmals wissenschaftlich erfasst hat, bzw. nach dem dreifach vorhandenen 21. Chromosom.
Körperbehinderung	Gliedmaßen-, Knochenapparat-, Muskel- und Organfehlbildungen, Funktionsstörungen z. B. des Zentralen Nervensystems (Epilepsie, Spastik), der Lunge, des Herzens, der Haut, Kleinwuchs, i. w. S. alle Sinnesschäden.
ZNS, cerebral	im Bereich des zentralen Nervensystems (ZNS)

Cerebralparese	Umgangssprachlich: Spastik; Ursache: Schaden am ZNS, beeinträchtigt sind Stützapparat, Bewegungskontrolle und Bewegungsablauf.
peripher	im äußeren Körperbereich (z. B. Gliedmaßen)
Tonus	Muskelspannung
Athetose	unberechenbare Schwankung des Muskeltonus z. B. bei Cerebralparese
Hypertonie	übermäßige Muskelspannung
Hypotonie, Ataxie	schlaffe Muskelspannung
Plegie	totale Lähmung
Hemiplegie	unvollständige Halbseitenlähmung
Dysmelie	angeborene Fehlbildung der Gliedmaßen z. B. „Klumpfuß"
Dysmorphie	Sammelbegriff für Fehlbildungen generell, z. B. an Kopf, Gliedmaßen, Geschlechtsteilen
Spina bifida	Umgangssprachlich „offener Rücken", Spaltbildung an der Wirbelsäule infolge unvollständigen Neuralrohrverschlusses; leichte bis schwere Beeinträchtigung z. B. der Muskel-, Magen-, Darmfunktion, relativ häufig Epilepsie, geistige Behinderung, falls das Gehirn betroffen ist, Häufigkeit 1:1000.
Hydrocephalus	Umgangssprachlich Wasserkopf; Liquorabflussstörung; bewirkt einen Hirnflüssigkeitsstau und erweitert die Liquorräume im Gehirn; angeboren oder erworben z. B. durch Hirnhautentzündung; akute Symptome: u. a. Kopfschmerzen, Übelkeit, Doppelbilder, Bewegungsunsicherheit.
• Shunt	Operativ eingesetztes Schlauchsystem zur Ableitung von Hirnflüssigkeit in den Magen und zur Druckentlastung.
Epilepsie	Hirnfunktionsstörung mit abnormer elektrischer Entladung in Nervenzellverbänden.
• grand mal	Großer epileptischer Anfall mit Bewusstseinsverlust und Verlust der Körperkontrolle, ggf. setzt die Atmung aus.

- petit mal: Kleiner Anfall; Körperkontrolle ist vorhanden, ggf. stereotype Bewegungen, der Betreffende ist nicht ansprechbar (Absence).

Hyposomie/Microsomie: Kleinwuchs, Körperlänge bei Frauen bis 140, bei Männern 150 cm, ggf. unter 100 cm, proportioniert oder unproportioniert, Ursachen z. B. Chromosomenanomalie, Genmutation, Mangelernährung, Stoffwechselstörung.

Autismus

Dauerhafte Störung der Wahrnehmung und Informationsverarbeitung, Sprachentwicklungsverzögerung, Kommunikationsstörung, gestörte Objektbeziehungen, Zwänge, Bewegungsstereotypien, möglich – aber nicht generell – geistige Behinderung, vereinzelt: Inselbegabung z. B. im Rechnen.

Kanner-Syndrom
- Kanner-Syndrom: frühkindlicher Autismus; etwa ab 10. Lebensmonat erkennbar

Asperger-Syndrom
- Asperger-Syndrom: tritt nach dem 3. Lebensjahr auf; Häufigkeit 1:5000.

Fetales Alkoholsyndrom (FAS)

Entsteht durch Alkoholkonsum während der Schwangerschaft; Häufigkeit: 1:300 Lebendgeborene (errechnet); konkret: 2000–4000 Kinder pro Jahr sind stark geschädigt (Vollbild), das sind 10 % aller derart Geschädigten.
FASD ist die häufigste Ursache für eine angeborene Behinderung und ist irreparabel. Merkmale bei starker Schädigung: verringertes Wachstum, auch des Kopfumfangs, Gesichtsauffälligkeiten, Lern- bis geistige Behinderung, mangelnde Impulskontrolle, öfter auch Hyperaktivität, soziale Anpassungsschwierigkeiten, jedoch auch ein relativ gut ausgeprägtes Sprachvermögen.
FASD = Fetal Alcohol Spectrum Disorder
FAS = Fetale Alkoholspektrum-Störung, auch Alkoholembryopathie genannt
PFAS = deutsche Bezeichnung für das gleiche Phänomen: Partiale Fetale Alkoholspektrum-Störung.

Mehrfachbehinderung

Kombination mehrerer Beeinträchtigungen, bei Mehrfachbehinderung gilt die Behinderung mit der stärksten Auswirkung als dominante Behinderung.

Grad der Behinderung (GdB)
Grad der Schädigungsfolgen (GdS)

bezeichnen das Ausmaß an körperlichen, geistigen, seelischen und sozialen Einschränkungen durch einen Gesundheitsschaden. Ermittelt werden der GdB und der GdS durch einen Arzt. Grundlage ist die → ICF (S. 189).
Notwendig ist die Feststellung für Leistungsansprüche zu Rehabilitation und für Nachteilsausgleiche.
Der GdB ist in 10er Schritten gestaffelt. Der Verlust einer Hand am Handgelenk führt z. B. zum GdB von 55.

Schwerbehinderung

Eine Behinderung ab dem GdB von 50 gilt als Schwerbehinderung.

Heilpädagogische Prinzipien (Auswahl)

Leitgedanken für die professionelle Arbeit mit Menschen mit Behinderung und für politische Entscheidungen:

Normalisierung

Einen normalen Tages-, Wochen-, Jahresrhythmus erleben, mit beiden Geschlechtern und in mehreren Lebensbereichen: Wohnen, Nachbarschaft, Schule, Arbeitswelt, Gemeinde; gesellschaftliche Institutionen wurden entsprechend angepasst; in den 1970er Jahren von dem Schweden Nirie geprägter Begriff.

Empowerment

Engl. für „stark machen", um mit vorhandenen Fähigkeiten am Leben teilzunehmen, beinhaltet sowohl Funktionstraining als auch das Akzeptieren der Beeinträchtigung.

Selbstbestimmung

Hier: Ermöglichung weitestgehender Selbstbestimmung in allen Lebensbereichen; während der Independent-Living-Bewegung von körperbehinderten Menschen in den USA geprägter Begriff.
Unabhängig von ihrer Geschäftsfähigkeit haben Menschen mit Behinderung Mitbestimmungsrechte. Im Wohnheim haben sie ein aktives und passives Wahlrecht zur Interessenvertretung z. B. hinsichtlich Unterkunft, Versorgung, Freizeitgestaltung. Entsprechendes gilt für die Werkstatt.

Assistenz

auch bezeichnet als persönliche Assistenz; von Menschen mit Behinderung selbst bestimmte Unterstützung und Pflege sowie Hilfe bei allen anderen Verrichtungen des täglichen Lebens wie etwa im Berufsalltag durch eine weitere Person; grenzt sich von Begriffen wie Pflege, Versorgung oder Betreuung ab, die mit Fremdbestimmung assoziiert werden.

Inklusion

Gleichberechtigtes Zusammenleben und Chancengleichheit in einer Gesellschaft der Vielfalt, Vermeidung von Separation (Aussonderung) und Sonderbehandlung; beispielsweise Berücksichtigung der Bedürfnisse von Menschen mit Behinderung in allen Lebensbereichen wie Wohnen, Arbeit, Bildung, Freizeit und bei politischen Entscheidungen (Gesellschaftliche Teilhabe).
Bezieht sich auf alle Menschen in ihrer Unterschiedlichkeit, z. B. bezogen auf Geschlecht, kulturelle Herkunft, Alter, Behinderung.

Diversität

Konzept der Soziologie; meint die Unterschiedlichkeit von Menschen und deren Anerkennung im Hinblick auf gruppenbezogene- und individuelle Merkmale wie insbesondere: Kultur (Ethnie), Alter, Geschlecht, sexuelle Orientierung, Behinderung, Religion (Weltanschauung); häufig synonym benutzt mit dem Begriff Vielfalt; wird positiv als Bereicherung für das menschliche Miteinander gesehen.

Heterogenität

Verschiedenheit der Menschen; betont die Unterschiedlichkeit von Menschen anhand von Heterogenitätsmerkmalen wie Milieuzugehörigkeit, kulturelle bzw. ethnische Herkunft, Geschlecht, Behinderung, sexuelle Orientierung und Religion; wird als Begriff häufig im Bereich von Schule und Unterricht verwendet.

Integration

Maßnahmen zur (Wieder)Eingliederung in gesellschaftliche Lebensbereiche: Kindergarten, Schule, Beruf, Gemeinde;

gestützt/nicht gestützt — durch Fachdienste begleitet bzw. nicht begleitet.

Integrationsquote — Anteil integrierter Kinder mit Behinderung in %, ausgehend von
a) allen Kindern mit Behinderung
b) 50 % der Kinder mit Behinderung,
die integrationswilligen (die unter b) genannte Prozentzahl ist beispielhaft gesetzt.
Eine Integrationsquote von 100 % bedeutet im zweiten Fall, dass 50 % aller Kinder mit Behinderung Regeleinrichtungen besuchen.

Case-Management

Das Organisieren und Koordinieren von Hilfeleistungen für einen Menschen mit Behinderung:
Dazu gehört in einer Situationsanalyse die Einschränkungen, Lebenssituation, vorhandenes Unterstützungssystem und persönliche Ressourcen festzustellen sowie Ansprüche auf Leistungen nach dem → Sozialgesetzbuch zu prüfen und geltend zu machen.

Rechte von Menschen mit Behinderung (Auswahl)

Grundsätzlich haben Menschen mit Behinderung die gleichen Rechte wie alle Bürger. Bei besonderem Schutz- und Versorgungsbedarf haben sie Ansprüche, die im Sozialgesetzbuch (SGB IX) geregelt sind.

in der Behindertenrechtskonvention

2009 in Kraft getreten, legt v. a. das Recht auf Chancengleichheit und Nichtdiskriminierung fest, auf → Inklusion (S. 196) in der Bildung, auf das Höchstmaß an Gesundheit, auf Teilhabe am politischen und öffentlichen Leben und auf Mitsprache (Behindertenrechtskonvention Art. 24, 25, 12, 29 c).

im BGB

Bei der Entscheidung über Leistungen und deren Ausführung haben Menschen mit Behinderung ein Wunsch- und Wahlrecht.

Selbstbestimmung und Rechtsfähigkeit

Wenn Volljährige wegen einer geistigen, körperlichen oder seelischen Behinderung bzw. psychischen Krankheit ihre Angelegenheiten nicht selbstständig regeln können, wird vom Betreuungsgericht ein Betreuer bestellt. Auch hierbei gilt das Wunsch- und Wahlrecht.

im Sozialgesetzbuch – SGB

Wer von Behinderung bedroht, bzw. behindert und dauerhaft erwerbsgemindert ist, hat Anspruch auf Früherkennung und Frühförderung, auf Hilfe zum Lebensunterhalt oder Grundsicherung, Hilfen zur Gesundheit und zur Pflege, auf Eingliederungshilfen, auf Leistungen zur Rehabilitation und zur Teilhabe am gesellschaftlichen Leben.
Zweck ist, drohender Behinderung vorzubeugen, Folgen von Behinderung zu kompensieren und Mehraufwendungen in gewisser Weise auszugleichen, z. B. durch Blindengeld.

- **Teilhabe an der Gemeinschaft**: Die Selbstständigkeit soll so lange wie möglich erhalten bleiben, deshalb gibt es u.a. Förderungen zum Erwerb von Fähigkeiten der Lebensführung, der Verständigung, zur bedürfnisgerechten Wohnungsanpassung, zur Begegnung mit Nichtbehinderten und Assistenz zum Besuch von Veranstaltungen und Geselligkeiten.
- **Leistungen für Bildung und Teilhabe**: Übernahme von Beförderungskosten, Zuschüsse für eine Schulausstattung, Mittagessen in der Schule, Schulausflüge, Sport, Kultur, Geselligkeit.
- **Eingliederungshilfe, Teilhabe am Arbeitsleben**: Leistungen für die schulische und berufliche Bildung und für den Erwerb eines Arbeitsplatzes; dazu gehören u. a. Berufsvorbereitung, Berufsausbildung, ggf. Hilfsmittel oder Assistenz am Arbeitsplatz, Unterstützung durch Integrationsfachdienste, Beschäftigung in Werkstätten, Kündigungsschutzgesetz.

Werkstättengesetz
regelt die Beschäftigungssituation von Personen, die wegen der Art oder Schwere ihrer Behinderung keine Anstellung auf dem allgemeinen Arbeitsmarkt finden. Zweck ist, ihre Persönlichkeit und ihre Fähigkeiten weiterzuentwickeln und ihren Sozialversicherungsstatus herzustellen.

Heimgesetz
formuliert Standards an Räume, die Fachlichkeit des Personals und an den Heimbetrieb.
Es ist ein Wohn- und Betreuungsvertrag erforderlich, wie auch eine Dokumentation der Pflegeplanung, Pflegedurchführung und der Maßnahmen zur Qualitätssicherung.

Beratung/Therapien
Unterstützungsangebote für Menschen mit Behinderung und ihre Angehörigen, die dem Prinzip der → Einzelfallhilfe (S. 54) folgen.

Genetische Beratungsstelle: Meist Abteilung einer Universitätsklinik; für Menschen mit Kinderwunsch, die genetisch bedingte Krankheiten oder Behinderungen für sich selbst oder ihre Nachkommen befürchten.

Sonderpädagogische Beratungsstellen: Aufgabenbereich einer Sonderschule und insofern auf eine Behinderungsart spezialisiert, Beratung und Frühförderung durch Sonderschullehrer.

SPZ = Sozialpädiatrisches Zentrum
Klinik für Kinder und Jugendliche bis 18 Jahre mit Störungsbild oder Behinderung; interdisziplinär; Diagnostik, Beratung und Therapie, medizinische, psychologische Behandlung.

- **Anamnese**
  Krankheits- oder Entwicklungsverlauf eines Menschen erfassen.
- **Katamnese**
  Dokumentation der Behandlung und abschließender Erfolgsbericht.
- **Diagnose**
  Feststellung einer Krankheit am Ende einer ärztlichen Untersuchung, Grundlage für einen (interdisziplinären) Behandlungsplan.

Frühförderung

Früherkennung und Förderung von Kindern im Alter von 0–6 Jahren, die eine Behinderung haben oder davon bedroht sind, sowie Beratung ihrer Eltern.

Prinzipien der Frühförderung

- Familienorientierung: Hausbesuche, Hilfe bei der Bewältigung des Alltags und der neuen Lebenssituation, Einbezug der Familienangehörigen
- Ganzheitlichkeit: den ganzen Menschen in die Förderung einbeziehen, die Behinderung nur als Teil der Person sehen
- Interdisziplinarität: Zusammenarbeit medizinischer, psychologischer, therapeutischer, juristischer und sozialpädagogischer Fachkräfte

Therapien (Auswahl)

Basale Stimulation
Stimulanz mit Licht-, Farb-, Aroma- Klang-, Tastreizen und solchen für die Tiefensinne (z. B. Wasserbett). Zweck: Sinne aktivieren und Nervenbahnen verschalten; die Patienten sollen aufmerken, sich hinwenden, fixieren, aktiv werden.

Ergotherapie
Altgr. *ergon* = Arbeit, Training für die Handlungsfähigkeit im Alltag, im Beruf, der Freizeit, z. B. Selbstversorgung: Reißverschluss schließen, Arbeitsabläufe einüben, zur Verbesserung der Lebensqualität und der längstmöglichen Selbstständigkeitserhaltung.

Logopädie
Diagnostik und Therapie von Stimm-, Sprach- und Sprechstörungen.

Motopädagogik
Bewegungstherapie mit dem Ziel, Bewegung und Seelenleben in Einklang zu bringen, Selbstwertgefühl durch Bewegungskönnen und Bewegungskönnen durch Erfolgserlebnisse steigern.

VOJTA-Therapie	Hier: krankengymnastische Übungsbehandlung für Menschen mit Körperbehinderung/Schädigungen am → ZNS (S. 192), Aufbau gesunder Bewegungsmuster (Muskelketten) über bestimmte Stützpunkte, Hemmung von falschen Bewegungsmustern und Schonhaltungen; eine Methode nach VOJTA.
BOBATH-Therapie	Hier: krankengymnastische Übungsbehandlung für Menschen mit Körperbehinderung/Schädigungen am → ZNS (S. 192),: Zweck: Regulation des Muskeltonus, Hemmung von Spastik, Training von Bewegungsabläufen und Selbstpflegetraining, nach BONATH/BOBATH.
Mobilitätstraining	Hier: ein Training, das z. B. Blinde (und andere Menschen mit Behinderung) befähigt, ihre Wege selbstständig zu bewältigen, sie gehen mit dem Trainer die Strecken ab und lernen auch, öffentliche Verkehrsmittel zu nutzen.
Reittherapie/ Hippotherapie	Übergreifender Wert: Mensch-Pferd-Beziehung: – Hippotherapie, abgeleitet von gr. *hippos* = Pferd nutzt das Bewegungsmuster des Pferdes, um Spastik für eine gewisse Zeit zu entspannen. – Heilpädagogisches Reiten: eine tiergestützte Therapie zur Förderung von Kontaktfähigkeit, Rücksichtnahme, Mut, Ausdauer u. a. m. – Behindertenreiten: hier steht der Sport im Vordergrund.

[2] Deutsches Institut für Medizinische Dokumentation und Information: www.dimdi.de/de/klassi/icf/ 05.08.2017

Kategorie: **Psychologie des älteren Menschen (Gerontologie)**

Ageism/Altersdiskriminierung bezeichnet eine soziale und ökonomische Benachteiligung des jeweiligen Lebensalters. Diskriminierung bedeutet, dass den Betroffenen erschwert wird, in angemessener Weise am Arbeitsleben und am gesellschaftlichen Leben teilzunehmen. Ageism kann alle Altersgruppen betreffen.

Demographischer Wandel beschreibt die Bevölkerungsentwicklung eines Landes oder einer Bevölkerungsgruppe in Bezug auf Altersgruppen, Geschlechter, Geburten und Sterbefälle usw.

Gerontologie Griech. von *géron* der „Greis" und *lógos* die Lehre; demnach die Wissenschaft vom alten und alternden Menschen. Man spricht deshalb auch von den Alters- und Alternswissenschaften. Gerontologie ist eine interdisziplinäre Wissenschaft, die sich mit
- körperlichen,
- psychischen und sozialen Vorgängen sowie den
- materiellen und ökologischen Bedingungen

im Alternsprozess befasst.

Gerontopsychologie Psychologie des alten Menschen. Sie setzt sich interdisziplinär vor allem aus Bereichen der Allgemein-, Sozial-, Persönlichkeits- und klinischen Psychologie zusammen.

Alter: Bezeichnet den Zeitpunkt, wann ein Mensch alt ist. Es existieren unterschiedliche Festlegungen, wann ein Mensch „alt" ist. Ein allgemein akzeptierter Zeitpunkt, wann man kalendarisch gesehen „alt" ist, ist die Einteilung der Weltgesundheitsorganisation (WHO) mit dem 65. Lebensjahr.

Altern: Die differenzielle Gerontologie bezeichnet Altern als einen Prozess,
- der in der individuellen Biographie verankert ist,
- der dynamisch verläuft und in dem lebenslange Entwicklungschancen bestehen,
- der intra- und interindividuell unterschiedlich verläuft,
- der mehrfach determiniert ist, also von unterschiedlichen Bedingungen abhängig ist.

Interdisziplinarität

Als interdisziplinär werden Wissenschaften oder Therapien genannt, die sich aus unterschiedlichen Wissenschafts- oder Therapierichtungen zusammensetzen. Wesentlich dabei ist die Zusammenarbeit und das Lernen zwischen den Disziplinen sowie eine gemeinsame Konzeption (im Gegensatz zur → Multidisziplinarität). Typisch für interdisziplinäre Zusammenarbeit ist z. B. das geriatrische Team.

Multidisziplinarität

Als multidisziplinär werden Ansätze bezeichnet, die (z. T. unverbunden) nebeneinander bestehen und ein gemeinsames Ziel verfolgen. Zusammenarbeit erfolgt jedoch nur hinsichtlich der gemeinsamen Zielerreichung. In Krankenhäusern wird häufig multidisziplinär gearbeitet.

Soziale Netze

Soziale Netze bezeichnen den Umfang von Beziehungspartnern einer Person. Hierbei wird auch die Qualität der jeweiligen Beziehung betrachtet. Dabei unterscheidet man den Zeitumfang der Interaktion, die Intimität, die gegenseitige Vertrautheit und die Leistungen (→ soziale Unterstützung), die die Personen miteinander austauschen. Soziale Netzwerke werden über den gesamten Lebenslauf ausgebildet und beziehen sich auf die interpersonalen (zwischenmenschlichen) Beziehungen einer Person. Sie beschreiben anhand objektiv festgelegter Charakteristika die Anzahl sozialer Kontakte sowie die emotionale Nähe zu den einzelnen Personen im Netzwerk im Sinne der Quantität.

Grundsätzlich lassen sich soziale Netzwerke aufschlüsseln in einen engeren Kernbereich (Mikroebene), der aus starken Bindungen besteht und einen Bereich der aus regelmäßigen aber bedeutungsärmeren Kontakten bzw. schwachen Bindungen besteht (Mesoebene). Umgeben werden diese beiden Bereiche von der Peripherie (Makroebene), bestehend aus sehr lockeren oft nur funktionellen Beziehungen.

soziale Unterstützung

Der Austausch von Unterstützung findet auf unterschiedlichen Ebenen statt. So kann sich soziale Unterstützung als tatsächlich erhaltene Unterstützung, also in einem bestimmten „Verhalten“ ausdrücken, oder auch als vom Individuum wahrgenommene Unterstützung, als „kognitives Konzept“.

Man unterscheidet folgende Formen der sozialen Unterstützung:
- emotionale Unterstützung (z. B. Trost, Ermutigung, Lob)
- instrumentelle Unterstützung (z. B. Hilfe bei Reparaturen, Einkaufen)
- informationelle Unterstützung (z. B. Rat geben)
- Unterstützung bei der sozialen Integration (z. B. gemeinsame Freizeitaktivitäten).

- Reziprozität

Hier: „Eine Hand wäscht die andere"-Prinzip. Prinzip des sozialen Austausches und der Unterstützung auf verschiedenen Ebenen.

- Isolation (soziale)

Mit dem Begriff soziale Isolation beschreibt die Soziologie die Lebenssituation von Menschen, die in stark unterdurchschnittlichem Ausmaß gesellschaftliche soziale Kontakte zu anderen Menschen unterhalten. Dies ist zunächst jedoch eine rein formalstatistische Aussage ohne eine weitere Wertung.

- Einsamkeit

Als einsam gilt hingegen eine Person, die Anzahl und Intensität ihrer sozialen Kontakte als unzureichend empfindet und unter diesem Mangel leidet. So kann eine Person subjektiv an Einsamkeit leiden, obwohl sie nach objektiven Maßstäben über eine ausreichende Zahl an sozialen Kontakten verfügt, also nicht sozial isoliert ist.

Persönlichkeit

ist in der differenziellen Psychologie ein Überbegriff für alle Eigenschaften einer Person, die den Menschen zu dem machen, was er ist, d. h. wie er sich selbst wahrnimmt oder auch von anderen wahrgenommen wird.

Big Five

Fünf-Faktoren-Modell der Persönlichkeitsbereiche:
1. Extraversion,
2. Neurotizismus,
3. Offenheit,
4. Verträglichkeit und
5. Gewissenhaftigkeit,

die Thurston bereits 1930 durch aufwändige statistische Verfahren gefunden hat und für die Basis der Persönlichkeit verantwortlich macht.

Salutogenese

Das Saluto-Genese-Modell wurde von dem Medizinsoziologen Aaron Antonovsky (1923–1994) beschrieben. Antonovsky prägte den Ausdruck in den 1980er Jahren als Gegenbegriff zur in der Medizin gebräuchlichen Pathogenese. Er wollte die Denkrichtung dahingehend verändern, dass er nicht nach der Entstehung und Entwicklung von Krankheit, sondern hin zur Frage, wie Gesundheit entsteht, verändern. Nach dem Salutogenese-Modell ist Gesundheit nicht als Zustand, sondern als Prozess zu verstehen. Modellaspekte wie → Risiko- und Schutzfaktoren (S. 182) beeinflussen die Gesundheit.

Kohärenzgefühl

Zentraler Bestandteil des Saluto-Genese-Modells und Hauptgrund für den Erhalt und die Entstehung von Gesundheit ist das Kohärenzgefühl (Sense of Coherence). Antonovsky versteht darunter zum einen die Fähigkeit, die Zusammenhänge des Lebens zu verstehen (Gefühl der Verstehbarkeit), zum zweiten die Überzeugung, das eigene Leben gestalten zu können (Gefühl der Handhabbarkeit) und drittens der Glaube an den Sinn des Lebens (Gefühl der Sinnhaftigkeit). Das Kohärenzgefühl entwickelt sich nach Antonovsky in den ersten 30 Lebensjahren und bleibt dann weitgehend veränderungsstabil.

Vulnerabilitäts-Stress-Modell

Ein von Zubin und Spring 1970 beschriebenes Modell der Entstehung psychischer Erkrankungen. Sie gehen dabei davon aus, dass Erkrankungen multifaktoriell (aufgrund unterschiedlicher Ursachen) entstehen. Sie nennen dabei vor allem biologische, umweltbezogene, genetische und psychosoziale Dispositionen. Diese bestimmen die jeweilige Verletzlichkeit (Vulnerabilität) gegenüber einer Erkrankung. Ob eine Erkrankung ausbricht oder nicht, wird von der akuten Belastung durch → Stressfaktoren (S. 182) (Stressoren) oder → Schutzfaktoren (S. 182) (Protektoren) abhängig gemacht. Belastende Ereignisse führen nur dann mit erhöhter Wahrscheinlichkeit zu Störungen, wenn eine entsprechende Vulnerabilität zu Grunde liegt.

Selbstkonzept

ist die Gesamtheit der auf die eigene Person bezogenen Beurteilungen (kognitiv, evaluativ, intentional) und beinhaltet die subjektive Sicht der eigenen Person. Sie beruht auf (tatsächlichen oder erwarteten) Wahrnehmungen und Bewertungen anderer Personen und eigenen Erfahrungen und ist zeitlich weitgehend stabil, d. h. durch Einzelgeschehnisse nicht so leicht veränderbar. Das Selbstkonzept entsteht durch:

- individuelle Bewertung selbstbezogener Erfahrungen (z. B. Erfolg, Misserfolg, Lob, Tadel),
- Vergleiche mit anderen Personen,
- individuelle Verallgemeinerung der konkreten Erfahrungen zu abstrakteren Einschätzungen (Konzepten).

Selbstwertgefühl, Selbstvertrauen

Man unterscheidet zwei Hauptkomponenten des Selbstkonzeptes: Die affektive Komponente, die sich aus Selbstwertgefühl (self-esteem) und Selbstvertrauen (self-assurance) zusammensetzt sowie die kognitive Komponente, welche als Wissen, das eine Person von sich hat, und die Selbstwahrnehmung zusammengefasst werden kann.

Lebensqualität

Gemäß der Weltgesundheitsorganisation (WHO) wird Lebensqualität als die individuelle Wahrnehmung der eigenen Lebenssituation im Kontext der jeweiligen Kultur und des jeweiligen Wertesystems und in Bezug auf die eigenen Ziele, Erwartungen, Beurteilungsmaßstäbe und Interessen verstanden. Darüber hinaus ist sie eng mit dem Selbstkonzept und der Interaktion mit der jeweiligen sozialen und materiellen Umwelt verbunden. Die Gesamtbewertung des Individuums bezüglich seiner aktuellen Lebensqualität beinhaltet immer auch die Einschätzung seiner Vergangenheit und seiner Zukunftserwartungen.

Facetten der Lebensqualität

- Physisch: Schmerzen, Schlaf, Sexualität etc.
- Psychisch: Gefühle, Selbsteinschätzung, Gedächtnis etc.
- Sozial: soziale Kontakte und Unterstützung
- Umweltbezogen: häusliches Umfeld, finanzielle Ressourcen, etc.
- Unabhängigkeit: Mobilität, Pflegebedürftigkeit etc.

Altenarbeit/ Seniorenarbeit

Offene Altenarbeit → S. 51
Ambulante Altenarbeit → S. 51
Teilstationäre Angebote → S. 52
Stationäre Angebote → S. 52

Alternstheorien

Beschreibung regelhafter Vorgänge im Rahmen des Alternsprozesses. Dabei werden in der Regel die Veränderungen über den gesamten Lebenslauf berücksichtigt (life-span-development).

biologisch

Biologische Alternstheorien befassen sich mit Alterungsprozessen auf unterschiedlichen Ebenen des Körpers. Generell beziehen sie sich auf
- den gesamten Organismus,
- bestimmte Organe,
- den zellulären Bereich und
- den molekularen Bereich
- des Körpers.

psychosozial

Psychosoziale Alternstheorien befassen sich mit den Alterungsprozessen auf der psychischen (also eher individuellen) und der sozialen Ebene (also eher in der Interaktion mit anderen Menschen).

Defizitmodell des Alterns

Im Rahmen von Vergleichsstudien kam David Wechsler 1944 zu dem Ergebnis, dass ältere Menschen sowohl im körperlichen als auch im geistigen und sozialen Bereich weniger leistungsfähig seien als jüngere. Heute wissen wir, dass ältere Menschen lediglich im Bereich der „Geschwindigkeit" Defizite haben. Diese wiederum wirken sich auf die genannten Bereiche aus. Gibt man dem alten Menschen mehr Zeit, fallen die Unterschiede zu der jüngeren Gruppe nahezu weg. Inzwischen gilt das Defizitmodell des Alterns als widerlegt.

Theorien des erfolgreichen Alterns

Havighurst (1963) bezeichnete „erfolgreiches Altern" als einen inneren Zustand der Zufriedenheit und des Glücks und wird gemessen an der jeweiligen Lebensqualität des Individuums. Wie alte Menschen erfolgreich altern, wird bis heute sehr konträr diskutiert. So entstanden auch unterschiedliche Alterntheorien wie z. B. die „Aktivitätstheorie" nach

Havighurst (1963) und Tartler (1961), die „Disengagementtheorie“ nach Cumming und Henry (1961). Weiterentwicklungen, die aus der Kritik dieser Ansätze hervorgingen, waren z. B. das Modell der „selektiven Optimierung und Kompensation“ nach Baltes und Baltes (1989) und das „Kognitive Modell des Alterns“ nach Hans Thomae (1980).
Heute geht man davon aus, dass alte Menschen dann mit ihrem Leben zufrieden sind, wenn sie weitgehende „Kontinuität“ (Atchley 1988) zu ihrem bisherigen Leben erhalten können. Hierbei sind Anpassungen an die aktuellen Gegebenheiten in allen Lebensbereichen notwendig und möglich.

Demenz

Überbegriff für eine Vielzahl von krankhaften Prozessen, die zu einer Abnahme der intellektuellen Funktionen führt. Der Begriff Demenz beschreibt also keine Krankheit an sich, sondern nur eine Reihe von typischerweise zusammenauftretenden Symptomen (= Syndrom).

primäre Demenz

Ursächliche Form der Demenz, entweder durch direkt hirnorganisch-degenerative Prozesse oder durch vaskuläre (hirngefäßbedingte) Ursachen entstanden, in der Regel nicht → reversibel. Die Häufigste Form der primären Demenz ist die → Alzheimer Erkrankung (S. 208).

sekundäre Demenz

Demenzielle Symptomatik oder ein Prozess, der aufgrund anderer zugrundliegender, meist körperlicher Erkrankungen entsteht. Wird die Grunderkrankung rechtzeitig behandelt, können meist auch die Symptome wieder behoben werden.
Beispiele für sekundäre Demenzen sind: → Exsikkose (S. 208), Medikamenten Überdosierung, hormonelle Störungen, Schädel-Hirn-Traumen u. v. m.

- Aphasie

Hier: Sprachstörung (z. B. Wortfindungsstörungen).

- Apraxie

Hier: Handlungsabfolgestörungen (z. B. Hemd anziehen).

- Agnosie

Hier: Erkennensstörungen (z. B. Gabel oder Zahnbürste).

- Apathie

Hier: Teilnahmslosigkeit, Abwesenheit von → Emotionen (S. 126) und Interessen.

Involution — Gegenteil von Evolution. „Rückentwicklung" von Organen oder deren Funktion aufgrund von pathologischen Prozessen oder allgemein aufgrund der Alterung von Lebewesen, z. B. Rückgang von Hormonen in den Wechseljahren oder Sprachverlust aufgrund demenzieller Prozesse.

Alzheimer Demenz — Demenz vom Alzheimer Typus, auch Morbus Alzheimer genannt, ist die häufigste Form der degenerativen Demenz. Hierbei wird aufgrund unterschiedlicher pathologischer Prozesse zunächst der Bereich des → Hippocampus (S. 139) und später auch weiter Teile der Großhirnrinde abgebaut, was zu einem zunehmenden Zerfall der geistigen Leistungsfähigkeit führt.
Primärsymptome sind: Vergesslichkeit, Erinnerungs- und Denkstörungen. Später kann sich auch die Persönlichkeit verändern.

reversibel — umkehrbar, wieder rückgängig zu machen

Exsikkose — Lat. *ex* aus, *siccus* trocken. Austrocknung durch Abnahme des Körperwassers. Sie ist die Folge einer → Dehydratation.

Dehydratation — Abnahme der Körperflüssigkeit bzw. des Körperwassers eines Organismus. Eine massive Dehydratation führt zu einer → Exsikkose.

Wahn — Nichtkorrigierbare Fehlbeurteilung der Realität, die unbeeinflussbar von persönlichen Erfahrungen und der anderer auftritt und an der mit absoluter subjektiver Gewissheit festgehalten wird.
„Wahn ist Wissen, nicht glauben"
Typische Wahnformen bei Demenz sind: Bestehlungswahn, Verarmungswahn und verschiedene → Fehlinterpretationssyndrome.

- Fehlinterpretations-syndrome — Fehlinterpretationen, an denen mit Gewissheit festgehalten wird, gehören zu den Wahnsymptomen. Sie entstehen bei unterschiedlichen psychischen Störungen, insbesondere aber auch bei Demenzerkrankungen. Der Betroffene kann aufgrund seiner hirnorganischen Veränderungen die Realität nicht mehr korrekt einschätzen. So kommt es z. B. zum Mirror-Sign oder TV-Sign-Syndrom, bei denen der Betroffene das eigene Spiegelbild als anderen Menschen oder das TV-Programm für aktuell geschehende Realität erachtet.

Literaturverzeichnis

ARONSEN, E./WILSON, D./AKERT,R. M.: Sozialpsychologie. 6. Aufl., München: Person Studium, 2008

BERK, L. E.: Entwicklungspsychologie. 5. Aufl., München: Person, 2011

BÜCHIN-WILHELM, I./JASZUS, R.: Fachbegriffe für Erzieherinnen und Erzieher. 9. Aufl., Stuttgart: Holland+Josenhans, 2016

Deutsches Institut für Medizinische Dokumentation und Information: www.dimdi.de/de/klassi/icf/ 05.08.2017

FREUD, S.: Abriss der Psychoanalyse. In Freud, S.: Gesammelte Werke. Köln: Anaconda, 2014

GALUSKE, M.: Methoden der Sozialen Arbeit. Eine Einführung. 9. Aufl., Weinheim/München: Juventa 2011

GUDJONS, H.: Pädagogisches Grundwissen. 11. Aufl., Bad Heilbrunn: Klinkhardt, 2012

GÜTTLER, P.O.: Sozialpsychologie. München: Oldenbourg Verlag, 2003

HURRELMANN, K.: Lebensphase Jugend. 10. Aufl., Weinheim/München: Juventa, 2010

JASZUS, R./ACKERMANN, A./GEBHARD, K./GISELBRECHT, M./GUTMANN, W./JASZUS, G./KÜLS, H.: Psychologie und Pädagogik. Lehrbuch für berufliche Gymnasium. Hamburg: Handwerk und Technik, 2015. Darin finden Sie auch ein ausführliches Literaturverzeichnis.

JASZUS, R./KÜLS, H. (Hrsg.): Didaktik der Sozialpädagogik. Grundlagen für die Gestaltung des Lehr-/ Lernprozesses im Unterricht. 2. Aufl. Hamburg: Handwerk und Technik, 2017

LEHR, U.: Psychologie des Alterns. 11. Aufl. Wiebelsheim: Quelle und Meyer, 2007

Marmet, O.: ich und du und so weiter. Kleine Einführung in die Sozialpsychologie. 2. Aufl., München/ Weinheim: Psychologische Verlags Union, 1988

Maslow, A. H.: Motivation und Persönlichkeit. Hamburg: rororo, 1981

Myers, D. G.: Psychologie. Heidelberg: Springer, 2008

Oerter, R./Montada, L.: Entwicklungspsychologie. 6.Aufl., Beltz, Weinheim 2008

Oswald, W-D./Ackermann, A. (Hrsg.): Kognitive Aktivierung mit SimA-P/Selbstständig im Alter. Wien: Springer, 2009

Petermann, F. (Hrsg.): WAIS-IV – Wechsler Adult Intelligence Scale. Göttingen: Hogrefe- Testzentrale, 2012

Piaget, J.: Das Erwachen der Intelligenz beim Kinde. Stuttgart: Klett Cotta, 1989

Pschyrembel, Klinisches Wörterbuch. De Gryter. Berlin 2017

Rogers, C. R.: Entwicklung der Persönlichkeit. Stuttgart: Klett-Cotta, 1983

Rückriegel, K.: Glücksforschung. In WiSt – Wirtschaftswissenschaftliches Studium Nr. 10, 2007, München: C.H. Beck in Gemeinschaft mit dem Verlag Franz Vahlen

Schulz von Thun, F.: Miteinander reden 1. Störungen und Klärungen. Allgemeine Psychologie der Kommunikation. Reinbek: Rowohlt Taschenbuch, 1995

Schulz von Thun, F.: Miteinander reden 2. Stile, Werte und Persönlichkeitsentwicklung: Reinbek Rowohlt Taschenbuch, 1989

Spitzer, M.: Kann, darf, soll oder muss man Glück wissenschaftlich untersuchen? In: Spitzer, M./ Bertram, W. (Hrsg.): Braintertainment – Expeditionen in die Welt von Geist und Gehirn. Stuttgart: Schattauer, 2007

Weiner, B.: Motivationspsychologie. Weinheim: Beltz, 2009

Wustmann, C.: Resilienz. Widerstandsfähigkeit von Kindern in Tageseinrichtungen fördern. Berlin: Cornelsen, 2011

Sachwortverzeichnis

B

C

D

L

Bildquellenverzeichnis

Getty Images Deutschland, München: S. 126/3 (beyond fotomedia)
iStockphoto, Berlin: S. 126/2 (ArtisticCaptures)
Kramer, Angelika, Stuttgart: S. 165
Shutterstock Images LLC, New York, USA: S. 126/1 (Ana Blazic Pavlovic)